JN240064

日本企業のバイアウト

続・事業再編
とバイアウト

日本バイアウト研究所 ［編］

中央経済社

序　文

　前作『事業再編とバイアウト』を2011年3月に刊行してから8年超が経過した。1998年に日本でバイアウト・ファンドの出資を伴う最初の本格的なバイアウト案件が成立してから通算で1,000件を超える案件が成立している。その中で，近年増加しているタイプが，事業再編による子会社・事業部門の独立案件とオーナー企業の事業承継案件である。

　事業再編型のバイアウト案件については，案件の背景の変化やパターンの多様化が顕著である。従来は，親会社の経営不振や財務体質の悪化により，必要に迫られて子会社が売却されるケースが多かったが，近年は，親会社が「事業ポートフォリオの最適化」および「選択と集中」という視点を明確に持ち，戦略的にノンコア事業を切り離すという動きが多くなってきている。特に，大手電機メーカーなどでその傾向が顕著である。また，スキームに着目すると，企業の一事業部門が切り出される「カーブアウト」と呼ばれる案件も増えつつある。さらに，海外の企業グループの日本子会社が独立する案件も増加している。このような背景に基づいて，『続・事業再編とバイアウト』の続編を刊行することとした。

　本書は，前作と同様に，第Ⅰ部と第Ⅱ部の2部構成となっている。

　第Ⅰ部は，手法の解説や案件の動向を中心とした内容となっている。M&Aアドバイザリー・ファームおよび弁護士事務所の方々に，近年の事業再編の手法について，各領域の専門の立場から論文を執筆いただいた。具体的には，第1章では，事業ポートフォリオ評価のあり方とノンコア事業の戦略的売却について，第2章では，事業再編に伴う法的スキームの検討と交渉ポイントについてまとめていただいた。また，第3章では，日本バイアウト研究所の統計データを活用しながら，事業再編案件の近年の傾向が明らかにされ，座談会では，M&Aと比較したバイアウトの優位性，独立後のスタンドアロン化，バイアウト後の設備投資，次の株主へのバトンタッチ（エグジット），日本企業の活性

化に向けた将来展望などに関する討論が行われた。

　第Ⅱ部は，事例紹介と経営者インタビューを中心とした内容となっている。実際に事業再編案件に関与したバイアウト・ファンドの投資担当者に事例をご紹介いただいた。具体的には，バイアウトの背景，独立後の諸施策（経営体制の整備，100日プラン，生産性改善プロジェクト，トップラインの向上施策），スタンドアロン化に向けた取り組み（人事制度の再設計，ITシステムの構築）などの詳細が明らかにされている。また，経営者インタビューでは，独立が決まった際の心境やバイアウト・ファンドのメンバーと会った際の印象，独立後の経営体制，社員への新体制の説明とそれに対する反応，モチベーションを向上させるために実施したこと，バイアウト・ファンドのメンバーとの日々のコミュニケーション，事業再編においてバイアウト・ファンドが株主となることの優位性，などについてお話いただいた。

　このように，本書の特徴は，前作と同様に豊富な事例と経営者インタビューを記載したことにある。本書『続・事業再編とバイアウト』では，フェニックスインターナショル（ニットウェアを中心としたアパレル製品の企画・製造・輸出入・卸売），ユニメイト（ユニフォームのレンタル），日本ピザハット（ピザハット事業），ファスフォードテクノロジ（半導体後工程製造装置の開発・設計・製造），モリテックス（マシンビジョン用光学レンズの設計・製造）の事例が記載されており，業種も多様性に富んでいる。

　本書が，事業ポートフォリオの最適化を検討する日本の大手企業の経営者，独立を企図する子会社の経営者，プロフェッショナル経営者，プロフェッショナルCFOなどのお役に立てれば幸いである。また，大手証券会社，大手銀行，地方銀行やM&Aアドバイザリー・ファームなどでM&A助言業務に従事されている方々，戦略系コンサルティング・ファーム，弁護士，税理士，会計士などのプロフェッショナルの方々にも読んでいただいて，業務の推進にお役立ていただければ嬉しく思う。

　5社の経営者インタビューは，株式会社日本バイアウト研究所杉浦慶一が担当した。ご協力いただいた各社には感謝申し上げる。なお，インタビューおよび座談会の本文中における意見に関する部分は，各発言者の私見であり，所属

会社の見解を示すものではないことをお断りしておく。

2019年10月

株式会社日本バイアウト研究所

代表取締役　杉浦慶一

目　次

第 I 部　手法と市場動向

第1章　事業ポートフォリオ評価とノンコア事業の戦略的売却
―日本企業のエンタープライズ・ワイド・トランスフォーメーションに向けて―

第5章　バイアウト・ファンドを活用した子会社独立支援
―ユニメイトの事例―

第8章 中国・アジアを軸とした製造業の再成長
―欧州企業傘下から急激に業績を回復・成長させたモリテックスの事例―

手法と市場動向

第 1 章　事業ポートフォリオ評価とノンコア事業の戦略的売却
―― 日本企業のエンタープライズ・ワイド・
トランスフォーメーションに向けて ――

株式会社 KPMG FAS

執行役員パートナー　**岡本　准**

執行役員パートナー　**伊東正巳**

はじめに

　2014年は，日本の上場企業にとってエポック・メーキングな年であった。1月には，日本取引所グループと日本経済新聞社が，グローバル投資家を意識したROE（return on equity）を重視した新株価指数であるJPX日経400を開始した。8月には，持続的成長には企業と株主の協創が必要であり，中長期的目線でROE 8 ％超を目指すべきと結論づけた伊藤レポートが発表された。そして11月には，議決権行使助言会社であるインスティテューショナル・シェアホルダー・サービシーズ（ISS）がROE 5 ％を下回る企業の役員選任議案に反対する方針を表明した。このように，2014年は投資家サイドから経営者サイドに向けたROE向上指針が矢継ぎ早に展開された年であった。

　多くの日本企業はROEを向上させるべく，当初は自社株買いなどの財務戦略を志向したが，5 年を経て，自社が保有する各事業の価値を向上させるべく事業ポートフォリオの最適化に着手し，その流れは現在も継続している。その中で議論になっているのは，事業ポートフォリオ評価のあり方と，ノンコア事業の戦略的売却である。本稿では，この二つのテーマについて考察する。

1 ｜ 競争力強化に向けた事業ポートフォリオ評価の考え方

（1）企業価値と直結する事業ポートフォリオ評価の全体像

　事業ポートフォリオという考え方の歴史は長く，代表的なフレームワークとしては，ボストン・コンサルティング・グループが開発したPPM（product portfolio management）がある。これは，市場成長率と相対的マーケットシェアという二つの評価軸で企業のグループ全体としてのキャッシュフローが最大化する事業構造を見出そうというフレームワークである。ただし，単一の指標で評価することから，市場成長率・相対的マーケットシェアのいずれも低い象限に位置づけられた負け犬事業の取り扱いが実務上難しい点，こうした経営環境をふまえた企業のコンピタンスの視点がなく，事業シナジーが対象外となっている点が限界として指摘される。

　こうした限界を補う観点から登場したのが，マッキンゼーとゼネラル・エレクトリックによって開発されたビジネススクリーンであり，このフレームワークのもとでは，事業の魅力度と事業単位という二つの評価軸で事業選定がなされる。これは，PPMが単一軸で設定されている評価軸を，縦軸・横軸とも複数の変数で構成している点が異なっている。この手法には，事業の魅力度は，市場規模・市場成長率・競合状況など，事業単位の地位は，競争上の優位性・相対的収益性・市場地位などの変数を組み合わせた指標で企業の価値観に基づく評価基準を設定できる一方，データ取得と評点が難しいという特徴がある。

　これらの評価手法に共通するのが，内部資源と競争環境という自社と競合，および両社が展開する市場の観点から主にPL指標で評価している点である。これに加え，現在では投資家からの評価，具体的にはROEに代表されるように，提供した資金がいかに効率的に利益を創出しているか，といった観点も求められようになっている。したがって，企業価値と直結した事業ポートフォリオを評価する方法が不可欠とされており，事業ポートフォリオ評価は，財務戦略と企業・株主価値分析との連動が必要とされる。**図表 1-1** に示すように，事業ポートフォリオ評価は，資本コストとの比較がなされ，創出されたフリーキャッシュフローが企業価値に直結していることが重要となる。

図表1-1　企業価値と直結した事業ポートフォリオ評価の全体像

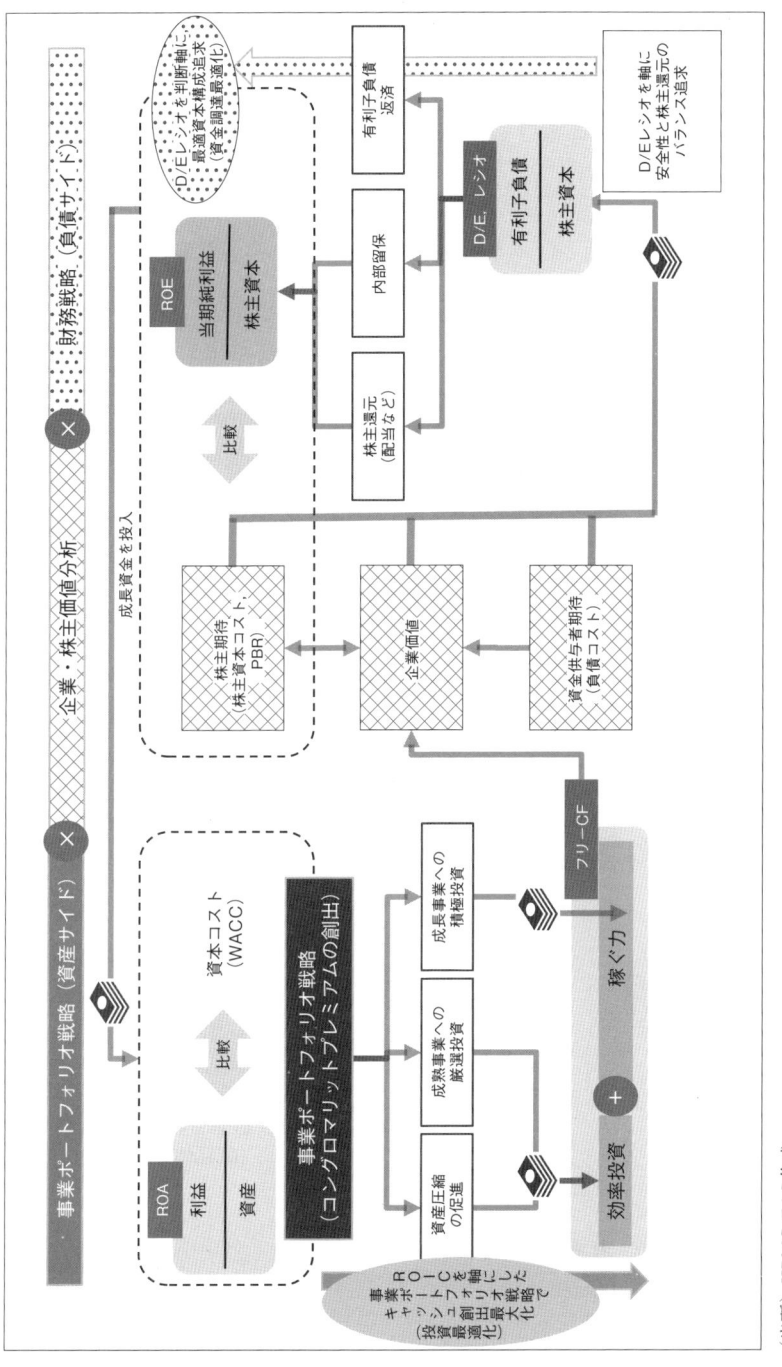

（出所）KPMG FAS作成

(2)　事業ポートフォリオの定義

　ポートフォリオの語源は，紙ばさみを意味する英語に由来して，持ち運びができる書類などを保管するものを指している。経済・金融分野では，有価証券一覧表を指すこともある。それを事業に置き換えると，事業ポートフォリオは，「将来の事業環境や戦略意思をふまえて，経営資源の投入と回収のバランスをとり，リスクの分散・軽減を図りながら，目指すべき事業の組み合わせと資源配分の全体像を構築すること」と定義できよう。

　事業ポートフォリオは，事業各々のパフォーマンスを総合的に評価することが求められるため，上記定義と合わせると，将来の事業環境や戦略意思を測る「成長性」，経営資源の投入と回収を測る「収益性および競争優位性」，そしてリスクの分散・軽減を測る「持続性」の三つの軸で測ることが有効となる。

　以上のように，事業ポートフォリオのフレームワークには一長一短があるものの，事業パフォーマンスの多面的な定量化が可能であり，ポートフォリオ上での共通事実に基づく事業判断について議論ができる，といった点でその有用性は高い。

図表 1-2　事業ポートフォリオの定義

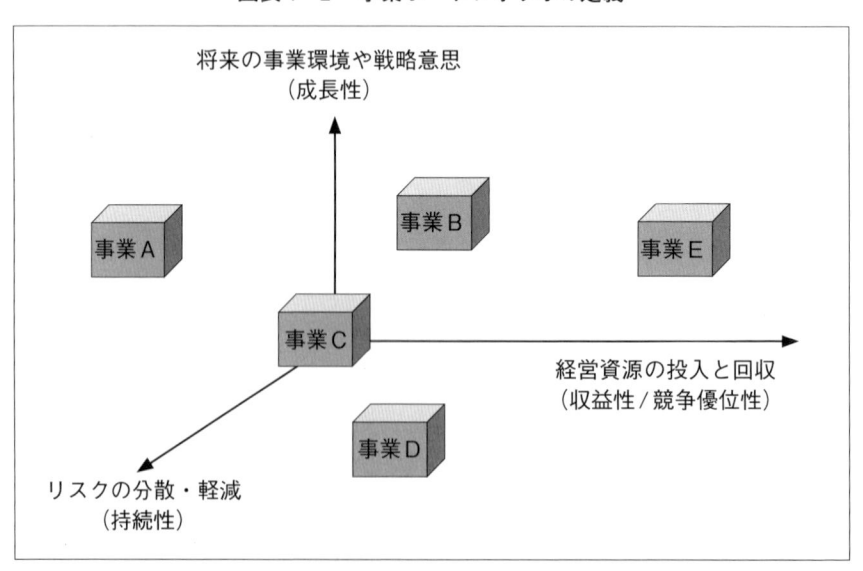

（出所）KPMG FAS作成

(3) 事業ポートフォリオ評価軸の考え方

　買収戦略を検討するにあたり，まずは事業ポートフォリオのコア事業を特定することが大前提となる。コア事業は，経済合理性に加え，事業そのものの意義や存在価値といった点も重要視されることから，その評価軸は企業のミッション・ビジョンに基づいたものであることが望ましい。企業全体の将来像を見据えて，経営資源を集中すべき事業を見極めるための成長性軸，キャッシュフローを生み出す事業を見極めるための収益性軸，そして，持続性のある事業を見極めるための持続性軸に基づいてミッション・ビジョンに適したコア事業を特定することが重要である。

　こうした評価軸でコア事業を特定するが，ポートフォリオのフレームワークには三つの役割がある。第一に，新規事業組み入れに関する示唆である。コア事業とのシナジーはもとより，新規事業の将来を測るうえで，どの新規事業をポートフォリオに組み入れるべきかについての判断材料を把握することが可能となる。第二に，既存事業の適合性に関する示唆である。事業ポートフォリオに適合しているか否かについての判断材料を把握することが可能となる。最後には，適合事業の施策に関する示唆である。事業ポートフォリオに適合している事業にかかる施策の方向性を把握し，当該事業がさらに企業全体に貢献するにはどのような方向性があるか，示唆を得ることが可能となる。

(4) 事業ポートフォリオの管理

　選別した事業ポートフォリオの価値の総和が企業価値となるが，事業ポートフォリオを管理するに際しては，事業部門の独立性，すなわち本社と事業部の権限バランスが重要となる。事業ポートフォリオの管理には，三つの類型がある。

　第一に，「フロー管理」である。PLを中心としたKPI（key performance indicator）で資産の投資・撤退の意思決定と事業損益（経常損益）を管理するが，意思決定後，事業部が資産管理・運用に集中できる一方，自ら資産収益性の改善施策をリードするのは困難であるため，本社のBSへの関与が必要となる。第二に，「アセット管理」である。資産の投資・撤退の意思決定に加え，資産管理に関する権限も持たせるが，事業部はある程度資産収益性の改善施策

図表1-3　事業ポートフォリオ管理の類型

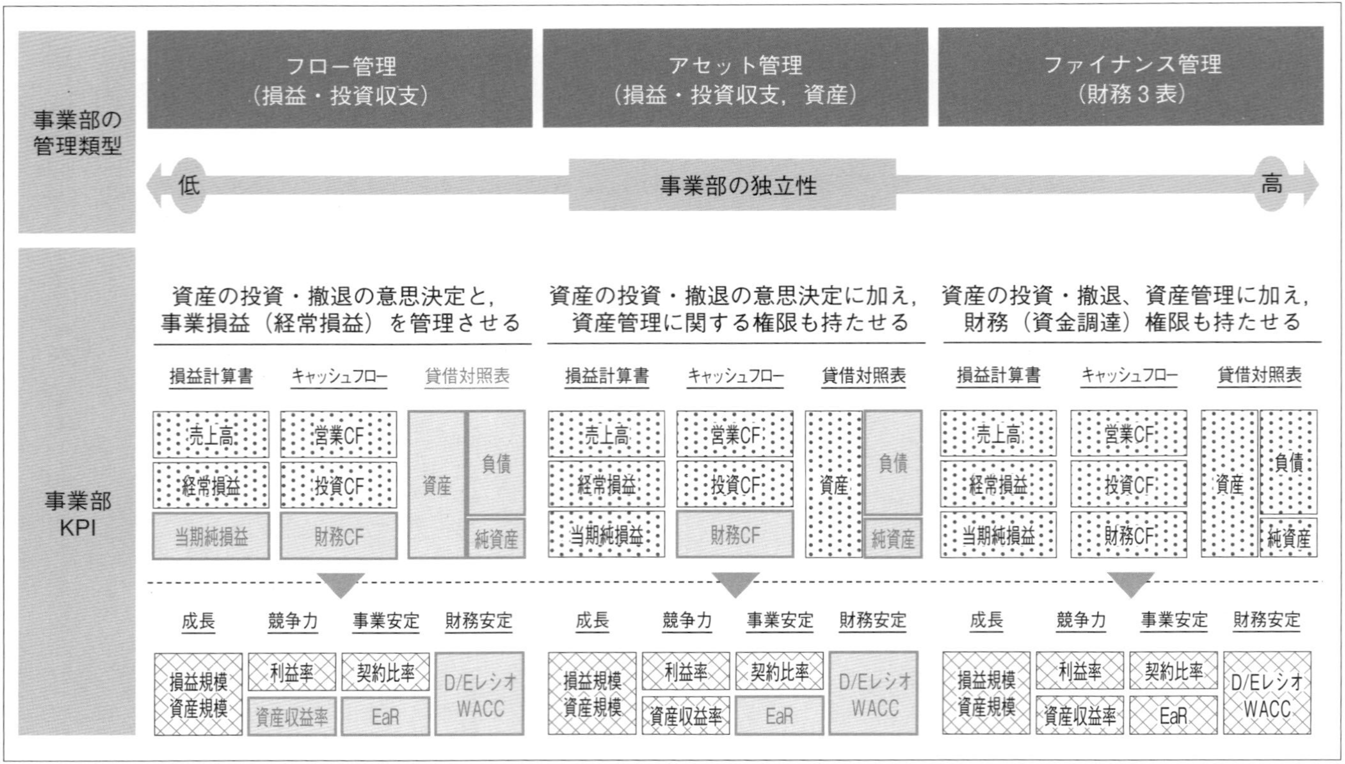

事業部の管理類型	フロー管理 （損益・投資収支）	アセット管理 （損益・投資収支、資産）	ファイナンス管理 （財務3表）
	低　事業部の独立性　高		
事業部KPI	資産の投資・撤退の意思決定と、事業損益（経常損益）を管理させる	資産の投資・撤退の意思決定に加え、資産管理に関する権限も持たせる	資産の投資・撤退、資産管理に加え、資金管理（資金調達）権限も持たせる

損益計算書：売上高、経常損益、当期純損益
キャッシュフロー：営業CF、投資CF、財務CF
貸借対照表：資産、負債、純資産

成長：損益規模、資産規模
競争力：利益率、資産収益率
事業安定：契約比率、EaR
財務安定：D/Eレシオ、WACC

(出所) KPMG FAS作成

をリードできる一方，財務管理を行う本社との投資・撤退時や減損判断における
コミュニケーションが必要となる。第三に，「ファイナンス管理」である。
資産の投資・撤退，資産管理に加え，財務（資金調達）権限も持たせて管理す
るが，事業部の独立性が高くなって，意思決定の迅速性が増す一方，各事業部
の個別最適が過度に進む可能性がある。

　前述したとおり，企業価値と直結した事業ポートフォリオ評価が求められる
環境下において，フロー管理では投資資産の収益性が事業部で評価されないた
め，これを採用している企業は早急にアセット管理・ファイナンス管理へと移
行する必要があろう。なお，すべてが事業部で自己完結するファイナンス管理
は，一見すると理想的な事業ポートフォリオ管理に映るが，資金調達を各自で
行うため，子会社上場といった日本特有の形態にまで発展し，本社の統制が利
かないといった事態や，当初のグループ利益剰余金をどう適正に配分するか，
といった問題も生じるため，慎重な運用が必要となる。

(5) 事業ポートフォリオ評価の事例（コングロマリット企業X社の選択と集中）

① 事業ポートフォリオ評価に関わる評価指標と企業価値ドライバーの関係

　設備・施設を中心としたアセット保有による資本集約型事業と生産者・販売
者を中心としたオペレーションによる労働集約型事業の大きく二つの形態によ
り，各々複数の事業を展開するコングロマリット企業X社を例に考える。X社
は三つのステップで自社のポートフォリオを評価した。

　まずはステップ1として，適切なKPIの選択である。「マネジメント」，「本
社」，「アドバイザー」の視点から，ポートフォリオ評価の対象セグメントの検
討および事業別評価に適切なKPIを選定した。

　次にステップ2として，各事業の方向性の整理である。2項で述べた事業
ポートフォリオの定義に基づき，将来の事業環境や戦略意思については，現状
の外部環境や今後の見通し，将来の事業環境に影響するメガトレンドを分析し
た。また，経営資源の投入と回収については，競争環境の動向や変化の要因，
競合との比較で事業の競争力を分析した。さらに，リスクの分散・軽減につい
ては，事業戦略と事業計画，全社目標と各事業の位置づけの確認や事業間の影

図表1-4　事業ポートフォリオ評価のステップ

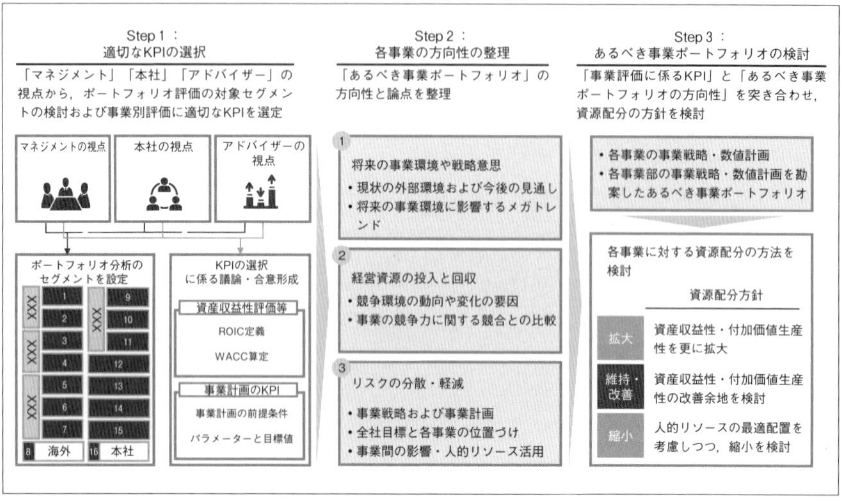

（出所）KPMG FAS作成

　響・人的リソース活用可能性を分析した。

　最後にステップ3として，あるべき事業ポートフォリオの検討である。事業評価にかかるKPIとあるべき事業ポートフォリオの方向性を突き合わせ，資源配分の方針を検討した。最終的には，資源配分の方針を，「拡大（資産収益性・付加価値生産性をさらに拡大）」，「維持・改善（資産収益性・付加価値生産性の改善余地を検討）」，「縮小（人的リソースの最適配置を考慮しつつ，縮小を検討）」に分類し，各事業を位置づけた。

　次に，企業価値を意識したポートフォリオ評価のために，企業価値ドライバーと事業KPIの関係を整理した。このケースでは，ROEを構成する指標をベースに，事業別に資本生産性が測定可能なROICスプレッド（ROICからWACCを控除した指標）を採用した。資本生産性の算定・測定においては，すべての数値を入手できるとは限らないため，実務上は，数値の入手可能性を比較しながら選択することが必要となる。このケースにおいてもROEや健全性・競争力指標であるD/Eレシオ，有利子負債EBITDA倍率などは事業別に把握することができなかったため，インタビューを織り交ぜながら算定した。

図表1-5　事業ポートフォリオ評価に関わる評価指標と企業価値ドライバーとの関係

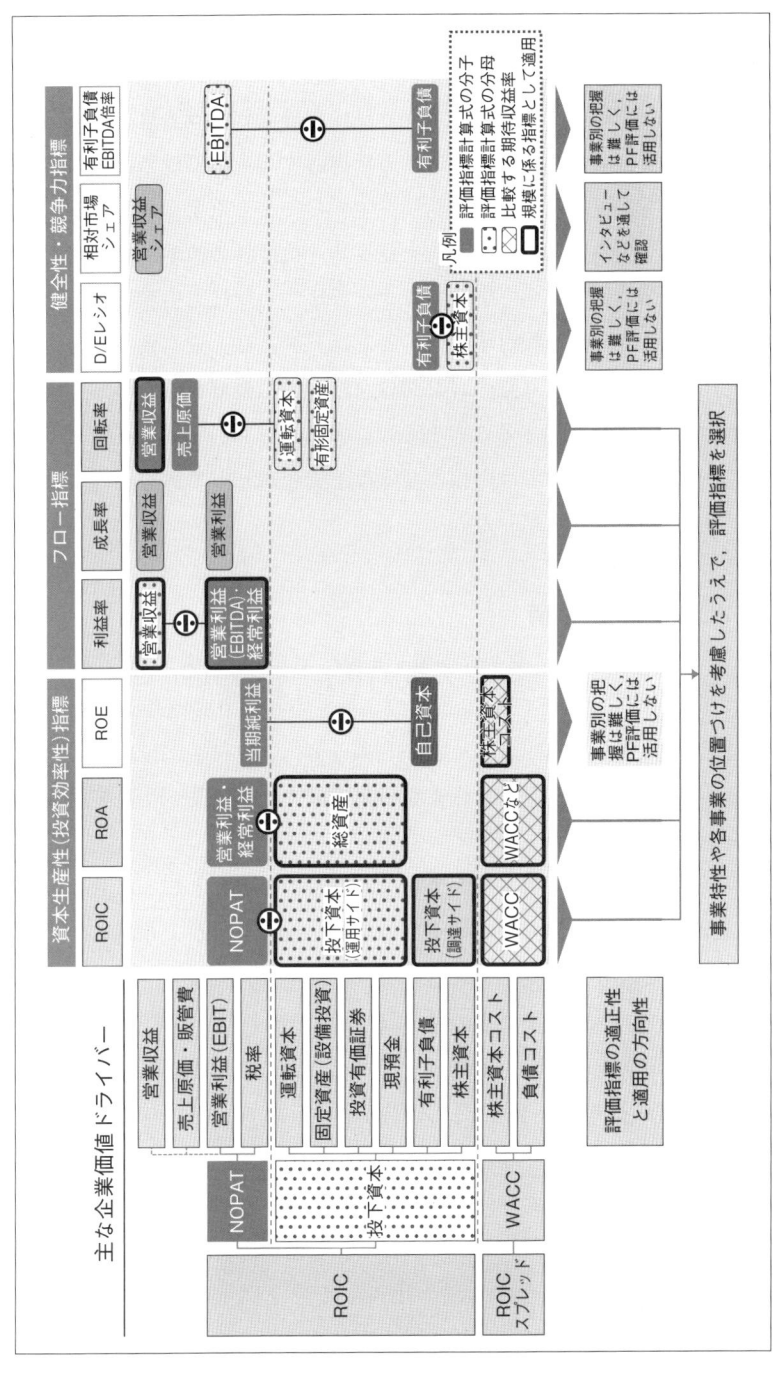

（出所）KPMG FAS作成

②　事業特性に応じた評価指標の設定（資本集約型：ROICと労働集約型：付加価値生産性）

　1項で述べたとおり，事業ポートフォリオの評価軸は成長性・収益性・持続性の三つが基本であるが，事業のあり方を検討するうえでは当該企業の置かれた事業環境や事業特性に応じて柔軟に設定することも重要である。

　X社は，10年後の事業環境の変化を見据え，生産性の抜本的な向上を事業目標としたことから，事業ポートフォリオを評価する際にも生産性向上を重視しつつ，成長性と持続性を検討する方針とした。X社は，資本集約型と労働集約型の二つの事業形態で成り立つコングロマリット企業であるため，各事業形態に即した評価指標を採用することとした。具体的には，資本集約型はROICを採用する一方，労働集約型は中核となる投下資産がヒトであるため，収益性評価は付加価値生産性を採用した。

③　ROICによる事業評価

　ROIC評価では，横軸に投下資本額，縦軸にROICをとり，各事業のパフォーマンスを測定した。**図表1-6**はX社の3年平均の事業別ROICを示している。なお，面積は投下資本×ROIC＝営業利益を示している。このように，ROICを可視化することにより，さまざまな事業課題やそれに基づく事業洞察が可能となる。

　概観すると，①が投下資本の大半を占め横長の長方形となっており，②から⑮の事業がひしめき合って，縦軸が高いものと低いものが入り混じり，⑯本社が下に突き出ている様が見てとれる。

　ここで，ROIC評価の基準となるのが破線で示された全社WACCである。目的は企業価値向上に資する事業ポートフォリオの再構築であることから，全社一律WACCの採用が関係者による理解が得られやすいとの判断に基づくものである。

　①はX社のコア事業であり，面積が大きいことが示すように営業利益額は大きいが，収益性という意味では全社WACCを若干超える水準にとどまっている。④⑤⑥⑧⑬の事業に至っては全社WACCを下回っており，価値毀損事業と評価され，また⑯の本社は収益を生み出さない管理部門であるため，当然な

図表1-6　X社の3年平均の事業別ROIC

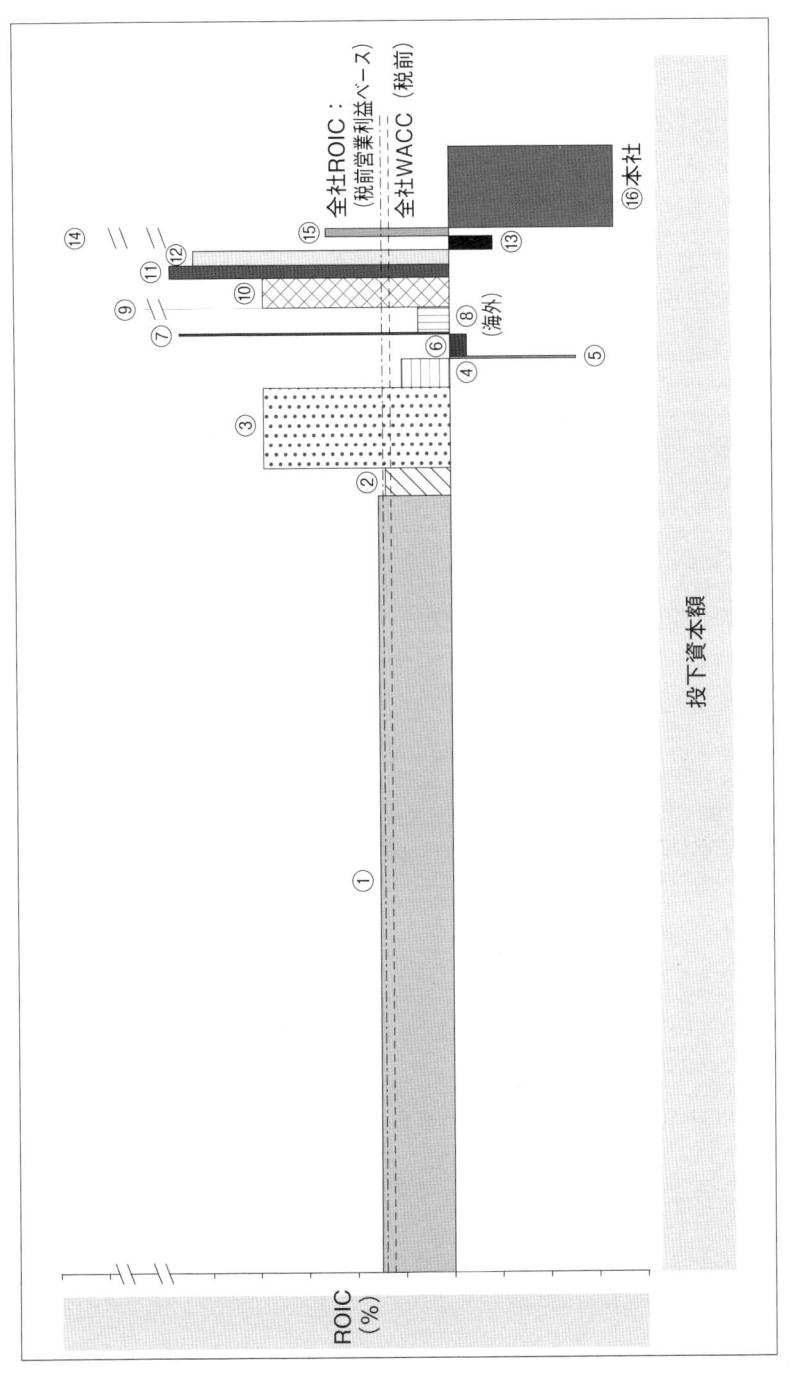

（出所）KPMG FAS作成

がらROICもマイナスとなっている。①は価値創造事業ではあるものの，全社WACCをわずかに上回る水準にすぎないため，現状の投資額を維持しつつROICを向上させることが課題として設定された。⑧の海外事業は資本投下を始めたばかりであり，ROICのみで評価すべきではないとされた。⑤は労働集約型であることから付加価値生産性で評価すべきとされ，④⑥⑬の事業については，縮小・撤退の検討対象となった。なお，この評価で一番議論になったのが，⑯本社である。本社の営業損失額は四つの中型事業の営業利益と相殺される規模であったことから，本社のROIC向上も課題として設定された。具体的には，投下資本に含まれる政策保有株式の収益が全社WACCを下回っていたことから，売却を前提とした意思決定がなされた。これは，ROICを可視化することで全体への影響が判明したことによるものであり，ROIC評価の有効性の証左といえるだろう。

④　付加価値生産性による事業評価

　付加価値生産性は付加価値÷従業員数で算定し，縦軸に生産性，横軸に従業員数をとって各事業評価を行った。なお，付加価値は，人件費＋賃借料＋租税公課＋減価償却費＋支払受取利息＋営業利益で算定した。

　ROIC同様に，付加価値生産性もどの事業が高いかが一目瞭然であろう。主な評価対象は，労働集約型である⑤⑥⑦⑨⑪⑬⑭の７事業である。議論になったのはグラフからも明らかなように，全従業員の半数を占める⑪事業である。⑪事業の詳細分析の結果明らかになったのは，要員の生産性に関わる管理KPIの設定が不十分であったこと，資本集約型事業とシナジー創出による生産性向上の２点であった。この二つが⑪事業の課題として設定された。

⑤　ROIC×付加価値生産性による事業ポートフォリオの評価

　ROICと付加価値生産性の個別評価によって，全体の中の重要な位置づけを占める個別事業の課題が明確にされた。しかしながら，事業ポートフォリオをどのようなあり姿にするか，といった議論にまでは至っていない。そこで，この二つの重要な経営指標を複合的に捉えたうえで，事業ポートフォリオのあり方を検討した。

図表1-7　事業別付加価値生産性

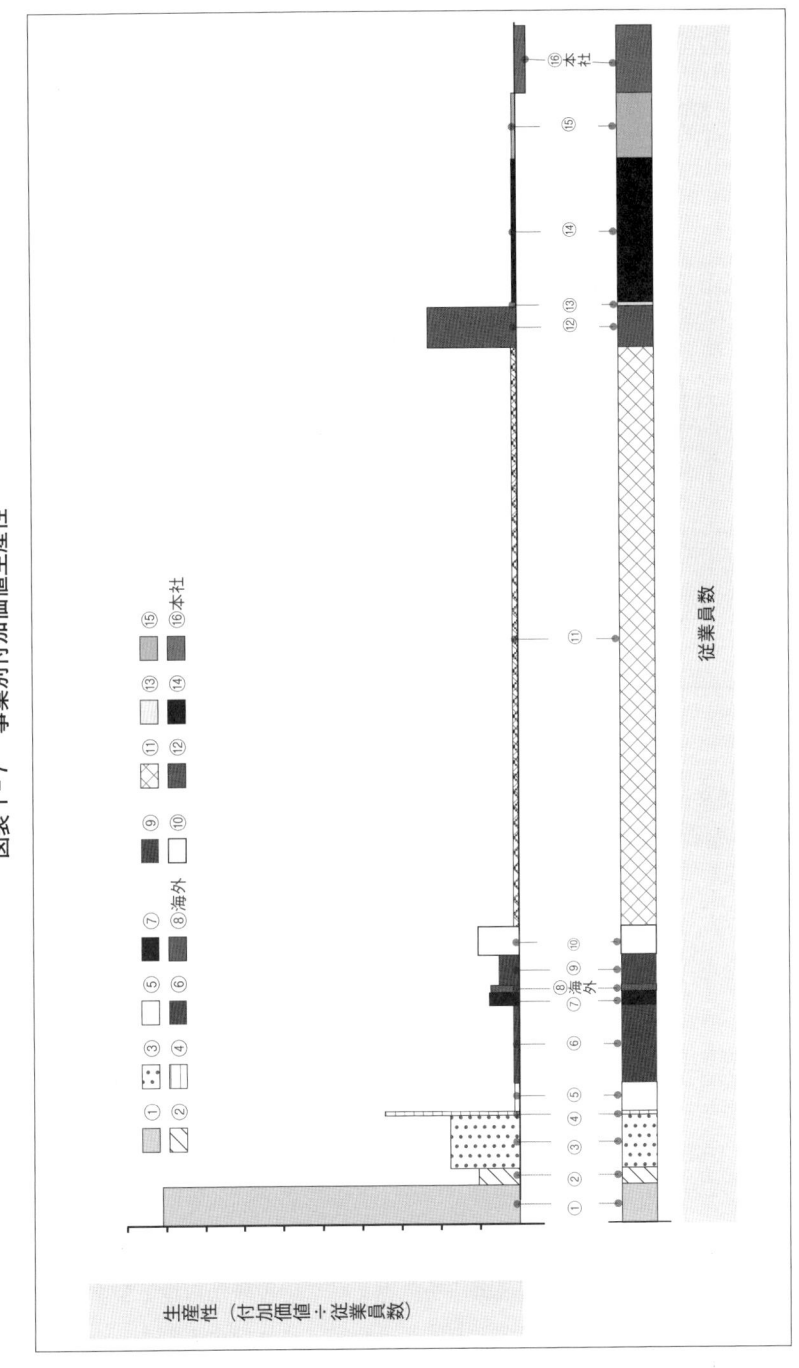

（出所）KPMG FAS作成

図表1-8　中長期的な事業ポートフォリオの全体像

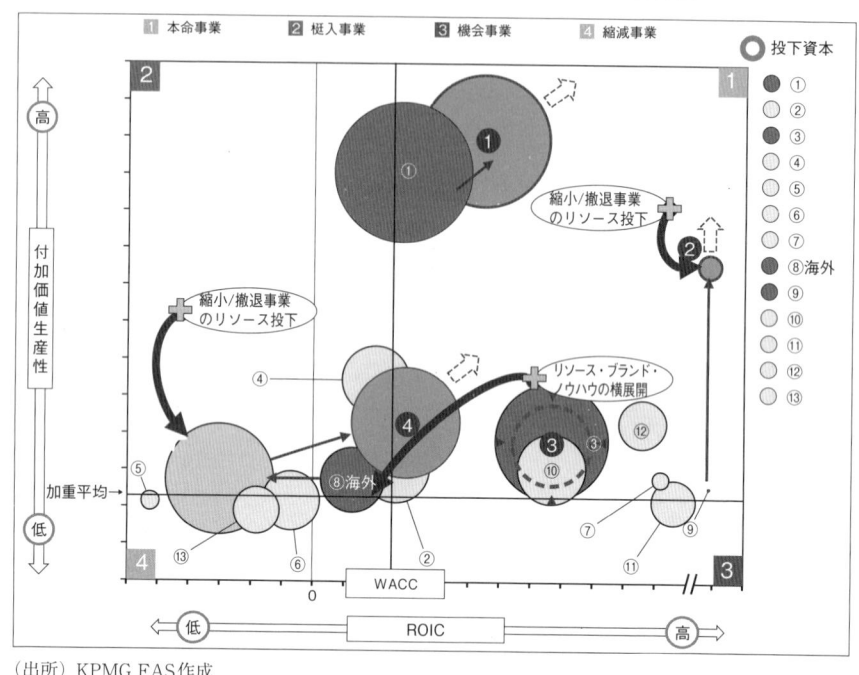

（出所）KPMG FAS作成

　図表1-8は，やや複雑なグラフとなっているが，構造はシンプルである。縦軸は付加価値生産性，横軸はROICを示している。付加価値生産性は全体の加重平均を，ROICはWACCを各々基準値として4象限を設定した。これらの4象限を，本命・梃入・機会・縮減と定義し各事業の方向性を定めた。縮減事業のリソースを②と⑧にシフトすることで，全体の事業価値つまり企業価値向上につなげようとしている。

　さらに，この事業ポートフォリオ評価は，将来のあり方を含めた時間軸の概念をとり入れている。⑧海外事業は資本投下により，ROICはいったん悪化するものの，機会事業として将来の成長投資を意図的に実施する計画としている。そのうえで，梃入事業として位置づけ，そこから資本回収を図ることで10年をかけて本命事業に引き上げる構想としている。また，③事業も現在はROICの高い事業であるが，将来の市場縮小を見据え，この段階から投下資本の圧縮を始め，これまで培ったブランド力を⑧海外事業に横展開する事業シナジーとし

て活用することを企図している。

　このように重要な経営指標を事業ポートフォリオ評価として活用することで，単体の事業戦略にとどまらない，全社視点で俯瞰したダイナミックな事業構想の検討が可能となるのである。

2 | ノンコア事業の戦略的売却を成功に導くための初期的検討と準備

　事業ポートフォリオの再構築を意味する「選択と集中」は，著名な経営学者であるピーター・ドラッカー（Peter Ferdinand Drucker）が今から50年以上前にその概念を提唱した。彼の薫陶（くんとう）を受けた米ゼネラル・エレクトリック社（General Electric Company）のジャック・ウェルチ（John Francis Welch）は，自身がCEOを務めた1981年からの約20年間にわたってこれを実践し，同社に飛躍的な成長をもたらした。この成功を受けて「選択と集中」は世界的に広まり，わが国においても一般的な経営改革のキーワードになって久しい。しかしながら，これまでの日本企業は，買収には積極的に取り組む一方で，自社の事業や子会社の売却には消極的であったことから，日本の経営者は「戦略的売却を検討すべき」といわれ続けてきたが，これももはや過去の話になりつつある。

　すでに，日立製作所，パナソニック，東芝などの総合電機メーカーを筆頭に，武田薬品工業，ソフトバンクグループ，アサヒグループホールディングス，東京海上ホールディングスなど，日本を代表する大手有力企業がノンコア事業や子会社を戦略的に売却し，積極的な事業ポートフォリオの再構築を進めている。このように近年の日本企業のM&Aにおいては，明らかに再生案件ではない「戦略的売却」が増加しており，今や「戦略的売却」は企業戦略の重要な手段として一般化しつつあるといえよう。

　本節では，ノンコア事業の戦略的売却のための初期的検討と準備に焦点を当て，実務上の観点からそれを成功に導くためのポイントを解説する。なお，本節においては，利益を継続して生み出しているものの，自社の中核事業とはみなされない非中核事業または子会社を「ノンコア事業」と位置づけ，赤字事業からの撤退や，いわゆる再生案件における売却は対象としていない。

(1) 戦略的売却は「負けないゲーム」

「M&Aの成功率は約3〜4割」,「M&Aには多くのリスクが存在する」,「多額ののれんの減損を計上」といった言葉を耳にすることがあるが,これらはすべて「買手」側の話である。「売手」にとっては,原則的に「M&Aはリスクのない,負けないゲームである」ということを理解いただきたい。ただし,売手にとって売却対象事業がノンコアであっても,その事業自体は毀損していないことがその大前提となる。

「負けない」という第一の意味は,対象事業ないし会社が抱える将来の成長リスクを含むあらゆるリスクを買手に売却することで移転させ(買手にとっては買収リスクとなる),回避・排除することにある。売却対象事業に重大な瑕疵があった場合には,売却後も譲渡契約上の賠償リスクを負うことになるのではという指摘もあろうが,売却しない場合には当該リスクを自社内に抱えたまま先送りするにすぎず,売却により新たに生じるリスクとは言い難い。むしろ,売却することで早期に顕在化・清算させ,潜在リスクの拡大を断ち切ることになる。

第二の意味は,売却価格には,売手が保有している企業価値に買収プレミアムが上乗せされるのが通常であるため,自社内にとどめて事業を継続した場合に得られる価値を上回る対価を享受することにある。複数の買手候補が参加する入札方式で売却が検討される場合には,さらに価格が上がることが期待できる。仮に,買収提案価格が客観的な企業価値を下回る場合には,売却を中止すればよい。得られる利益が売手の期待を下回ることがあったとしても,損をすることはないのである。

逆に「売手が負けるゲーム」は,対象事業が毀損して処分せざるを得ない状況に至り,足元を見られて実体的な価値より買い叩かれるケースや,不利な条件をのまざるを得ないケースが想定される。したがって,「不利なゲームから降りる」という選択ができる状況で売却に臨むこと,すなわち対象事業に十分な企業価値があるうちに余裕をもって検討・実行すれば,売却は「負けないゲーム」になるのである。そして,「負けない」から,さらに「勝つ」,すなわち「享受する利益を極大化させる」方向へと導くためには,売却にかかる初期的検討と準備が極めて重要となる。

(2) 売却対象事業の検討

当然ながら，まずは売却対象となる事業または子会社（以下，総称して「売却対象事業」または「対象事業」という）の特定が必要である。自社グループではこれ以上成長させることが難しい事業であっても，安定的に利益を上げていれば現状問題なしと考えている企業は少なくない。コア，ノンコアは，あくまで自社グループ内における戦略上の位置づけであり，当該事業が必ずしも不採算であるとは限らない。しかしながら，事業の維持継続ないし成長のために必要な経営資源（ヒト，モノ，カネ）の追加投資ができなければ，いずれ当該事業は毀損していくであろう。優れたバッターでも，フィールドの異なるサッカーチームでエースになれるとは限らず，力のあるうちに活躍の場を野球チームに移すべきなのである。

したがって，自社で追加投資や改善措置を試みても期待する効果が上がらず，自社グループ内における経営資源配分のバランスやプライオリティの観点から当該事業に対する追加投資の継続が難しいと判断される事業が売却の検討対象となる。その判断のために自社グループ内で共通の客観的なモノサシを設定する必要があるが，その評価手法として，1節で解説したROICや付加価値生産性などの指標が有効となる。

(3) 売却のタイミング

事業ポートフォリオ評価などの結果，対象事業がノンコア事業に区分され，売却方針が決定された場合には，次に「売却のタイミング」を検討する。

創業来赤字であったとしても，成長が期待されるベンチャー企業が極めて高額で売却されることがあるように，M&Aにおける企業価値は，現在の収益力ではなく，成長性を加味した将来の収益力を根拠に決定される。事業の維持継続・成長に必要な経営資源が投入できなくなった場合には，当該事業は成長機会を逸するだけでなく事業価値が徐々に毀損し，当然ながら売却価格も下落する。売却をためらって先送りすれば，結果的に不振事業として自ら対象事業の従業員をリストラし，資産を投げ売りせざるを得なくなるなど，本末転倒の結果になりかねない。

したがって，自社グループ内で追加投資の継続が困難と判断した時点で売却

準備に着手するのが望ましい。売却のタイミングは，対象事業の業績動向，自社グループの経営戦略，資金調達，IR，組織変更・人事異動などの内部環境，市場環境や業界動向などの外部環境に加え，買手候補の動向もふまえて検討する。そして，最適な買手に最適な条件で売却するためには，準備のための十分なスケジュールを考慮する必要がある。

　このように，自らの意思に基づき売却を検討するケース（能動的アプローチ）がある一方で，買手候補となる企業やバイアウト・ファンドあるいは投資銀行などのファイナンシャルアドバイザー（以下，「FA」という）からの買収提案を受けて具体的な検討に着手するケース（受動的アプローチ）も現実的には少なくない。このような場合，相手側は既にある程度の検討のうえで打診してくるのであるから，対象事業に対する関心が強く，その市場価値も高いといえる。したがって，受動的アプローチであっても，売却プロセスに進むことになった場合は，能動的アプローチと同様に「待ちの姿勢」ではなく，売手が主導権を握る状況設定を構築することが重要である。M&Aは，基本的に「売手市場」であり，売却対象となる事業が良質であれば，なおさら売手の優位性は高い。能動的アプローチであれ受動的アプローチであれ，事業売却を重要な経営戦略として位置づけ，平時から定期的に自社グループの事業ポートフォリオの見直しの実施とその体制を整えておくことが望ましい。

(4) 売却の目的と前提条件の整理

　売却対象事業によっては，売却の目的や前提条件が大きく異なり，それによって売却先やストラクチャーも変わり得るため，あらかじめそれらを明確に整理しておく。売却後に対象事業と売手グループとの間になんら取引関係が残らない場合は，通常全部売却を原則とし，売却価格の極大化を目的とすることになろう。一方で，売却対象事業に売手グループのバリューチェーンとしての役割を継続させる場合には，売却後も一定の関係を維持するために持分の一部を残して買手と合弁関係を構築することもあり得る。また，売却対象が，売手グループにサービスを提供するシステム子会社や不動産管理会社のようなコストセンターである場合には，当該分野に長けた企業に売却し，BPO（business process outsourcing）として引き続き業務提供を受けることもあるであろう。

こうしたケースでは，売却価格，売却後の取引条件および買手がもたらすであろう対象事業の技術やサービスの向上を総合的に検討することになるが，売却価格と取引条件に相反関係が生じる点に留意が必要である。

(5) 対象事業を売却するうえでの問題点の把握

　次に，対象事業に内在する問題点や売却実行の障害となり得る課題を抽出，整理する。**図表1-9**は一般的な例である。これらは，対象事業の価値の減額要因になり，場合によっては売却そのものが困難となる場合もあるため，あらかじめ把握し，必要な対策を講じなければならない。

　例えば，主なディールキラー（deal killer：M&A取引成立の妨げ，ないし中止せざるを得なくなる要素）の一つに環境問題がある。売却対象の工場の敷地に重大な土壌汚染のおそれがある場合には，買手候補は最終契約締結前に詳細な調査の実施を売手に要求するであろうが，その結果，汚染の事実が確認された場合は，その度合いにより交渉中止や改善の実施が求められる。土壌汚染の改良工事には相応の費用と時間がかかり，売却スケジュールが大幅に遅延する事態になりかねない。

　また，対象事業のスタンドアロン・イシュー（stand alone issue：売却対象となる事業や子会社が自社グループから離脱した場合の事業，経営管理，財務，福利厚生を含む人事などに与える影響）の把握も必要である。一般的に，売却対象となる事業や子会社は，本社や他のグループ会社の機能に依存している場合が多い。例えば，バリューチェーンにおける調達・販売，研究開発，知的財産，不動産，ITシステム，経理・人事・総務などの管理部門，CMS（cash management system）による資金調達などである。買手企業がすぐにそれらの機能を提供できなければ，それが可能となるまで対象事業に対して一定期間の業務受託，使用許諾や賃貸などの手当が必要となる場合がある。これらのコストは，対象事業の価値を分析する際に反映されることになるので，価格を含む契約交渉にも大きく影響する。

図表 1 - 9　事業売却上の問題点の例

法務	・許認可の承継 ・独占禁止法のクリアランス ・知的財産権 ・チェンジ・オブ・コントロール（支配権の異動）による契約上の影響 ・協業避止義務 ・紛争，訴訟，クレーム	ビジネス	・スタンドアローン・イシュー ・仕入先，販売先との取引への影響 ・市場動向 ・業界内の取引慣行
人事	・キーパーソンのリテンション ・労働組合 ・退職給付制度 ・健康保険組合 ・従業員持株制度 ・未払い残業代	会計・財務，税務	・対象事業のカーブアウトまたは連結財務諸表の作成の有無 ・不適切な会計または税務処理 ・退職給付債務 ・偶発債務，簿外債務 ・粉飾決算
システム	・システムのスタンドアローン・イシュー	環境	・土壌汚染 ・水質汚染 ・騒音 ・アスベスト，PCB

（出所）KPMG FAS作成

(6) 情報の非対称性の逆転

　M&Aでは，買手が得る売却対象に関する情報量は，当然ながら売手に劣ることから，一般的に買手に不利といわれる。いわゆる「情報の非対称性」である。そこで，買手は買収リスクを軽減させるために売却対象についてデューデリジェンスを実施し，可能な限り詳細な情報を入手しようとする。一方，売手側で売却交渉を担当するメンバー（本社担当役員や経営企画部など。一般的に売却対象となる事業や子会社の従業員は外される）は，売却対象について詳細に把握していないことが意外に多い。売却対象がノンコアや重要性の乏しい非連結対象会社の場合は特にそうした傾向が強い。その結果，買手によるデューデリジェンスが終了した時点で売手と買手の情報の非対称性が逆転してしまい，売手は最終契約交渉においてこれまで把握していなかった問題点を買手から突きつけられ，不利な交渉を余儀なくされるケースもある。

(7) セルサイド・デューデリジェンス

　M&Aにおいては，売却対象について買手がデューデリジェンスを実施するのが一般的であり，必須のプロセスである。これに対して，売手自身が売却対象事業に関する理解を深め，買手側の視点に立ってリスクを見直すために実施する詳細調査をセルサイド・デューデリジェンス（ベンダー・デューデリジェンス）という。対象事業の売却金額が小さい場合には，費用対効果を勘案して自社やFAにより簡易的に行うが，相応の規模以上の場合には，会計士，税理士，弁護士などの外部専門家に依頼する（以下のセルサイド・デューデリジェンスは，後者の場合を前提とする）。これまで日本では，多数の買手候補者が参加する入札方式の大型案件などに限られていたが，最近はその必要性が認知され，欧米同様に一般化しつつある。

　セルサイド・デューデリジェンスの主な目的は，以下のとおりである。

①　売却上の問題点の把握

　売却対象に関する分析を売手自身が早い段階で行うことにより，あらかじめディールキラーとなり得る潜在的リスクの抽出とその対応を検討することができ，予期せぬリスク発覚によるディールの不成立または売却価格の下落という事態を避けることにもつながる。したがって，セルサイド・デューデリジェンスは，前述の「対象事業を売却するうえでの問題点の把握」や「情報の非対称性の逆転」への対応策ともいえる。

②　買手候補先への適切な情報開示

　入札の初期段階において，売手（売手側FA）は，秘密保持契約を締結した買手候補先に対してインフォメーション・メモランダム（IM：information memorandum）と呼ばれる案件説明書を配布する。IMは，売手とFAによって共同で作成され，売却対象の概要，事業内容，市場，組織・人事，財務情報および事業計画など売却対象に関する情報が数10ページから場合によっては100ページを超える冊子としてまとめられる。買手候補先（およびそのFA）は，IMを分析のうえで対象会社の価値評価を行い，買収価格や条件の初期提案を行うので，売手はセルサイド・デューデリジェンスに基づき正確で十分な情報

を提供することが重要となる。

IMの記載事項のうち，特に重視されるのが将来の事業計画と過去の財務実績などの財務情報である。買手候補先に適切な対象事業の価値評価の実施を促すためには，それに足る詳細度と説得力のある事業計画の作成・開示が不可欠となるが，その計画の作成に際しては，直前の財務実績が発射台となる。事業の一部切り出し（carve out）や孫会社を含む子会社売却の場合には，通常は当該対象事業ないし事業グループの（連結）財務諸表が作成されていないケースが多いことから，プロフォーマ（連結）財務諸表（pro forma financial statements）を新たに作成しなければならない。

事業計画の前提条件の根拠が乏しかったり，過去の財務実績や市場環境と照らし合わせて整合性に欠ける場合，買手候補先に当該事業計画を大幅に割り引いて評価されたり，さらにはIM全体の開示情報の信頼性を失い，売手に対する不信感を招いてその後の売却交渉に不必要な悪影響を与えることになる。外部専門家が関与したセルサイド・デューデリジェンスにより，これらの開示情報の精度と信頼性を高めることが可能となるため，その意義は極めて大きい。

③ 想定売却価格の見積りと売却ストラクチャーの検討

売手も，作成された事業計画とセルサイド・デューデリジェンスの結果をふまえて売却価格を推定し，最適な売却ストラクチャーや前提条件を検討する。こうして設定された売却条件に基づき，今後の買手候補先との交渉と経営の意思決定を行うことになる。

なお，売手も買手に開示した同一の事業計画などの開示情報に基づき対象事業の価値評価を行うため，前述のとおりその精度と信憑性が高ければ，評価結果の大きな差異は生じない。

④ デューデリジェンスの負担軽減と効率化

デューデリジェンスの実務では，売手側は，買手側の財務，税務，法務，環境などの外部専門家から膨大な量の情報開示の要求と質問を受けることになる。情報管理の観点から売手側の社内プロジェクトメンバーは少人数でチーム・アップされることが一般的であるため，限られた期間内に買手側からの要請に

対応しなければならず，その負担は極めて大きい。事前に自社のペースで行うセルサイド・デューデリジェンスは，これらの準備や対応の負担を大きく軽減する効果がある。

　また，複数の買手候補に同時に対応する入札方式の場合，その負担はさらに増大するが，買手候補先主導のデューデリジェンスに代えて，セルサイド・デューデリジェンスの報告書を買手候補先に開示することにより，一層の負担軽減とスケジュールの短縮が見込まれる。なお，最近はセルサイド・デューデリジェンスの費用を買手候補先に負担させるケースも増えている。

　このように，セルサイド・デューデリジェンスは，買手候補先への適切な情報開示，想定売却価格の把握，適切なストラクチャーの検討，有利な契約交渉の実施，不測のリスクの回避，自社の売却作業の負担軽減と効率化など，売却に必要なあらゆるプロセスをカバーすることにつながるため，極めて有意義である。セルサイド・デューデリジェンスの実施は，戦略的売却を成功に導くための重要な施策といえよう。

(8)　買手候補の検討

　企業価値は，「一物一価」ではない。当事者によってその「時価」は異なり，対象事業の価値は自社と買手候補先とでは全く異なる。対象事業を最も高く評価してくれるのはどこか，買手候補にとっての戦略的な価値を見極めることが重要である。同業他社に限らず，対象事業が有する技術，サービス，顧客，バリューチェーンなど，多様な観点で協業可能性のある相手を検討する。

　また，バイアウト・ファンドも有力な買手候補としてその存在意義は大きい。以前は，事業会社と異なり，シナジープレミアムを見込めないために買収価格が低いという声が聞かれることがあったが，現在では，むしろ売手にとって適正で魅力的な価格が提示されるケースが多い。それは，本書にて紹介される有力バイアウト・ファンドを中心に，高度な経営ノウハウと幅広いネットワークを活用し，投資先の企業価値の拡大が実現されることが可能となったためである。近年のバイアウト・ファンドによるめざましい投資実績の詳細は本書第Ⅱ部の事例編を参照されたい。

このような実績に裏づけられ，バイアウト・ファンドに潤沢な投資資金が集まっていることも見逃すことができない。また，ドライパウダー（dry powder）と呼ばれるこれまで集めた未投資の待機資金が過去最高水準にまで積み上がっており，さらに数千億円規模の新規ファンドが設定される予定もある。これは，低金利が長期化する中，より高い利回りを期待して国内外の機関投資家が多額の資金をバイアウト・ファンドに委ねていること，ファンド・マネジャーの経験・知識の向上によって投資選別が高度化していることによると考えられる。

また，バイアウトの一形態といえるが，対象事業や子会社の役職員によるMBO（management buy-outs）やEBO（employee buy-outs）も，当該会社の役職員のモチベーションの観点から大きなメリットがある。

いずれにせよ，売手は売却価格のみならず，対象事業売却の目的や前提条件をふまえ，長期的な視点で対象事業との戦略的，組織的な「相性」を重視して検討しなければならない。

買手候補が対象事業を十分理解せずに，本来あるべき適切な価格を超えて高値づかみしてしまった場合，結果的に彼らが期待する利益を享受できずにリストラを余儀なくされ，従業員らに不利益をもたらすこともあり得る。買手候補と対象事業との間に，「相性」，「尊敬」，「信頼」が感じられない売却は，進めるべきではないだろう。

おわりに

「彼を知り己を知れば，百戦殆（あや）うからず」は，スポーツ戦略やビジネス書などで必ずといってよいほど取り上げられている孫子の兵法の有名な一節である。そして，勝負は「99％の準備と１％の運」という言葉もある。売手の優位性を維持しながら戦略的売却を成功に導くためには周到な準備が必要であり，なによりも売却対象となる事業や子会社を自らが「知る」ことが重要である。万が一，場当たり的で稚拙な売却を行えば，対象となった従業員に大きな不利益をもたらすだけではなく，株主や取引先をはじめとするステークホルダーや自社

グループの従業員の信頼を損ね，以降，継続して戦略的売却による事業ポートフォリオの見直しを進めることは困難となることを文末に申し添えたい。

第2章 事業再編に伴う法的スキームの検討と交渉ポイント
——バイアウト・ファンドを活用した円滑な事業再編に向けて——

TMI総合法律事務所

弁護士 髙原達広

弁護士 池田賢生

弁護士 荒井悦久

はじめに

近時，事業会社が事業再編を行う中で，バイアウト・ファンドの活用を検討する事案が増えており，またバイアウト・ファンドには日本の産業界の再編過程において触媒的な役割を果たすことも期待されている。本稿では，事業会社が再編対象事業をバイアウト・ファンドに売却する場合に採用されることの多いスキームを概観し，特に再編対象事業の売却後の円滑なオペレーションという観点から，売主と買主の間で交渉ポイントとなりやすい点に触れる。

なお，スキームの選択に際しては，税務的な観点からの判断も重要な要素となるが，この点は再編対象事業のタックス・ポジション，資産・負債の状況などにより判断が異なるなど個別性の高い検討が必要となるため，本稿では税務的な観点からのスキーム選択の是非に関する説明は行わず，法務的な観点からの説明を中心に行う。

1 事業再編のスキームと交渉ポイント

(1) スキームの特性と手続の概観

事業再編の実施に際してはさまざまなスキームが考えられるが，具体的なスキームの選択の判断は，再編対象事業が事業再編を実施する会社（以下，「売

主」という）の子会社（以下，「売主子会社」という）を通じて管理・運営されている場合（分社化されている場合）と，売主の事業部門を構成している場合（事業部門の場合）とで大きく異なる。

　前者の場合（分社化されている場合），再編対象事業が売主から独立した法人格を持つ売主子会社に集約された状態にあることから，第一次的には株式譲渡（売主の保有する売主子会社株式の譲渡）が選択されることが一般的である。

　このスキームにおいて，買主によるデューデリジェンスの過程で売主子会社が大きな潜在債務などのリスクを抱えていることが確認された場合，買主としては，①そのリスクによる経済的負担の見込み額を売主子会社株式の価値評価の際に減額要素として織り込むか，あるいは②そのリスクが顕在化した時点で売主子会社株式の譲渡価格を事後的に減額調整する取り決めを行う（例えば，株式譲渡契約書上，表明保証または特別補償の対象としたうえで，リスクが顕在化した場合に生じた損害などの補償・賠償を求められるようにしておく）などにより，売主に対して将来における経済的補填の受入れを求めることが考えられる。これに対して，買主がそうした対応だけでは確認されたリスクへの手当てとして十分でないと判断する場合は，再編対象事業をいったん売主子会社から切り出したうえで買収するというスキームが選択される場合もある。もっとも，再編対象事業の売却を一括して処理したいと考えるであろう売主との関係を考慮すれば，このスキームはあくまでも二次的な選択肢となる。

　後者の場合（事業部門の場合），再編対象事業が売主の事業の一部を構成する状態にあることから，事業再編のために当該事業部分を売主のエンティティから切り出すことが必要となり，その切り出しを前提としたうえで再編対象事業の売却が行われることとなる。

　この場合に採用される典型的スキームとしては，**図表 2 - 1 ・図表 2 - 2 ・図表 2 - 3** に示すように，①事業譲渡（事業譲渡による売主から買主への再編対象事業の直接的な譲渡），②現金対価会社分割（会社分割による売主から買主への再編対象事業の直接的な承継）または③会社分割と株式譲渡の組み合わせ（会社分割による売主から新設または既存の受皿会社（以下，「受皿会社」というが，以下では「受皿会社」の概念を適宜「売主子会社」という定義語に包含して記す）への再編対象事業の承継および当該受皿会社株式の売主から買主へ

図表2-1　事業譲渡スキーム

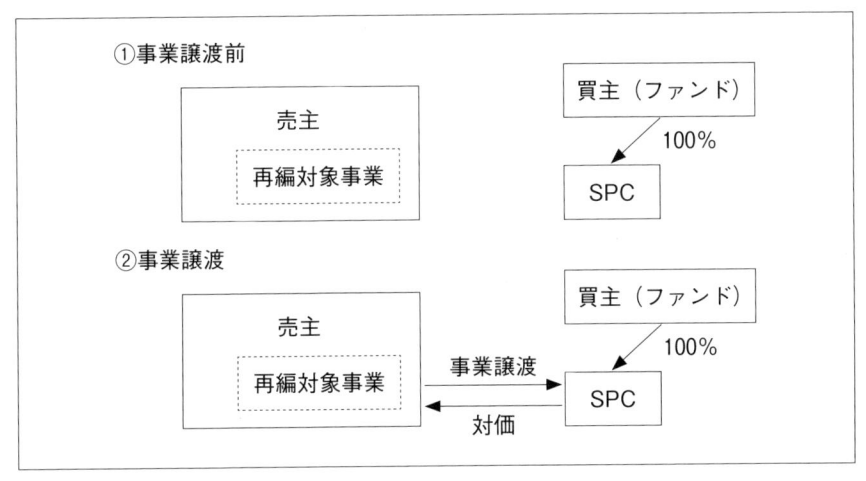

（出所）筆者作成

図表2-2　現金対価会社分割スキーム

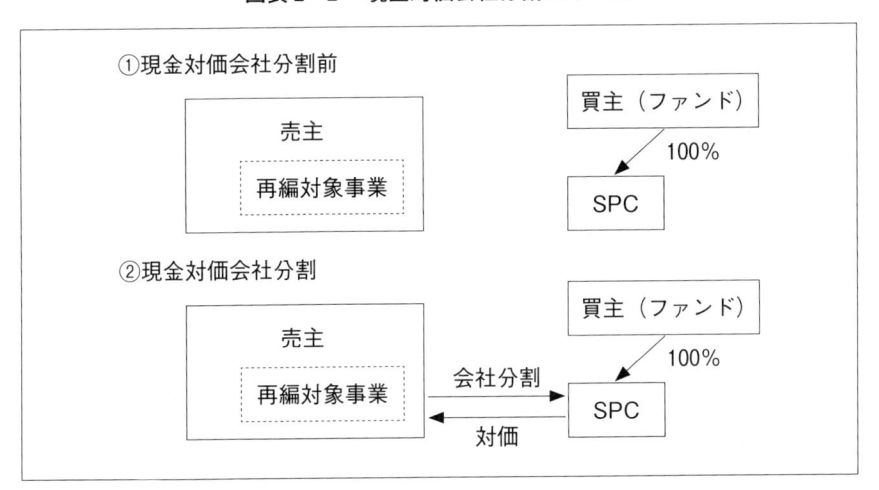

（出所）筆者作成

の譲渡）が考えられる。

図表2-3　会社分割と株式譲渡の組み合わせスキーム

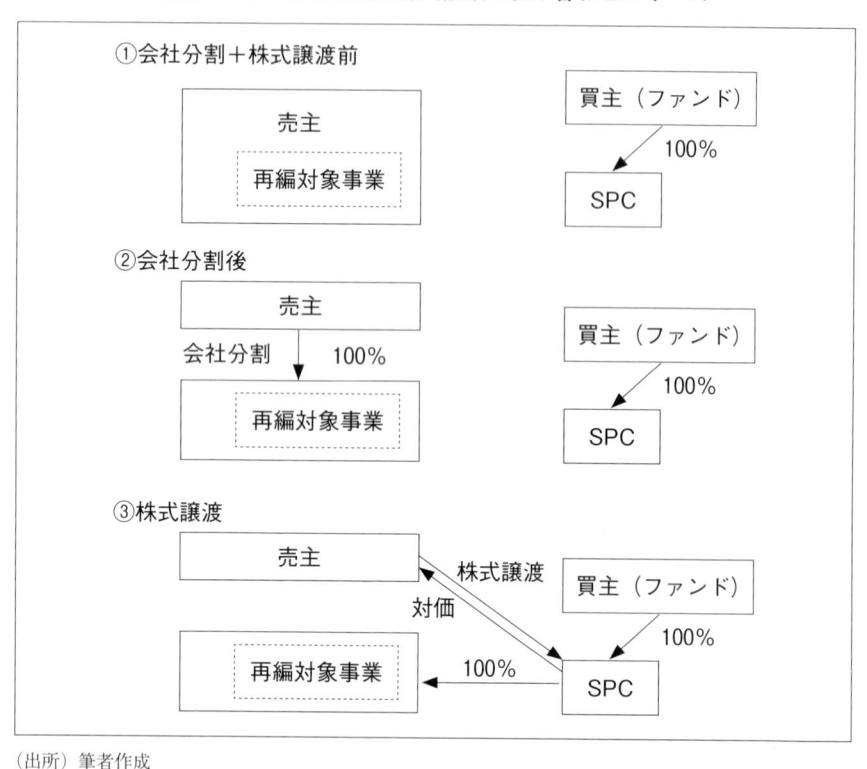

（出所）筆者作成

　そして，それぞれのスキームには，**図表2-4**に示したような特徴が認めら
れる。

　いずれのスキームを選択するかという点の判断に際しては，後述のように，
従業員の承継範囲，資産・負債や契約関係の買主への移管手続の容易性をふま
えることが多いが，これらに加えて，スキームの選択がディール・スケジュー
ルに与える影響が考慮されるという点も重要である。

　例えば，事業譲渡の場合，資産・負債や契約関係の承継にあたり，個別に移
管手続をとることが必要となるため，契約の相手方から契約上の地位の譲渡に
関する同意を得るために必要な時間も想定したうえでディール・スケジュール
を策定・管理することが求められる。また，仮に契約上の地位の譲渡に関する
同意を得るために，契約の相手方にアプローチしたことを契機として契約の相

図表2-4　再編対象事業の切り出しに関する各スキームの特徴

スキーム	事業譲渡	現金対価会社分割	会社分割＋株式譲渡
買主	バイアウト・ファンドが組成するSPC	バイアウト・ファンドが組成するSPC	バイアウト・ファンドが組成するSPC
売主	事業再編を実施する会社	事業再編を実施する会社	事業再編を実施する会社
売却対象	売主の再編対象事業	売主の再編対象事業	売主の再編対象事業を会社分割で承継した受皿会社
売主での意思決定手続	【事業譲渡】株主総会決議（簡易要件を満たせば取締役会決議）	【会社分割】株主総会決議（簡易要件を満たせば取締役会決議）	【会社分割】株主総会決議（簡易要件を満たせば取締役会決議）【子会社株式譲渡】取締役会決議（子会社株式の簿価によっては株主総会決議）
売主での債権者保護手続	不要	必要	必要
資産・負債の承継	全部または一部の選定可能（特定承継）	全部または一部の選定可能（包括承継）	全部または一部の選定可能（包括承継）
チェンジ・オブ・コントロール条項への対応	すべて個別対応が必要	個別対応が不要となる契約もあり	個別対応が不要となる契約もあり
雇用　主たる従事者	すべて個別対応（転籍同意）	原則承継（承継しないことについて主たる従業員から異議がなければ非承継）	原則承継（承継しないことについて主たる従業員から異議がなければ非承継）
雇用　従たる従事者	すべて個別対応（転籍同意）	原則非承継（承継することについて従たる従業員から異議がなければ承継）	原則非承継（承継することについて従たる従業員から異議がなければ承継）
許認可	再取得（根拠法によっては取得手続の簡易化の余地あり）	再取得（根拠法によっては取得手続の簡易化の余地あり）	再取得（根拠法によっては取得手続の簡易化の余地あり）

（出所）筆者作成

手方から契約条件の見直しを求められる可能性がある場合は，その点も想定した準備と交渉期間の確保が必要となる。契約の相手方が求める契約条件の見直しが契約の経済条件やリスク分担のあり方，契約期間の変更などに及ぶ場合，買収後に再編対象事業を管理・運営する買主にも重大な影響を与えるため，この点は買主との協議も経ながら解決策を模索する必要があり，そのために必要な期間によってはディール・スケジュールが当初の想定から大幅に後ろ倒しになる可能性もある。

　会社分割の場合，少なくとも 1 ヵ月の期間を要する債権者保護手続をふまえたディール・スケジュールの策定が必要となり，債権者から異議が出された場合における備えも必要となる。一方で，会社分割の場合，法律が定める手続を実施すれば個別に資産・負債や契約関係の移管手続をとる必要がなく，分割契約書または分割計画の中で分割の対象として明示した資産・負債や契約関係が包括的に承継されることとなるため，基本的に事業譲渡のような個別対応が不要となり，ディール・スケジュールを管理しやすいともいえる。

　もっとも，会社分割において，既存の契約関係が包括的に承継されるという法制度としての枠組みがあるとしても，個別の契約の中で，いわゆるチェンジ・オブ・コントロール（change of control）条項が定められており（例えば，会社分割が解除事由または承諾事由と明記されている場合がこれに該当する），再編対象事業の切り出しがチェンジ・オブ・コントロール条項の発動をもたらす場合は，再編後においても契約関係を継続できるよう，会社分割においても事業譲渡と同じような配慮が必要となる。

　すなわち，既存の契約の相手方がチェンジ・オブ・コントロール条項に基づき契約の解除も視野に入れて契約の見直しを求めてくるような場合は，前述の事業譲渡の場合と同じく契約の相手方との交渉が必要となり，当初想定していたディール・スケジュールに影響を与えることもある。この場合も，やはり買主と協議しながら解決策を模索することになるが，その結果として，ディール・スケジュールが当初の想定から大幅に後ろ倒しになる可能性は否めない。

　なお，仮に再編対象事業の中に海外事業が含まれており，その切り出しが必要となる場合は，海外事業に対して適用される準拠法を遵守したうえでの再編対象事業の切り出しを検討する必要がある。この場合，準拠法や海外規制当局

の対応次第では，海外事業の切り出しに法的または手続的に大きな障害がある場合や許認可の取得に長期の時間を要する場合もある。最終的に切り出しが実務的に非常に難しいと評価される場合は，海外事業を売主グループに残しつつ，事業再編の実施後も売主と買主との間で一定の業務の受委託の関係を構築せざるを得ない場合がある。

　このように，売主としては，事業再編を契機として再編対象事業を取り巻く取引先や規制当局からさまざまなアクションがとられる可能性や一定の手続の実施を求められる可能性を想定し，各アクションがディール・スケジュールに与える影響もふまえ，事業再編のスキームの選択をすることが重要となる。

　買主としては，売主が求めるディール・スケジュールに合わせる形で各種手続を進めることが必要となるが，特に売主が再編対象事業の迅速な切り出しを考える場合，売主の事業年度末日や特定の四半期の末日までに事業再編を完了することが必須と考えている場合もあるため，買主としてはこの時間軸をターゲットとしてディール・プロセスを管理する必要がある。また，バイアウト・ファンドが再編対象事業の買主候補として名乗りを上げる場合，買収資金の調達のためのLBOローンのアレンジをすることが多いが，LBOローンとの関係でのスケジュール管理，国内外における競争法（独占禁止法）に基づく届出や許可の取得のためのスケジュール管理，そして再編対象事業に関する規制に基づく許認可の再取得手続に要する期間も見極めつつ，前述のような点に配慮してディール・スケジュール全体の時間軸を管理する必要がある。

(2) 実務的な観点からのスキームの選択と交渉ポイント

　事業再編スキームの選択のポイントとしては，前述のとおり，ディール・スケジュールに与える影響のほか，従業員の承継範囲，資産・負債や契約関係の買主への移管手続の容易性に関する判断などもあげられる。

① 従業員の承継範囲

　事業譲渡と会社分割を比較した場合，従業員との労働契約の承継範囲は一つの重要な判断ポイントとなる。

　事業譲渡の場合，買主が再編対象事業に従事するすべての従業員の中から必

要と判断する従業員のみを選択して承継対象とすることが可能である。一方で，会社分割の場合，「会社分割に伴う労働契約の承継等に関する法律」に基づく手続と規律が存在するため，再編対象事業に「主として従事する者」については，仮に買主が承継を望まない場合であっても，これを承継しなければならない場合がある。

　承継する従業員の選別・員数の調整余地があるという観点からは，買主としては事業譲渡を選択することが望ましいともいえる。また，再編対象事業が再編対象となるゆえんの一つとして「従業員の不適切な配置」という問題があげられる場合もあるため，買主から見れば，再編対象事業に「主として従事する従業員」のすべての承継が前提となる会社分割を採用した場合は，承継後の再編対象事業の経営効率の改善が難しくなるとの判断をすることもあり得る。

　もっとも，実務的には，仮に事業譲渡であったとしても，交渉過程で承継対象となる従業員を限定することが容易でない場合もある。承継されない従業員が増えた場合，売主の経営陣として，承継されない従業員の受皿を売主グループ内に創り出すという課題に直面するため，売主の経営陣から相当強い抵抗が出ることも想定されるからである。こうした事情もある中で，買主が承継する従業員の削減のために事業譲渡のスキームに固執すれば，売主の経営陣の意図に真っ向から反すると評価され，ディールの成否を左右する要因ともなりかねない。

　買主としては，こうした実態もふまえつつ各スキームのメリット・デメリット（**図表2−4**を参照）を検討し，その選択を行うことになる。

②　資産・負債や契約関係の買主への移管手続の容易性

　次に，資産・負債や契約関係の買主への移管手続の容易性も，重要な判断ポイントの一つとなる。

　例えば，大手企業グループが事業再編を行う場合，再編対象事業に関係する取引契約の数が膨大であるために，事業譲渡を通じ個別に契約関係を切り出すことが容易でないことがある。もちろん，会社分割を選択した場合であっても，既存の取引契約の中には会社分割の手続を通じた切り出しをチェンジ・オブ・コントロール条項の発動対象とする場合も少なくない。そして，この場合，既

存の取引契約を買主に承継し取引関係を継続させるためには，契約の相手方と個別に交渉し同意を得なければならない場合もある。しかしながら，そうした場合でも，契約関係の承継のために，基本的にはすべての契約の相手方から同意を得ることが大前提となる事業譲渡に比べれば，会社分割ではその負荷は比較にならないほど軽減されることが多い。

　なお，実務上は，事業譲渡のスキームが選択される場合でも，定型的な取引契約で契約の相手方から異議が出される可能性の少ないものについては，いわゆる「みなし同意取得」の方法を採用することで厳格な手続事務を避ける場合がある。具体的には，「契約関係を買主が承継することについて，契約の相手方から一定期間内に異議が出されなければ同意したものとみなす旨の通知を行うことで明示的な同意がない場合においても同意を擬制する」という方法である。この方法を採用する場合，事業再編後も契約の相手方が引き続き取引関係を継続すれば，契約の相手方が事業譲渡に黙示的に同意したとみなすことが可能との理解を前提にしている。

　もっとも，「みなし同意取得」の方法を採用する場合，契約関係の承継に関して法的な安定性に不安が残る場合もあり，買主としては，特に重要な取引契約については，この手続をとることに否定的であることも多いため，契約関係の承継という意味では，事業譲渡に比して，会社分割による方法のほうがスキームとしての安定性が確保されることは否定できないであろう。

2 ｜ 交渉ポイントとスタンドアロン問題

　事業再編が実施される場合，再編対象事業が売主グループが持つさまざまなリソースを活用し管理・運営されている場合も少なくないため，売主グループを離れることで再編対象事業が円滑かつ速やかに独り立ちできるのか，という点（いわゆるスタンドアロン問題）が問題となる場合がある。

　スタンドアロン問題についてなんらの手当てをすることなく事業再編を実施してしまうと，再編対象事業の継続に重大な支障が生じてしまう場合も少なくないため，買主としては，再編対象事業が売主とどのような関係にあったかを

検証し，買収に先立ちその詳細を把握することが必要となる。そして，この点は，第一次的には買収時に実施されるデューデリジェンスの過程で精査されることが期待されている。しかしながら，限られた時間内で実施されるデューデリジェンスでは，そのすべてを網羅的に確認することが難しい場合もある。

　例えば，売主として，長きにわたり売主子会社を管理してきたものの，グループのリソースを売主子会社がどの程度利用しているかを直ちに可視化できる体制をとっておらず，その内容について，デューデリジェンスの段階では売主から買主に対して概括的に説明されるにとどまり，細部は事業再編に関する契約の締結後，事業再編の実行に向けたより具体的な手続の過程で少しずつ明らかにされる場合もある。この点，再編対象事業の切り出しの局面では，売主と買主は買収に伴う契約の相手方という立場の違いはあれども，再編対象事業を適切な形で切り出し，切り出し後，迅速かつ円滑に再編対象事業が継続でき

図表2-5　スタンドアロン問題における検討事項

再編対象事業と売主の関係	検討事項
売上などの依存度	• 売主グループ・既存顧客からの売上の維持可能性 • 売主グループ以外からの売上の拡充可能性
管理体制の依存度	• 売主グループの経理・財務，給与計算，法務などの管理体制の利用
権利関係の依存度	• 売主グループが保有するまたは利用権を持つシステム，知的財産・ノウハウなどの利用 • 売主子会社が売主と本店・支店を同一にしている場合における賃貸借の処理
コーポレートブランドの依存度	• 売主のコーポレートブランドに依存した顧客訴求力の有無 • 売主子会社が売主のコーポレートブランドを含む商号である場合における商号変更の対応
人員およびその管理の依存度	• 売主グループからの出向者への量的・質的な依存度 • 年金・健康保険組合などの処理方法
資金繰りの依存度	• 売主グループからの借入れへの依存度 • キャッシュ・マネジメント・システム（cash management systemの有無 • （キャッシュ・マネジメント・システムがある場合）売主グループへの預け金解消後の資金活用機会の有無

（出所）筆者作成

る体制を確保するという点ではその利害が一致している。したがって，売主子会社が独立した主体として活動するために必要なリソースを把握するための協働作業として，（場合によっては，デューデリジェンスのプロセスとは独立したプロセスとしてでも）早いタイミングから売主および売主子会社の管理部門の関係者との実態把握のためのセッションを設けて，その詳細を精査することが重要となる。なお，一般には，その過程で**図表2-5**に示すような点を中心に実態の確認がなされる。

(1) 売上などの依存度

　売主が事業再編を行う場合に，再編対象事業と売主グループの事業との関係性が強く，再編対象事業の売上などの売主グループへの依存度が相当高い場合も少なくない。例えば，売主子会社が売主グループへの人材派遣業務を担っている場合，売主グループの福利厚生関連事業を受託している場合，あるいは売主グループが完成品として販売する製品の製造過程での加工作業を受託している場合など，さまざまである。もちろん，売主子会社が，売主にとって他社に代替し難いサービス・製品を提供しているという実態があれば，その関係性は売主と売主子会社の資本関係解消後も将来にわたり維持される余地がある。

　しかしながら，売主子会社が，売主グループに対してサービス・製品を提供する多数の取引先の1社でしかないという状況となれば，売主子会社が売主グループから得られる受注も，売主と売主子会社の資本関係解消後は資本関係が存在していたときのものとは異なった内容となる可能性がある。

　そこで，買主としては，再編対象事業の買収に際し，将来における買主または売主子会社と売主グループとの一定の取引関係の継続や優先的な取引機会の提供を売主に求めることが考えられる。この場合，買主が買収後の再編対象事業の収益力を維持したいという観点から，一定期間の最低取引数量のコミットメントや一定のマージンでの取引機会の提供約束を売主に対して求めることも考えられる。

　売主としては，再編対象事業の切り出しの実現のために一定期間の取引関係の継続や優遇措置の提供を受け入れざるを得ない場合もあるが，これがあまりに長期化し，また取引条件としても不利益が大きいということになるようであ

れば，売主自身の株主に対して事業再編の必要性とその事業再編の実施に伴う効果を合理的な形で説明することが難しくなる。そこで，買主としても，暫定的に売主グループとの関係性を維持するとしても，一定期間の経過後は，売主グループとの間の取引関係が解消することも想定したうえで買収を進めることが必要となる場合がある。また，売主から買主に対しては，再編対象事業の承継後における一定の取引関係の継続や優遇措置の提供を受け入れる条件として，再編対象事業における合理的な範囲での自主的な営業努力義務を明確化しておくことなどが求められることもあろう。

　買主にとっては，再編対象事業自体が，売主グループに依存しない形で，どの程度，外部の取引先を拡充することができ，また継続的に売上を立てることができるのかという点を予測しておくことが買収に際してのキーポイントになるとともに，その予測もふまえて，売主との資本関係解消後にどの程度の期間，取引関係や取引条件を維持できる状態があることが必要なのかを慎重に判断し，交渉することが重要となる。

　なお，再編対象事業を直接的に買主が承継する場合（事業譲渡の場合または会社分割の場合）や受皿会社の株式を譲り受ける場合（会社分割と株式譲渡の組み合わせの場合）においても，再編対象事業の内容として売主における他の事業との連携などをすることが事業遂行のために必要であると考えられる場合には，同様の点が売主と買主との間の交渉において重要となる。

(2) 管理体制の依存度

　大手企業グループでは，再編対象事業が売主の事業部門の一部を構成する場合だけでなく，独立した法人格をもって管理・運営されている場合であっても，再編対象事業に従事する従業員の給与計算，福利厚生制度の管理が，シェアードサービスとしてグループで一括管理されていることも多い。また，財務・経理や契約の管理実務も，その多くを売主グループのリソースに依存している場合がある。

　これらについても，再編対象事業の切り出し後に，いかに管理するか（または管理体制を構築するか）が重要なポイントとなる。買主としては，買収後，速やかに売主子会社の管理体制を充実させ，これを独自に管理できるようにす

ることが望ましいが，そのためには管理部門人材の採用，管理システムの導入など，さまざまな投資が必要となる。この点について，仮に買主となるバイアウト・ファンドが，既にポートフォリオとして保有している投資先企業のロールアップの一環として再編対象事業を買収する場合は，当該投資先企業の持つ管理機能をスライドして活用することが可能な場合もある。しかし，仮にそのような状況にない場合，買主としては再編対象事業における新たな体制の整備を図る必要があり，この点の負担を一定期間軽減するための措置として売主に管理機能を一時的に委託する場合も多い。この場合，売主と売主子会社との間で，いわゆる「トランジション・サービス契約」を締結し，必要な移行サービス（サービス内容，サービス体制のあり方，サービスの期間および対価など）に関する合意をすることとなる。

しかしながら，これはあくまでも暫定的な措置となり，売主としては，資本関係のなくなった再編対象事業に関する情報を受領し，これを管理していくことは望まない。そのため，こうした措置は，あくまでも一時的なものとして買主において独自の管理体制が構築されるまでの数カ月程度の対応となることも多い。そこで，買主としては，買収後に独自の管理部門人材の採用，管理システムの導入などを検討する必要があることも見越しながら，そのコストもふまえたうえで再編対象事業のバリューアップのための事業計画を練る必要があることとなる。

この点は，再編対象事業を直接的に買主が承継する場合（事業譲渡の場合または会社分割の場合）や受皿会社の株式を譲り受ける場合（会社分割と株式譲渡の組み合わせの場合）であっても，再編対象事業の引継ぎの観点から，一定期間，売主グループによる管理実務のサポートを受けることが必要と考えられる場合（例えば，事業再編の実施直後からシステムの切り替えを行うことまでは難しい場合に，一定期間，売主の管理・保有システムの継続利用が必要となることがある）は，同様の点が交渉ポイントとなる。

(3) 権利関係の依存度（知的財産権の使用許諾契約などの処理）

売主子会社以外の売主グループが特許や商標などの知的財産権を保有している場合や，売主子会社以外の売主グループがそれらの知的財産権をグループ企

業に使用許諾する権限を一括管理している場合には，売主子会社が売主グループを離れた後もこの知的財産権を引き続き継続使用できるように，売主子会社が知的財産権を買い取ることや改めて使用許諾契約を締結することについて協議する必要があろう。

　この場合，知的財産権の買い取りを行うのであれば一時的な金銭対価の支出を伴うこととなるが，その金額の妥当性を判断する必要がある。また，改めて使用許諾を受ける場合は，使用許諾期間や使用料がグループ間取引とは異なる条件のもとで設定される可能性があるため，買主としては，重要性が高いと判断される知的財産権については，その使用許諾期間を長期化し，将来にわたり安定的にこの知的財産権を使用できるような環境を整備することと，あわせて使用料が長期にわたり安定的かつ合理的な負担レベルとして抑えられることを望むことが考えられる。

　また，売主が自社の保有する知的財産権でなく他社の保有する知的財産権を使用しており，それを売主グループを構成する売主子会社に対して再許諾していることもある。例えば，製造メーカーが取り扱う製品群の中には，他社の特許対象技術も活用したうえで製品設計がなされている場合も少なくなく，自社の保有特許だけでは製品を製造できず，他社とクロスライセンスの関係にあることを前提に製品の設計が組み立てられている場合もある。

　この場合，売主子会社が保有する使用権原は，あくまでも売主がいったん他社から許諾を受けた権利を前提とした権限であり，原権利者との関係を見れば，再許諾という権利関係が構築されていることとなる。そして，その契約については，売主が売主グループに対して再許諾することも見据えた包括的なクロスライセンス契約とされていることがあり，このような場合，売主子会社による使用は，売主子会社が売主グループに属することを前提として許諾されていることも多い。その結果，売主子会社が売主グループを離れることとなった場合は，再許諾された使用権原を維持できないこともある。

　そこで，売主を通じて，売主子会社が再許諾を受けている知的財産権については，再編対象事業の切り出しの過程で，原権利者からの直接的な使用許諾を受けるという選択肢も含めて検討することが必要となる場合がある。この場合，原権利者としては，売主との包括的なクロスライセンスの一環として売主に使

用権限を与えていた状況にあり，再編対象事業を管理・運営する売主子会社との間ではクロスライセンスの関係を構築する必要性まではないとすれば，原権利者から見ると売主子会社との関係は一方的なライセンスの許諾となるため，使用期間や使用料に関する条件について売主が原権利者との間で勝ち得た条件とは，その内容が大きく異なる可能性もある。

こうした知的財産権を取り巻く権利関係は複雑に入り組んでいることも多く，特に売主が大手企業グループとなる場合，日頃からさまざまな技術分野でクロスライセンスの交渉を行っており，事業再編を検討する際に，デューデリジェンスの実施期間中も日々そうした交渉が進展していることもある。そのため，クロスライセンスの状況の把握は，期間の限定されたデューデリジェンスの過程での調査だけでは十分でなく，実態を詳細に把握するため，売主の知的財産部門の担当者も交えた協議と技術情報の共有が必要となることも多い。買主としては，こうした事情も見据えながら，再編対象事業を取り巻く知的財産権の状況を精査する必要がある。

なお，この点は，再編対象事業を直接的に買主が承継する場合（事業譲渡の場合または会社分割の場合）や受皿会社の株式を譲り受ける場合（会社分割と株式譲渡の組み合わせの場合）であっても，同様の点が交渉ポイントとなる。

(4) コーポレートブランドの依存度

再編対象事業が売主とは資本関係を持たないエンティティに移管される場合，コーポレートブランドの使用の観点からも留意が必要となる。

この点について，近時，コーポレートブランドの厳格な管理規程を用意している企業グループも増えており，売主が売主子会社の一定割合の株式を保有し，かつ売主子会社が売主の連結子会社または持分法適用会社である場合にのみ，売主子会社に，売主または売主グループの名称の入ったコーポーレートブランドの利用を認め，売主子会社が売主グループ外の企業となった場合は，売主子会社による売主ブランドの継続使用が認められない場合も多い。売主ブランドの継続使用は，特に消費者向け商品を扱う事業が再編対象事業となる場合，買主にとって買収の意義や事業価値を判断するうえで重要な要素となることがあるため，売主ブランドの継続使用についても重要な交渉ポイントとなる。

そして，この場合，事業再編を通じて再編対象事業を切り離し，管理面での関係性も遮断したうえで売主子会社を連結および持分法適用の対象外としたいという売主のニーズと，売主子会社の買収後も一定期間は売主グループのブランドを継続使用したいという買主のニーズとが噛み合わないこともある。特に，売主グループの主要な商標や商号などが再編対象事業の取り扱う製品に付されており，売主グループの信用が顧客からの購買動向に影響を与えていると評価される状況がある場合は，この点の対応ニーズは大きい。

こうした場合には，バイアウト・ファンドが必ずしも100％買収をするのではなく，売主が一定割合のマイノリティ株式を継続保有することにより，売主のコーポレートブランドの継続使用が認められている事例もある。そこでは，後述のように売主と買主であるバイアウト・ファンドとの株主間契約により，再編対象事業を承継したエンティティの将来のガバナンスおよびブランドに関する管理体制や売主が引き続き保有する株式のExit方法・時期・対価に関する合意が交渉の大きなテーマとなる（詳細については，後述の**(7)**を参照）。

なお，仮に売主子会社が売主グループを離れた場合においてもコーポレートブランドの使用を認めることを検討する場合，それまでの売主グループの管理規程の枠組みでは，コーポレートブランドの使用許諾やロイヤリティの徴収ができないことも想定されるため，別途コーポレートブランドの使用許諾契約を締結する必要が生じることとなる。その際には，コーポレートブランドの使用方法，使用期限，ロイヤリティ金額・算定方法，第三者の権利侵害時における対応方法が主な交渉ポイントとなるが，売主としては，再編対象事業の切り出しが目的である以上，使用期限について可能な限り短期間としたいと考える一方で，買主としては，コーポレートブランドの使用が顧客からの購買動向に大きく影響するため，可能な限り長期間の使用権原の獲得を希望することも多い。この場合，売主のコーポレートブランドを活用した対象製品のモデルチェンジを含めた利用サイクル，対象製品に付随する製品の利用期間，対象製品の保守サービス提供期間などとの関係というような諸般の事情を勘案し，双方の利害を調整する必要がある。また，第三者による権利侵害時の対応策に関しても，売主または買主のいずれが，いずれの費用負担で侵害への警告・訴訟提起を進めるかという点もあらかじめ合意しておく必要がある。仮に，第一次的には買

主が前面に出たうえで侵害対応に向けた措置を実施する場合であっても，コーポレートブランドの管理は，売主が扱う他の製品だけでなく，売主自身の信用力にも大きく影響するため，売主が対応策に関して買主に指示を出したり，売主として買主からのインプットも受けながら対応方針を決めたりすることにつき，売主と買主の間で合意がなされることも多い。

　なお，こうしたコーポレートブランドの継続利用が認められるとしても，将来的には，売主のコーポレートブランドは，一定期間経過後，その使用期間が満了することが通常であるため，買主としては新たなブランディング戦略を練る必要があり，新たなブランドの浸透のための人件費や広告宣伝費の負担も織り込みながら買収後の事業計画を立てておくことも必要となる。

　この点は，再編対象事業を直接的に買主が承継する場合（事業譲渡の場合または会社分割の場合）や受皿会社の株式を譲り受ける場合（会社分割と株式譲渡の組み合わせの場合）であっても，同様の点が交渉ポイントとなる。

(5)　人員およびその管理の依存度

　売主が大手企業グループである場合，売主として，再編対象事業の切り出しにあたり，売主子会社へ出向している役員・従業員の全部または一部を売主子会社へ転籍させることを望む場合もある。また，買主としても，一定期間，売主または売主グループとの取引関係を維持・継続することへの期待から，売主の人員を受け入れることで，人的な関係性を構築しながら関係性を維持しようと努める場合がある。

　逆に，売主子会社の売却を機に，それまで売主グループからの出向者として売主子会社を管理していた役員・従業員を，事業再編の実施と同時または事業再編の実施から一定期間の経過後に売主に引き上げることが前提となっている場合もある。こうした場合，買主としては，売主子会社に出向してきた役員・従業員以外の人的なリソースから，売主子会社の事業の管理を主導しまたは補助する人材を発掘する必要があることとなる。

　なお，再編対象事業の切り出しに際して，買主は，売主から①事業再編の実施後速やかに売主グループの健康保険組合から脱退のうえ買主の用意する健康保険組合へ移行すること，また②移行先の健康保険組合において売主グループ

の健康保険組合の条件と同等以上の条件が維持されることを求められることが多い。

　買主となるバイアウト・ファンドが，ポートフォリオとして保有する投資先企業のロールアップの一環として再編対象事業を買収する場合は，当該投資先企業の健康保険組合を活用するという方法もあるが，そのような状況にない場合，協会管掌健康保険や業界団体で組織された健康保険組合に移行することが必要となる。

　この場合，売主グループの健康保険組合と比較すると保険料負担が増加する可能性もあり，再編対象事業のオペレーションコストが増える要因になるため，当初より事業計画に織り込んでおくこととなろう。

　なお，この点は，再編対象事業を直接的に買主が承継する場合（事業譲渡の場合または会社分割の場合）や受皿会社の株式を譲り受ける場合（会社分割と株式譲渡の組み合わせの場合）であっても，同様の点が交渉ポイントとなる。

(6)　資金繰りの依存度

　大手企業グループでは，グループ企業間での資金効率を高めるため，キャッシュ・マネジメント・システム（cash management system）が用いられていることが多く，グループ企業が市中金利よりも利回りの良い形で余剰資金を親会社に預け，金利を受領していることがある。そして，グループ企業の経営陣の中には，余剰資金を自社で保有しているよりは，利回りの良い金融商品を保有しているとの意識で，キャッシュ・マネジメント・システムの活用をごく自然なものとして受け入れている場合もある。

　しかしながら，このキャッシュ・マネジメント・システムは，あくまでも売主子会社が売主グループに属していることを前提とした仕組みであり，売主子会社が売主グループを離れれば，これを預け続ける根拠はなくなり，また売主としても，売主グループを離れた売主子会社から資金の預け入れを受け入れることは法令上難しくなる。そこで，売主子会社が売主に預けていた資金は，買主による買収後は余剰資金として売主子会社自身で活用することが必要となる。こうした資金がLBOローンの返済原資の一部となることもあるが，買主による買収後は，その活用方法はあくまでも売主子会社自身または買主が考えるこ

とが必要となる。また，資金調達についても，グループファイナンスを通じて低利で融資を受けられていたものが，売主グループを離れることにより，売主子会社が自社の信用力で資金調達をしなければならなくなることから，資金調達コストが一定程度上がることも想定される。

このように，売主子会社では，売主グループを離れることによって，日々の資金管理や資金繰り，そして資金調達のあり方にも変化が生じることとなり，この変化への対応も必要となる。

(7) 再編対象事業の切り出し後の売主と買主との関係性 　　〜売主が株式を継続保有する場合〜

前述のとおり，スタンドアロン問題を考えた場合には，売主が一定程度再編対象事業との関係を持ち続けることが，買収後の再編対象事業の円滑なオペレーションの維持という観点から買主にとっても望ましい場合もある。

例えば，消費者向け製品を扱う家電メーカーを売主とする事業再編において，売主のコーポレートブランドが持つ顧客への訴求力が強いものをイメージした場合，事業再編の実施後，直ちに売主の有するコーポレートブランドの利用が制限されてしまうと再編対象事業の継続に重大な影響を及ぼすため，事業再編の実施後も売主のコーポレートブランドの利用が一定の条件のもとで認められている場合もある。しかしながら，こうした場合においても，売主にとってみれば自社のコーポレートブランドの利用は自社の企業価値の源泉の一つともいえることから，買主に対して認める使用期間や使用態様は（典型的には，事業再編の実施時において，既に製造済の在庫に限り，一定期間販売を認めるなど）限定された内容にとどめる場合も多い。一方で，買主としては，売主の有するコーポレートブランドに依拠しない形で新しい独自のコーポレートブランドを創出することは容易でなく，少なくとも短期間で実施できるようなものではないと判断せざるを得ないことも多い。

そこで，売主において，事業再編の実施後も売主子会社株式の一定割合を継続して保有する仕組みを採用することで売主と売主子会社の資本関係を維持し，利害の共通化を図ることで売主の保有するコーポレートブランドの利用について売主からの協力を得やすい関係性をあえて構築する場合がある。

　このように，売主による売主子会社株式の継続保有がなされる場合は，（契約の名称として株主間契約と呼称するかは事案によるものの）売主と買主との間で，売主子会社のガバナンスに関する事項や売主の継続保有株式の将来における取り扱いに関する合意がなされる場合がある。

　この場合，売主が再編対象事業を完全に外部に売却することを第一次的な目的とした取引を意図しているのであれば，売主の継続保有株式の割合も売主子会社が売主の持分法適用会社とならない水準になる形で設定されることが多い。そして，このような割合からすれば，売主が有する株主としての権利は，売主子会社のガバナンスへの影響力という観点からは限定的となり，継続保有株式の価値に重大な悪影響を与え得るコーポレートアクションのみに関して，一定のコントロール権限を確保することを主眼として，売主と買主間での交渉がなされる場合もある。他方で，継続保有株式の将来の異動時の取り扱いについては，売主はもちろん買主にとっても大きな関心事となるため，売主と買主の間で重要な交渉ポイントとなることが多い。具体的には，売主としては，継続保有株式について買主へのプットオプションを設定し，一定の条件のもと（例えば，一定期間の経過や一定の業績条件の達成度などが考えられる）で，自らの継続保有株式を完全に Exit する機会の確保を求めることが考えられる。他方で，買主としては，売主とは逆にコールオプションを設定しておき，一定の条件のもと，売主の継続保有株式を譲り受ける機会を確保することを求めることが考えられる。実務上は，一定期間の経過後における売主の継続保有株式の譲渡を基本線と考えるのであれば，売主によるプットオプション，買主によるコールオプションをそれぞれ定めておくことで，いずれの立場からも継続保有株式の譲渡を実現できるような仕組みとすることもある。

　このような継続保有株式の取り扱いに関する合意に際しては，どのような条件のもとで，誰が譲渡を求める権利を有するかという点に加えて，どのような価格で譲渡がなされるのかという点も重要な交渉ポイントとなる。あらかじめ将来の譲渡価額を確定した形で合意する場合も見られないわけではないものの，譲渡が実施される直近または近接した時点を基準時点として譲渡価額を算出するための考え方またはその方法（例えば，純資産価額，直近取引実例価格，第三者算定機関による株価算定の結果得られる価格などをベースにすることが考

えられるが，EBITDAのマルチプルをふまえた算式なども考えられる）につ
いてあらかじめ合意しておくことなどが，一般には見られるところである。

おわりに

　事業再編を検討する企業グループから，バイアウト・ファンドが再編対象事
業を買収する場合，前述した①事業譲渡，②現金対価会社分割または③会社分
割と株式譲渡の組み合わせなどというスキームを中心に各スキームの特性を理
解し，ディール・スケジュールの見立てもふまえてスキームを選択していくこ
とが必要となる。

　また，買主となるバイアウト・ファンドは，売主である企業グループによる
再編対象事業の管理実態をふまえ，前述のスタンドアロン問題を解決するため
に，売主と利害調整をしながら，買収後の一定期間における売主および売主子
会社との間の取引関係や管理体制の継続の要否を検討することも必要となる。

　さらに，場合によっては，売主との関係性維持のために，売主による売主子
会社株式の一定期間の継続保有といった選択肢も組み合わせつつ，ディールを
創り上げていくことが必要となる。

　バイアウト・ファンドが買主として事業再編に関与する場合，こうした多面
的な視点からの検討・考察を行い，事業再編を迅速に進めたいという売主の
ニーズを理解しつつも，再編対象事業が売主から切り出された後，迅速かつ円
滑に独り立ちができるようになるために必要な時間とリソースの充実タイミン
グを意識しながら，ディールをまとめていく必要があるといえる。

第3章 日本における事業再編型バイアウトの新潮流
——外部資本の導入による企業価値向上に向けて——

株式会社日本バイアウト研究所

代表取締役 **杉浦慶一**

はじめに

1998年にバイアウト・ファンドなどの投資会社の出資を伴う日本初の本格的なバイアウト案件が成立してから20年が経過し，その間に成立したバイアウト案件の件数は，通算1,000件を超えている。

近年は，年間100件を超える案件が成立しており，日本企業によるバイアウト・ファンドの活用事例は着実に増加してきているが，オーナー企業の事業承継案件とともに，事業再編による子会社・事業部門の独立案件の比率が高くなっている。

本稿では，前作『事業再編とバイアウト』が刊行された翌年の2012年以降の動向に焦点を当てて，日本における事業再編型バイアウトの動向について明らかにする[1]。

1）事例をまとめるうえでの情報ソースは，有価証券報告書，決算説明資料，公開買付届出書，プレスリリースなどの開示資料とする。

1 ｜ 日本における事業再編型バイアウトの動向

　本節では，日本における事業再編型バイアウトの件数の推移について述べたうえで，近年の日本における主要案件について概説する。

(1) 件数の推移

　図表3-1は，日本における事業再編型バイアウトの件数の推移を示している。10件を下回る年も存在したが，近年は増加傾向にあり，2018年には25件に達している。子会社を多数有する日本の大手企業が事業ポートフォリオの最適化を目指し，事業の「選択と集中」を目指す動きが顕著になってきたことが増加の背景であると考えられる。また，大手企業が事業再編を行う際に，外部資本を導入するというマインドが醸成されたことも大きい。

図表3-1　日本における事業再編型バイアウトの件数の推移

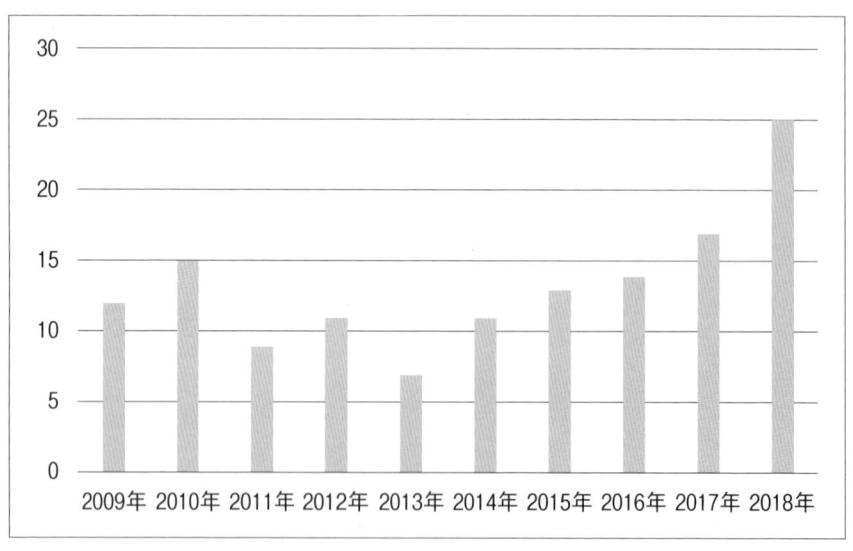

（注）外国法人による売却を含む。
（出所）日本バイアウト研究所

(2) 大手電機メーカーからの独立案件

　図表3-2は，大手電機メーカーの事業再編により独立した案件のうち，非上場子会社が独立したケースや事業部門が切り出されて独立したケースの主要案件を示している。リーマン・ショック直後は，大手電機メーカーの子会社が独立するケースはほとんど存在しなかったが，ソニーが，2012年にソニーケミカル＆インフォメーションデバイスを含むケミカルプロダクツ関連事業を譲渡するという取り組みを行った頃より，少しずつ動きが出てきた。その後，2014年に，パナソニックヘルスケアが外部の資本パートナーとしてKohlberg Kravis Roberts & Co.を迎え入れてからは，大手企業の事業再編におけるバイアウト・ファンドの活用が注目されるようになり，毎年複数の大型案件が成立している。

　近年は，特に日立グループからの独立案件が目立っている。日立製作所は，社会イノベーション事業の成長に向けて，事業構造改革による経営基盤の強化および最適な事業ポートフォリオの構築に向けた選択と集中を推進しており，多数の子会社の売却を行っている。

　ストラクチャーに着目すると，子会社の株式が譲渡されるスキームのほか，会社分割などのスキームを用いて事業部門が切り出されて譲渡される案件も多いのが特徴である。ソニーのパソコン事業を承継したVAIO，パイオニアのDJ機器事業を承継したPioneer DJ，日立ハイテクノロジーズおよび日立ハイテクインスツルメンツのボンディング装置事業を承継したファスフォードテクノロジ，日立製作所の液晶パネル製造装置事業を承継したAIメカテック，JVCケンウッドのカードプリンター事業を承継したジー・プリンテック，NECトーキンのEMデバイス事業を承継したEMデバイス，日立パワーソリューションズの鍛造ロール事業を承継した日本アドバンスロール，パナソニックのセキュリティシステム事業を承継したパナソニックi-PROセンシングソリューションズなどの案件は，事業部門が独立して誕生した新会社である。

図表 3-2　大手電機メーカーからの主要独立案件

年月	案件名	売手	投資会社
2012年9月	アイ・ティー・エックス	オリンパス	日本産業パートナーズ
2012年9月	デクセリアルズ（旧ソニーケミカル＆インフォメーションデバイス）	ソニー	日本政策投資銀行ユニゾン・キャピタル
2013年3月	ザクティ（旧三洋DIソリューションズ）	三洋電機	アドバンテッジパートナーズ
2013年11月	ビアメカニクス（旧日立ビアメカニクス）	日立製作所	ロングリーチグループ
2014年3月	高砂製作所	日本電気	日本みらいキャピタル
2014年3月	PHCホールディングス（旧パナソニックヘルスケアホールディングス）	パナソニック	Kohlberg Kravis Roberts & Co.
2014年3月	ビッグローブ（旧NECビッグローブ）	日本電気	日本産業パートナーズ
2014年7月	VAIO	ソニー	日本産業パートナーズ
2015年3月	Pioneer DJ	パイオニア	Kohlberg Kravis Roberts & Co.
2015年3月	ファスフォードテクノロジ	日立ハイテクノロジーズ 日立ハイテクインスツルメンツ	アドバンテッジパートナーズ
2015年3月	三洋テクノソリューションズ鳥取	三洋電機	ジェイ・ウィル・パートナーズ
2015年4月	パナレーサー（旧パナソニックポリテクノロジー）	パナソニック	ベーシック・キャピタル・マネジメント
2016年7月	AIメカテック	日立製作所	ポラリス・キャピタル・グループ
2016年10月	NOCアウトソーシング＆コンサルティング（旧NOC日本アウトソーシング）	オリンパス	ロングリーチグループ
2016年12月	APRESIA Systems	日立金属	日本みらいキャピタル
2017年2月	ジー・プリンテック	JVCケンウッド	AZ-STAR
2017年4月	EMデバイス	NECトーキン	日本産業パートナーズ
2018年2月	ソード（旧東芝プラットフォームソリューション）	東芝	アスパラントグループ
2018年3月	日本アドバンスロール	日立パワーソリューションズ	日本みらいキャピタル

2018年3月	富士通コネクテッドテクノロジーズ ジャパン・イーエム・ソリューションズ	富士通	ポラリス・キャピタル・グループ
2018年6月	キオクシアホールディングス（旧東芝メモリホールディングス）	東芝	Bain Capital Private Equity
2018年7月	WorkVision（旧東芝ソリューション販売）	東芝デジタルソリューションズ	ベーシック・キャピタル・マネジメント
2019年2月	トキコシステムソリューションズ（旧日立オートモティブシステムズメジャメント）	日立オートモティブシステムズ	ポラリス・キャピタル・グループ
2019年4月	ホタルクス	日本電気	日本みらいキャピタル
2019年10月	サンデン・リテールシステム	サンデンホールディングス	インテグラル・パートナーズ インテグラル
2019年10月	パナソニックi-PROセンシングソリューションズ	パナソニック	ポラリス・キャピタル・グループ

（注）投資会社については，当該投資会社がサービスを提供もしくは運用・助言などに携わるファンドも含めて総称して「投資会社」と表記している。

（出所）日本バイアウト研究所

(3) 食品・医薬品メーカーからの独立案件

　図表3-3は，食品・医薬品メーカーの事業再編により独立した主要案件を示している。ユニゾン・キャピタルがアドバイザーを務めるバイアウト・ファ

図表3-3　食品・医薬品メーカーからの主要独立案件

年月	案件名	売手	投資会社
2015年8月	あゆみ製薬	参天製薬	ユニゾン・キャピタル
2017年11月	エルビー	アサヒグループホールディングス	ポラリス・キャピタル・グループ
2018年1月	長崎運送（旧タカラ長運）	宝酒造	アスパラントグループ
2018年9月	カルネコ	カルビー	AZ-STAR

（注）投資会社については，当該投資会社がサービスを提供もしくは運用・助言などに携わるファンドも含めて総称して「投資会社」と表記している。

（出所）日本バイアウト研究所

ンドが国内に設立したヒュペリオンファーマは，参天製薬の抗リウマチ薬にかかる事業を承継し，あゆみ製薬に商号を改めて事業を開始した。これにより参天製薬は，長期的戦略ビジョンである「世界で存在感のあるスペシャリティ・カンパニーの実現」に基づき，より一層の医療用眼科薬事業への特化を進め，専門性を高めていくこととなった。

　アサヒグループホールディングスは，100％子会社であるエルビーの保有株式を，ポラリス・キャピタル・グループが運営するファンドが設立した特別目的会社へ譲渡した。アサヒグループホールディングスは，『中期経営方針』に基づく事業ポートフォリオの再構築を進めるうえで，エルビーの持続的な企業価値向上に有益であると判断し，全株式の譲渡することとした。エルビーは，ポラリス・キャピタル・グループの持つ豊富な知見およびリソースを活用することで，より一層の成長戦略の実行を目指すこととなった。

(4) 小売業・サービス業の案件

　図表3-4は，小売業およびサービス業（IT，金融サービスを含む）の主要独立案件を示している。

　日本KFCホールディングスは，連結子会社である日本ピザハットおよびフェニックス・フーズの株式を，エンデバー・ユナイテッドが運営するバイアウト・ファンドが出資する特別目的会社に譲渡した。日本KFCホールディングスのピザハット事業は，①店舗収益モデルの最適化，②事業規模と本社経費バランスの見直し，③売上予測精度向上による最適な店舗開発，を基本戦略として事業が展開されてきたが，ピザ市場における競争は激化しており，今後の事業展開につき検討を重ねた結果，エンデバー・ユナイテッドへ事業運営が委ねられることとなった。

　その他には，スーパーマーケットのクイーンズ伊勢丹を展開するエムアイフードスタイル，喫茶店チェーンを展開する珈琲館など，消費者向けの小売・サービス業の案件が成立している。また，リクルートグループからも複数の子会社や事業部門が独立を果たしているほか，IT企業からの独立案件も存在する。

図表3-4　小売業・サービス業の主要独立案件

年月	案件名	売手	投資会社
2012年6月	VOYAGE GROUP	サイバーエージェント	ポラリス・キャピタル・グループ
2013年4月	プレミアファイナンシャルサービス(旧SBIクレジット)	SBIホールディングス	アイ・シグマ・キャピタル
2016年8月	ゆこゆこ	リクルートホールディングス	ユニゾン・キャピタル 福岡キャピタルパートナーズ 静岡キャピタル
2017年6月	日本ピザハット	日本KFCホールディングス	エンデバー・ユナイテッド
2017年6月	イグアス	JBCCホールディングス	みずほキャピタルパートナーズ
2018年4月	エムアイフードスタイル	三越伊勢丹フードサービス	丸の内キャピタル
2018年5月	珈琲館	ユーシーシーフードサービスシステムズ	ロングリーチグループ
2018年8月	ユメックス	リクルート	アスパラントグループ
2018年12月	オーネット	楽天	ポラリス・キャピタル・グループ
2019年3月	マークアイ	リアルワールド	ベーシック・キャピタル・マネジメント
2019年4月	アントレ	リクルート	アント・キャピタル・パートナーズ

(注) 投資会社については，当該投資会社がサービスを提供もしくは運用・助言などに携わるファンドも含めて総称して「投資会社」と表記している。
(出所) 日本バイアウト研究所

(5) 大手総合商社からの独立案件

　大手総合商社が，子会社をバイアウト・ファンドに売却するケースも存在する。製造業，小売業，サービス業など，多様な業種の子会社が独立を果たしている。

図表 3-5　商社の子会社の主要売却案件

年月	案件名	売手	投資会社
2012年3月	ユナイテッド・シネマ	住友商事	アドバンテッジパートナーズ
2012年7月	ジュピターショップチャンネル	住友商事	Bain Capital Private Equity
2015年3月	稲本製作所 住商アイナックス	住友商事	ライジング・ジャパン・エクイティ
2016年9月	かがやくコスメ (旧双日コスメティックス)	双日	アント・キャピタル・パートナーズ
2018年3月	ユニメイト	丸紅	CLSA Capital Partners
2018年3月	ジャヴァホールディングス	伊藤忠商事	エンデバー・ユナイテッド

(注) 投資会社については，当該投資会社がサービスを提供もしくは運用・助言などに携わるファンドも含めて総称して「投資会社」と表記している。
(出所) 日本バイアウト研究所

(6)　上場子会社のバイアウト　(非上場化のケース)

　大手企業が上場子会社をバイアウト・ファンドに売却するケースも数多く登場しているが，非上場化を企図するケースでは，バイアウト・ファンドが買収目的会社 (受皿会社) を設立し，公開買付け (TOB: takeover bid) を通じて全株式の取得を目指すこととなる。対象企業が上場廃止となることから，「ゴーイング・プライベート」とも呼ばれる取引となる。

　日立グループや日産自動車の複数の上場子会社が対象となったほか，2018年には富士通や古川電気工業の子会社も対象となっている。

図表3-6　上場子会社のバイアウト案件（非上場化のケース）

年月	案件名	上場市場	売手	投資会社
2014年8月	アルヒ （旧SBIモーゲージ）	KOSPI	SBIホールディングス	The Carlyle Group
2015年2月	ウェイブダッシュ （旧SBIライフリビング）	東証マザーズ	SBIホールディングス	アドバンテッジパートナーズ
2015年3月	センクシア （旧日立機材）	東証第二部	日立金属	The Carlyle Group
2016年9月	鬼怒川ゴム工業	東証第一部	日産自動車 東洋ゴム工業	日本政策投資銀行
2017年3月	工機ホールディングス （旧日立工機）	東証第一部	日立製作所 日立アーバンインベストメント	Kohlberg Kravis Roberts & Co.
2017年3月	カルソニックカンセイ	東証第一部	日産自動車	Kohlberg Kravis Roberts & Co.
2017年12月 ～ 2018年5月	日立国際電気	東証第一部	日立製作所	Kohlberg Kravis Roberts & Co. 日本産業パートナーズ
2018年9月	富士通コンポーネント	東証第二部	富士通	ロングリーチグループ
2018年12月 ～ 2019年2月	FCM	JASDAQ	古河電気工業	アスパラントグループ

（注）投資会社については，当該投資会社がサービスを提供もしくは運用・助言などに携わるファンドも含めて総称して「投資会社」と表記している。
（出所）日本バイアウト研究所

(7) 上場子会社のバイアウト（上場維持のケース）

　上場子会社の売却案件では，バイアウト・ファンドが全株式の取得を想定せずに，上場を維持した状態で事業価値向上を目指すケースもある。近年の案件では，ショットモリテックス（現モリテックス）[2]，さが美（現さが美グルー

2）当初は上場を維持していたが，2016年には，完全子会社化することを企図したTOBが実施され上場廃止となった。

図表3-7　上場子会社のバイアウト案件（上場維持のケース）

年月	案件名	売手	投資会社
2015年1月	ショットモリテックス（現モリテックス）	ショット日本（Schott AGの100%子会社）	CITIC Capital Partners
2016年10月	さが美（現さが美グループホールディングス）	ユニーグループ・ホールディングス（現ユニー・ファミリーマートホールディングス）	アスパラントグループ
2016年10月	パレモ（現パレモ・ホールディングス）	ユニーグループ・ホールディングス（現ユニー・ファミリーマートホールディングス）	エンデバー・ユナイテッド

（注）投資会社については，当該投資会社がサービスを提供もしくは運用・助言などに携わるファンドも含めて総称して「投資会社」と表記している。
（出所）日本バイアウト研究所

プホールディングス），パレモ（現パレモ・ホールディングス）などの案件が存在する。

(8) 外国法人による日本子会社の売却

　海外の企業グループから日本子会社が独立するケースも存在する。

　Schott AGは，グループ全体の新たな事業戦略を推進するうえで，ガラス製品製造業者としての強みをより活かす原点回帰の事業戦略に軸足を移すこととなり，長期的な経営戦略の観点から，グループ全体の事業ポートフォリオの再評価・再設計を進めた結果，ショット・グループのコア事業群から距離のあるマシンビジョンシステムを主力事業に据えるショットモリテックスの株式を譲渡することとなった。

　また，2011年に民事再生法の適用を申請した建設機械メーカーの長野工業は，中国企業が再生スポンサーとして支援を行っていたが，2018年にジャフコが運営するファンドに株式が譲渡されている。

　そして，アント・キャピタル・パートナーズが運営するバイアウト・ファンドは，2018年12月に大手商社Fung Groupからの経営陣によるMBOを支援する形でフェニックスインターナショナル（旧社名フォワード・アパレル・リミテッド）との資本業務提携を締結した。フェニックスインターナショナルは，ニットウェアを主軸にアパレル製品を中心としたOEM・ODM（相手先ブラン

図表3-8　外国法人の日本子会社の独立に伴う主要バイアウト案件

年月	案件名	売手	投資会社
2015年1月	ショットモリテックス（現モリテックス）	ショット日本（Schott AGの100％子会社）	CITIC Capital Partners
2018年12月	コーンズ・エージー	CORNES & COMPANY LIMITED	オリックス
2018年12月	リアリーイングリッシュ	Reallyenglish.com Limited	日本産業推進機構
2018年12月	長野工業	北京京城機電控股有限責任公司	ジャフコ
2018年12月	フェニックスインターナショナル（旧フォワード・アパレル・カンパニー）	Fung Group	アント・キャピタル・パートナーズ

(注) 投資会社については、当該投資会社がサービスを提供もしくは運用・助言などに携わるファンドも含めて総称して「投資会社」と表記している。
(出所) 日本バイアウト研究所

　ドによる設計・生産）および買付けビジネスを行っているが，アント・キャピタル・パートナーズの支援を受けながら，経営基盤の強化を行っていくこととなった。

(9) 合弁事業の解消による売却

　合弁事業の解消に伴い，その株式の受皿としてバイアウト・ファンドが株主となるケースも存在する。日立製作所は，日本電気との合弁会社であるアラクサラネットワークスの株式の日立製作所保有分のすべてを，日本産業パートナーズのファンド傘下の特別目的会社に譲渡している。

図表3-9　合弁事業の解消を伴う主要バイアウト案件

年月	案件名	売手	投資会社
2018年3月	アラクサラネットワークス	日立製作所	日本産業パートナーズ

(注) 投資会社については，当該投資会社がサービスを提供もしくは運用・助言などに携わるファンドも含めて総称して「投資会社」と表記している。
(出所) 日本バイアウト研究所

2 | 事業再編型バイアウトの新潮流

近年の日本の事業再編型バイアウトの特徴として，独立後にバイアウト・ファンドと事業会社による共同事業となるケースも存在することが指摘できる。また，独立後の新会社がM&Aを実施してロールアップ戦略を推進するケースが増えている。本節では，これらの動向について述べることとする。

(1) 旧親会社がマイノリティ株主として参画するケース

事業再編型のバイアウト案件において，売手である事業会社が一部保有株式を残したり，全株式売却後に一部再出資を行い，マイノリティ株主として参画し，バイアウト・ファンドとの共同事業の形態をとるケースも数多く登場している。

① PHCホールディングス

パナソニックとKohlberg Kravis Roberts & Co.（関連企業その他の組織を含む）は，2014年3月に，医療機器メーカーのパナソニックヘルスケアの持株会社となるパナソニックヘルスケアホールディングスの株式を取得し，共同パートナーとなった。2017年には，大手総合商社の三井物産が，パナソニックヘルスケアホールディングスの株式の22%を取得し，パナソニックヘルスケアホールディングスの株主構成は，Kohlberg Kravis Roberts & Co.が58%，三井物産が22%，パナソニックが20%となった。これまでアジア病院事業とその周辺事業への投資を積極的に行ってきた三井物産は，既存投資先の医療機関や海外顧客基盤への販売促進支援を通じて，パナソニックヘルスケアホールディングスの企業価値向上を図るとともに，既存投資先である医療機関の集患機能を強化していくこととなった。

その後，パナソニックヘルスケアホールディングスはPHCホールディングスへ商号変更を行い，2018年には，三井物産および中国の華潤集団有限公司傘下のヘルスケア事業会社である華潤健康集団有限公司との三社間戦略的協業に関する覚書を締結し，各社の事業基盤と知見を活用した新しいヘルスケア事業

の創出と第三国における相乗効果の最大化を目指すこととなった。

② VAIO

　ソニーは,「VAIO」ブランドを付して運営するパソコン事業を, 日本産業パートナーズが管理・運営を行う「日本産業第四号投資事業有限責任組合」が出資する特別目的会社に譲渡した。新会社はVAIOとして2014年7月1日より事業が開始され, 長野県安曇野市に本社が置かれている。なお, VAIOにはソニーが当初5％出資している。

③ Pioneer DJ

　カーエレクトロニクス事業への経営資源の集中を加速させるパイオニアは, DJ機器の開発・製造・販売を行う事業を, Kohlberg Kravis Roberts & Co.の関連者であるバイアウト・ファンドが実質的に全株式を保有するPDJホールディングスに譲渡したが, パイオニアがPDJホールディングスの第三者割当増資を引き受け, 一連の取引を通じて, Kohlberg Kravis Roberts & Co.が85.05％を, パイオニアが14.95％を保有することとなった。パイオニアとKohlberg Kravis Roberts & Co.は, それぞれが有する経営資源, 強固なブランド力や技術力, グローバルでのテクノロジー・メディア業界における投資経験やネットワークを活用し, Pioneer DJのさらなる成長を目指していくこととなった。

④ 富士通コネクテッドテクノロジーズ

　富士通は, 連結子会社である富士通コネクテッドテクノロジーズの株式および富士通周辺機の携帯端末事業を承継したジャパン・イーエム・ソリューションズの株式をポラリス・キャピタル・グループが運用するバイアウト・ファンドが新たに設立した会社へ譲渡したが, 新体制となった富士通コネクテッドテクノロジーズおよびジャパン・イーエム・ソリューションズの株式をそれぞれ30％, 19％ずつ保有することとなった。

⑤　キオクシアホールディングス

　東芝は，東芝メモリの株式をBain Capital Private Equityを中心とする企業コンソーシアムが設立した特別目的会社に譲渡した後に，譲受会社に再出資を行った。その結果，東芝メモリの議決権ベースの持株比率は，BCPE Pangea Cayman, L.P.が49.9％，東芝が 40.2％，HOYAが9.9％となった。2019年3月には，単独株式移転により東芝メモリホールディングスが設立され，また2019年には，東芝メモリホールディングスの商号がキオクシアホールディングスに変更されている。

⑥　サンデン・リテールシステム

　自動車機器事業と流通システム事業を主な事業内容としていた企業グループであるサンデンホールディングスは，連結子会社であるサンデン・リテールシステムの発行済株式のすべてを，インテグラルが運営する関連事業体の出資により組成されたSDRS ホールディングスに譲渡した後に，譲受会社に対して出資を行い，譲受会社の議決権の20％を取得した。

　サンデンホールディングスは，グループにおける経営資源に鑑み，自動車機器事業と流通システム事業の双方に対して十分な経営資源を投入することは難しいとの判断により，サンデン・リテールシステムの株式を譲渡するに至り，自動車機器事業に経営資源を集中させることとなった。

⑦　パナソニック i-PRO センシングソリューションズ

　パナソニックは，国内外のセキュリティシステム事業を担う新会社の設立およびポラリス・キャピタル・グループとの戦略的資本提携に関する契約を締結した。新たに設立される特別目的会社が承継会社であるパナソニックi-PROセンシングソリューションズの株式の100％を保有し，当該特別目的会社の株式のうちポラリス・キャピタル・グループが運用するバイアウト・ファンドが80％，パナソニックが20％を保有することとなった。

　パナソニックのセキュリティシステム事業は，セキュリティカメラなどのエッジデバイスや顔認証機能などのソフトウエアを提供する事業を展開してきたが，複数の製造業や大企業との戦略的資本提携を通じて培ったポラリス・

キャピタル・グループの知識と経験を活用し，独立企業体としての体制を構築し，積極的なアライアンス・M&A戦略も視野に入れたソリューション力の強化，それらを武器にした北米マーケットを中心としたグローバルでの収益基盤の拡充，次世代に向けた新製品や新サービスの提供，医療機器向けカメラモジュールの販売拡大などを柱とする成長戦略を推進していくこととなっている。

図表3-10　旧親会社がマイノリティ株主として参画した主要案件

年月	案件名	売手	バイアウト後の株主構成
2014年3月	PHCホールディングス（旧パナソニックヘルスケアホールディングス）	パナソニック	Kohlberg Kravis Roberts & Co.（80%）パナソニック（20%）
2014年7月	VAIO	ソニー	日本産業パートナーズ（95%）ソニー（5%）
2015年3月	Pioneer DJ	パイオニア	Kohlberg Kravis Roberts & Co.（85.05%）パイオニア（14.95%）
2018年3月	富士通コネクテッドテクノロジーズ　ジャパン・イーエム・ソリューションズ	富士通	ポラリス・キャピタル・グループ（70%）富士通（30%）
2018年6月	キオクシアホールディングス（旧東芝メモリホールディングス）	東芝	Bain Capital Private Equity（49.9%）東芝（40.2%）HOYA（9.9%）
2019年10月	サンデン・リテールシステム	サンデンホールディングス	インテグラル・パートナーズおよびインテグラル（80%）サンデンホールディングス（20%）
2019年10月	パナソニックi-PROセンシングソリューションズ	パナソニック	ポラリス・キャピタル・グループ（80%）パナソニック（20%）

（注）バイアウト後の株主のうちバイアウト・ファンドについては，サービスを提供もしくは運用・助言などに携わるファームや特別目的ビークルや関連事業体も含めて総称して表記している。
（出所）日本バイアウト研究所

(2) ロールアップ戦略

　バイアウト後にロールアップ戦略（追加買収）を推進し，バイアウト・ファンドが対象企業のM&Aを支援するケースも出てきている。バイアウト・ファンドのプロフェッショナルは，M&Aや経営統合のスキルを有しているため，M&Aの経験が浅い企業が独自に推進するよりも効果が出やすいと考えられる。**図表3-11**は，大企業の事業再編に伴うバイアウト後に対象企業がM&Aを実施した事例を示しているが，業界再編に寄与するM&A事例も登場しており，今後の動向が注目される。

①　ユナイテッド・シネマ

　アドバンテッジパートナーズがサービスを提供するバイアウト・ファンドが出資するユナイテッド・エンターテインメント・ホールディングスは，2012年3月に，20ヵ所の劇場を運営するシネマコンプレックス・チェーンのユナイテッド・シネマの株式を住友商事より取得した。2013年3月には，ユナイテッド・エンターテインメント・ホールディングスは，角川グループパブリッシングが保有する角川シネプレックスの株式を取得し，劇場数を業界第3位に伸ばした。

　その後，アドバンテッジパートナーズがサービスを提供するファンドは，ユナイテッド・エンターテインメント・ホールディングスの全株式を，ローソンの完全子会社で，同社グループでエンターテインメント事業を展開するローソンHMVエンタテイメントが100％出資するローソンHMVエンタテイメント・ユナイテッド・シネマ・ホールディングスに譲渡しており，現在はローソングループとして事業を拡大させている。

②　PHCホールディングス

　パナソニックヘルスケアホールディングスは，ヘルスケア領域を中核事業とするグローバル企業であるBayerより糖尿病ケア事業を2016年に買収した。買収した糖尿病ケア事業は，新会社名をAscensia Diabetes Careとして，パナソニックヘルスケアとともに，糖尿病患者向け血糖値測定器・センサーを製造・開発し，世界各国で販売活動を行っていくこととなった。

　2019年には，PHCホールディングスは，Thermo Fisher Scientific傘下の解剖病理事業を買収した。買収した解剖病理事業は，社名をEprediaとし，顕微鏡のスライドガラスや各種機器，消耗品を含む解剖病理分野における包括的なソリューションを供給する業界トップクラスのグローバル・プロバイダーとして引き続き事業を行っていくこととなった。

③　カルソニックカンセイ

　自動車部品メーカーのカルソニックカンセイの持株会社であるCKホールディングスは，2019年に自動車メーカーのFiat Chrysler Automobilesより自動車部品メーカーのMagneti Marelliの買収を完了した。統合後の持株会社は，マニエッティ・マレリCKホールディングスとなった。この統合により，売上高約146億ユーロ（約1兆8.250億円）の世界第7位の独立系自動車関連サプライヤーが誕生し，欧州，米州，アジアと日本に約170カ所以上の工場や研究開発センターを有する企業として，グローバルに事業を展開していくこととなっている。

図表3-11　バイアウト後にM&Aが実施された事例

案件名	投資会社	M&Aの概要
ユナイテッド・シネマ	アドバンテッジパートナーズ	同業他社の買収機会を追求し，2013年3月に旧角川シネプレックスを買収。
PHCホールディングス（旧パナソニックヘルスケアホールディングス）	Kohlberg Kravis Roberts & Co.	糖尿病ケア・ソリューション提供企業大手であるBayerグループの糖尿病ケア事業を買収し，世界125ヵ国にわたる販売網を確保。
		Thermo Fisher Scientific傘下の解剖病理事業を買収。
カルソニックカンセイ	Kohlberg Kravis Roberts & Co.	カルソニックカンセイの持株会社であるCKホールディングスが，Fiat Chrysler Automobiles N.V.より，Magneti Marelli S.p.A.を買収し，世界第7位の独立系自動車関連サプライヤーが誕生。

（注）投資会社については，当該投資会社がサービスを提供もしくは運用・助言などに携わるファンドも含めて総称して「投資会社」と表記している。
（出所）各社プレスリリースなどの資料に基づき筆者作成

おわりに

　以上，近年の日本における事業再編型バイアウトの事例と特徴について述べてきた。

　近年の大手企業の事業再編案件の特徴として，必要に迫られて売却の意思決定を行うというよりも，事業ポートフォリオの最適化を目指して戦略的に子会社や事業部門を切り離すという案件が多いということが指摘できる。また，旧親会社がバイアウト後の新会社に再出資するケースも多く，日本の大手企業とバイアウト・ファンドによる協働が見られる。

　今後も，日本企業による積極的な外部資本の導入による企業価値向上の取り組みが期待される。

参考文献

浅妻敬・吉村浩一郎・真野光平（2011）「事業再編型バイアウトにおけるスキーム選択―法務・税務上の留意点―」日本バイアウト研究所編『事業再編とバイアウト』中央経済社，pp.23-51.

大畑康寿（2011）「事業再編型MBOと株式上場」日本バイアウト研究所編『事業再編とバイアウト』中央経済社，pp.77-106.

岡田光（2011）「大手企業の有力事業部門・子会社再編とバイアウト・ファンドの役割」日本バイアウト研究所編『事業再編とバイアウト』中央経済社，pp.3-22.

喜多慎一郎（2011）「業界再編に向けたコミュニティワンの挑戦―マンション管理業界における業界インフラの構築を目指して―」日本バイアウト研究所編『事業再編とバイアウト』中央経済社，pp.193-212.

KPMG税理士法人・古田哲也・石塚直樹・大和田智・爲永友明（2010）『M&Aストラクチャー税務事例集―買収・事業再編・事業再生における税効果スキーム―』税務経理協会.

佐々木剛（2013）「ユナイテッド・シネマの再成長への挑戦」日本バイアウト研究所編『日本バイアウト市場年鑑―2012年下半期版―』日本バイアウト研究所，pp.58-68.

佐山展生・西口尚宏・米正剛（2011）「〈座談会〉事業再編におけるバイアウト・ファンドの活用と日本企業の競争力強化」日本バイアウト研究所編『事業再編とバイアウト』中央経済社，pp.141-160.

杉浦慶一（2005）「日本におけるPIPEs（private investment in public equities）の特徴（1）―市場の動向と案件の類型化―」『月刊資本市場』No.244，資本市場研究会，pp.21-29.

杉浦慶一（2006）「日本におけるゴーイング・プライベートを伴うバイアウト案件の特徴―案件の類型化と買収資金調達」『経営力創成研究』第2号，東洋大学経営力創成研究センター，pp.171-184.

杉浦慶一（2009）「日本におけるゴーイング・プライベートと再上場―トーカロとキトーの事例分析―」『年報経営分析研究』第25号，日本経営分析学会，pp.88-94.

杉浦慶一（2010）「日本のバイアウト市場における商社の動向」日本バイアウト研究所編『日本バイアウト市場年鑑―2010年上半期版―』日本バイアウト研究所，pp.182-191.

杉浦慶一（2011）「日本における事業再編型バイアウトの市場動向」日本バイアウト研究所編『事業再編とバイアウト』中央経済社，pp.107-140.

杉浦慶一（2012）「バイアウトの定義に関する一考察」『東洋大学大学院紀要』第48集，東洋大学大学院，pp.287-296.

関根賢二（2011）「事業再編型バイアウトを成功に導くための組織・人事上の要諦」日本バイアウト研究所編『事業再編とバイアウト』中央経済社，pp.53-75.

永見隆幸（2011）「ノンコア事業会社から「強い会社」への脱却―キンレイへの投資事例―」日本バイアウト研究所編『事業再編とバイアウト』中央経済社，pp.367-384.

日本バイアウト研究所編（2019）『日本バイアウト研究所―2018年下半期版―』日本バイアウト研究所.

松川力造（2011）「シティック・ファンドによる鳴海製陶の企業価値向上の取り組み―相互信頼深化を通じた本音での企業改革―」日本バイアウト研究所編『事業再編とバイアウト』中央経済社，pp.343-359.

座談会

日本企業の事業再編による子会社独立の実践
―事例から学ぶバイアウトの手法の優位点―

〈討論者〉

東京海上キャピタル株式会社 取締役社長 マネージング・パートナー
（2019年10月よりティーキャピタルパートナーズ株式会社に商号変更）　**佐々木康二氏**

キャス・キャピタル株式会社 取締役パートナー　**永見隆幸氏**

ベーシック・キャピタル・マネジメント株式会社 代表取締役パートナー　**金田欧奈氏**

〈司会者〉

アンテロープキャリアコンサルティング株式会社 取締役　**山本恵亮氏**

■ 事業再編案件の取り組み

　山本：日本でバイアウト・ファンドが関与する事業再編の案件が登場してから20年超の年数が経過し，これまでに数多くの案件が世に出てきました。一言で事業再編案件と申しましても，親会社および子会社の状況などにより多様なタイプの案件が手がけられてきました。この座談会では，まず過去にどのようなタイプの案件があったのかについてお伺いしたいと思います。そして，具体的な案件においてバイアウト・ファンドが投資した後に取り組んだことをお聞きして，当事者以外の人々にも事業再編の案件で具体的に何が行われているのかの「見える化」をしていきたいと思います。まず，皆様の自己紹介と事業再編に伴うバイアウト案件への取組み状況についてお話し願います。

山本恵亮氏

　佐々木：私は，日本長期信用銀行（現新生銀行）にて，法務やM&Aアドバイザリー業務に従事してきましたが，1998年より東京海上キャピタルに参画し，バイアウト投資チームの立ち上げを担いました。1998年当時は，バイアウト・ファンドという用語すら一般的には使用されていない時代で，まずは案件を創

出するためにどうするか悩みました。当時は，検討対象となる案件の絶対数が少ないばかりか，大企業の事業再編に伴う案件よりも再生案件が多く，事業の将来性の見極めやスキーム構築に苦労しました。その後，試行錯誤を経て「良い会社をもっと良い会社に」するための社会的機能にフォーカスして現在に至っています。これまで21年間，5本のバイアウト・ファンドを組成し，運用規模を拡大してきましたが，近年は，日本企業においてバイアウト・ファンドをうまく活用しようという機運が出てきまして，大企業の事業再編に加え，ファミリー企業の案件を検討する機会も増加しており，その両方に軸足を置いて投資を進めているところです。

事業再編に伴うバイアウト案件への関与については，リクルートからMBO（management buy-outs）で独立したプロパティマネジメント事業のザイマックス，日産自動車よりMBOにより独立した完成車輸送のゼロ（旧日産陸送），レストラン森永より営業権を譲り受けたエンゼルフードシステムズ，伊勢丹から独立したバーニーズジャパン，塩野義製薬から独立した武州製薬などの実績があります。

佐々木康二氏

永見：私は，大学卒業後，監査法人トーマツ（現有限責任監査法人トーマツ）に入所しまして，2005年に日本のバイアウト市場の黎明期から活動していたMKSパートナーズに参画しました。その後，MKSパートナーズが解散を決めてから2009年に今のキャス・キャピタルに参画し，10年超が経過しております。

　キャス・キャピタルは，2003年に設立された，国内の優良企業を投資対象とする独立系の投資会社です。弊社の設立の目的は，「日本に強い会社を作る」ことです。企業価値の持続的向上を支援することで，日本に「強い会社」を増やし，日本社会に貢献することを目指しています。弊社が考える「強い会社」とは，誤解を恐れずに言えば，利益を増やし，雇用を拡大し，常に成長志向を持っている会社です。こうした「強い会社」を作るべく，1件1件にこだわった徹底したハンズオンで支援を行っており，社内には，投資先に常駐するインテグレーション・チームを有しているほか，社外にも案件別に参画する35名のマネジメント・プールを有しています。実際，現時点では，インテグレーショ

ン・チームの３名とマネジメント・プールのメンバー２名が投資先企業に常駐し，既存の経営陣とともに企業価値向上のお手伝いをしています。

　キャス・キャピタルの第一号案件は，今回のテーマと重なる事業再編の案件で，大阪ガスグループから譲り受けたキンレイという会社です。この会社には，私自身も社外取締役として参画していました。キャス・キャピタルは現在，第七号ファンドを運用中で，過去からの累計で11件の投資実績がありますが，そのうちキンレイを含む４件が親会社からの独立支援となる企業再編の案件です。日本企業の中には，キンレイのように親会社のコア事業との親和性・補完性は薄いものの，その会社自身は高い潜在的な成長力を有する企業が多いと考えています。

永見隆幸氏

　金田：私は，大学卒業後，デロイトトーマツコンサルティング（現アビームコンサルティング）に入社し，M&Aを中心にさまざまなコンサルティング案件に従事しました。産業再生機構案件にも関与する機会があり，ダイエー，カネボウなどの大型案件も経験し，キャリアを積んできました。その後，2006年にベーシック・キャピタル・マネジメントに参画し現在に至ります。ベーシック・キャピタル・マネジメントは，2002年にみずほ証券，オリックス，メリルリンチの共同出資により設立されましたが，その後みずほ証券100％子会社になり，2018年には中核メンバーによるMBOで独立を果たし，現在運用を開始したばかりの第四号ファンド（運用総額180億円）を含め，累計約600億円の運用実績を有しています。

　みずほグループからは引き続き出資を受けており，強固な提携関係を継続しています。独立系バイアウト・ファンドとしての迅速な意思決定・リスクテイクができる体制でありながら，日本のエスタブリッシュな金融機関であるみずほフィナンシャルグループや政府系の中小企業基盤整備機構に後ろ支えをいただいている点が特徴です。案件については，一貫して中堅・中小企業への投資を重ねており，今回のテーマである事業再編案件とし

金田欧奈氏

ては，不二家，加卜吉，東芝グループ，パナソニック，リアルワールドなどの上場会社からの子会社譲受に実績があります。

■　事業再編に伴う案件の特徴の変化

　山本：次に，事業再編に伴うバイアウト案件の昔と今の違いについてお伺いします。10年以上前の案件と最近の案件には，それぞれどのような特徴がありますでしょうか。皆様が過去に手がけられた案件の事例もふまえながら，過去と現在の特徴の違いや変化というところをご説明いただけますでしょうか。

　金田：昔の案件と近年の案件では，親会社のアクションが「受動的」か「能動的」かが決定的に違うと感じています。以前は受動的で後手に回っていた事業再編や，経営が苦しくなったことを契機として子会社や事業部門が切り離されるケースが圧倒的に多かったのですが，現在は能動的な事業再編，大企業が先手を打ち事業ポートフォリオを再構築していく一環として切り離される案件が増えてきたように感じます。

　受皿となるバイアウト・ファンドの立場からすると，以前は子会社の事業の棄損が進みすぎていて手が出せず，「もっと早くこの話がくれば」と思うような案件が非常に多かったです。2000年代前半までは，国策で進められる不良債権処理の流れの中で事業再編が進められていました。当時，私は経営コンサルティング・ファームに所属し，2000年前半から半ば頃まで，ダイエーやカネボウなどの大企業の再生プロジェクトに参画しましたが，双方ともどう考えてもコントロールしきれない数の業績悪化を長年放置されたままの子会社を抱えていました。

　一方，最近は様相が大きく異なるように感じます。大企業の経営企画の方々とお会いすると，戦略的に子会社売却を検討判断しようと考えている方々が多く，以前と経営の感度・スピードが変化していることを実感しています。安定したキャッシュを創出している子会社を，大手企業が能動的に再編される案件にも数多く出合います。弊社の案件では，2015年以降に手がけたパナレーサー（旧パナソニックポリテクノロジー），WorkVision（旧東芝ソリューション販売），マークアイがあげられます。いずれもすばらしい会社ですが，親会社に

とってはコア事業とはいえなかった，あるいは良い状態ではあるものの，そのままにしておくといずれ競争優位性が下がってしまうという状況にあり，親会社は迅速で良い判断をされたと思います。

佐々木：私が参画した1990年代後半というのは，ちょうど日本の産業の変革期にあたり，カルロス・ゴーン（Carlos Ghosn）さんが日産自動車の最高執行責任者（COO）に就任した時期でした。ゴーン・ショックは日本経済全体に衝撃を与え，自動車とは全く関係ない業種においても，大企業も中堅企業も，グループ構造の変革をやらねばならない時期であり，またあそこがやるならというムードも手伝って，いわば連鎖反応が起きた時期でした。具体的には，大企業が不採算の子会社の処分を行うとか，逆に過剰債務など親会社側のやむを得ない事情で優良な子会社を手放すというような案件が出てきた時期です。具体的な事例としては，2000年にリクルートから独立して誕生したザイマックス（旧リクルートビルマネジメント）のケースは，優良なプロパティマネジメント事業が親会社の事情で売却された案件でした。その他にも，「日産リバイバル・プラン」の一環としてコアビジネス以外の資産売却を進める日産自動車から独立した車両輸送サービスの日産陸送（現ゼロ）や，森永製菓の事業再編によりレストラン事業を譲り受けて誕生したエンゼルフードシステムズなどの案件に投資を行いました。

　その後，国内企業も落ち着きを取り戻す中で，案件の背景にも変化が見られました。やむにやまれぬ背景というよりは，より前向きな事業戦略としてカーブアウトを考えるようになったわけです。当社でも，大企業が事業ポートフォリオ再構築の観点から戦略的に子会社を切り離すという案件を検討する機会が増えました。百貨店事業に経営資源を集中する伊勢丹が，紳士・婦人服専門店のバーニーズジャパンを売却した事例が該当します。また，医療用医薬品事業への経営資源集中に取り組んでいた塩野義製薬が，グループの事業ポートフォリオ再構築の観点から，100％子会社で医薬品製造受託の専業メーカーである武州製薬の株式を譲渡したケースもこれに該当します。

永見：1990年代後半あたりから2000年代前半までの「事業の選択と集中」は，「不採算事業から撤退，もしくは社外に売却し，成長性の高い事業を選択して，経営資源を集中的に投下すること」という意味で用いられていたと思います。

図表1　武州製薬の案件概要

武州製薬株式会社：会社概要

武州製薬

- **国内ナンバーワンの医薬品製造受託メーカー（特徴）**
  - 塩野義製薬のグループ事業戦略見直しの一環で，経営陣とともに分離・独立
  - 高度な製剤技術と海外GMPにも準拠した品質管理体制を保有
  - 製剤開発の受託を可能とする研究設備を保有
  - ホルモン，高薬理活性医薬品および生物医薬品も扱う
  - （従業員数）
  - 898名（2014年11月時点）

案件の背景

- 塩野義製薬は2000年および2005年にそれぞれ5カ年の中期経営計画を策定し，医療用医薬品事業への経営資源集中に継続的に取り組む方針へ。
- 特に2005年の中計では，開発パイプラインの充実，グローバル展開の基盤整備を打ち出すとともに，グローバル新薬メーカーとしてR&D重視を明確化。
- かかる経営方針の下，グループ事業ポートフォリオ再構築の観点から，100%子会社で医薬品製造受託の大手専業メーカーである武州製薬の株式譲渡を決定。
- 本件譲渡後，親会社である塩野義製薬は，医療用医薬品事業へ経営資源を集中。
- 一方，子会社である武州製薬は，バイアウト・ファンドによる経営支援のもと，独立企業として積極的な設備投資などを通じ，潜在成長力を発現。

東京海上キャピタルによる主な経営支援

戦略

- ✓ **業界再編的なM&Aの策定・実行支援**
  - ロールアップM&A戦略を策定，候補先の選定から，M&A実行（DD，資金調達，PMI）まで一貫して支援
  - エーザイの主力工場を譲り受け。同社向けビジネスを大幅に拡大するとともに，新たに注射剤の生産キャパシティも獲得
- ✓ **独立系CMOとしての売上拡大に向けた取り組み**
  - 「待ちの営業から攻めの営業へ」をテーマに，営業体制・戦略を刷新。塩野義製薬以外の新規顧客からの受託拡大を実現

インフラ

- ✓ **経営企画機能強化**
  - 外資系製薬メーカーから副社長を採用、中長期事業計画を推進
  - 管理、製造、技術などの各部門においても人材補強を推進

オペレーション

- ✓ **生産効率改善**
  - 外部コンサルティング・ファームを活用し，主力工場の生産工程を全面的に見直し，既存ラインで30%以上の生産性改善を実現

業績データ（投資年度と投資回収年度の比較）

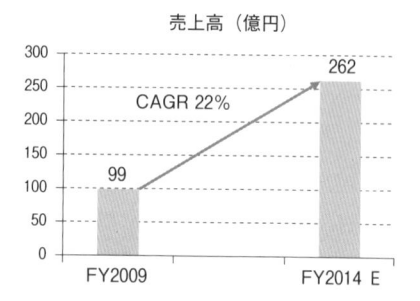

売上高（億円）

CAGR 22%

99　FY2009
262　FY2014 E

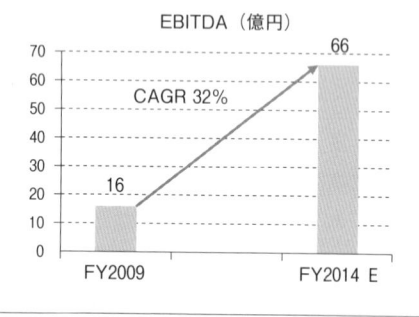

EBITDA（億円）

CAGR 32%

16　FY2009
66　FY2014 E

（出所）東京海上キャピタル作成

その中で，優良子会社については，優良であればあるほど，経営陣からすると「差し迫って売却する理由がない」ということで，案件としては長期化する傾向にありました。弊社がご縁をいただいたキンレイは，当時大阪ガスのグループ会社だったわけですが，キンレイは大阪ガスグループの中で最も成功し，期

待されている子会社の一つでした。当時の売上高は約180億円，営業利益は約10億円で，売上の伸びこそやや鈍化していましたが，安定した利益を計上する上場子会社で，第三者のキャス・キャピタルに譲渡する必然性は全くありませんでした。

　最終的に外部にキンレイを譲渡したというのは，やはり当時の経営陣の皆様の英断で，大阪ガスは，世間の理解よりも一歩先を行く「事業の選択と集中」を推進されていたと理解しています。キンレイの企業価値向上の観点からは，親会社として関与し続けるよりも，キャス・キャピタルの経営資源を活用して事業改革を進めることがより効果的であると判断されたことと，株式譲渡で得られた対価をグループ内の他の事業に投下することが，大阪ガスグループ全体にとっては最適と判断されたのではないかと考えられます。

図表 2　キンレイの案件概要①

案件の背景：「子会社であるキンレイの企業価値向上」の観点と，「大阪ガスグループの事業の選択と集中」の双方の観点から，大阪ガスがその保有する株式を第三者に譲渡し，キンレイの成長性を顕在化させ，独立を後押しした案件

案件概要

- 業種　　製造業（食料品），小売業（外食）
- 上場市場　東証一・二部 ／(JASDAQ)／ 非上場（注）投資時
- 発掘方法 (自社ルート) ／ 第三者からの紹介
- 投資手法 MBO（外食事業）および MBI（食品事業）公開買付 (株式非公開化) ／ PIPEs）
- 取得方法 (相対取引) ／ 競争入札
- 主要売主 大阪ガス株式会社
- 投資時期 2005年10月
- エグジット 2012年 4 月にオリックス株式会社へ株式譲渡
- 投資戦略
  - ✓経営陣を派遣する，積極的なハンズ・オン
  - ✓トップラインの伸長に重点を置いた企業価値向上
  - ✓営業・マーケティング機能の強化（食品）や，首都圏出店の迅速化（外食）など，収益強化策を実行

事業概要

- 事業内容
  コンビニエンスストア向け冷凍調理麺の製造販売を中心とする食品事業と，和食レストラン・チェーン「かごの屋」の経営を中心とする外食事業の二つの事業を運営。
- 本社所在　大阪府大阪市中央区
- 代表者　　取締役社長 木林靖治
  　　　　　（投資時，弊社パートナー）
- 創業　　　1974年12月
- 資本金　　3,081百万円（2012年 3 月末現在）
- 売上高　　22,683百万円（2012年 3 月期）
- 従業員　　515名　　（2012年 6 月末現在）

（出所）キャス・キャピタル作成

図表3　キンレイの案件概要②

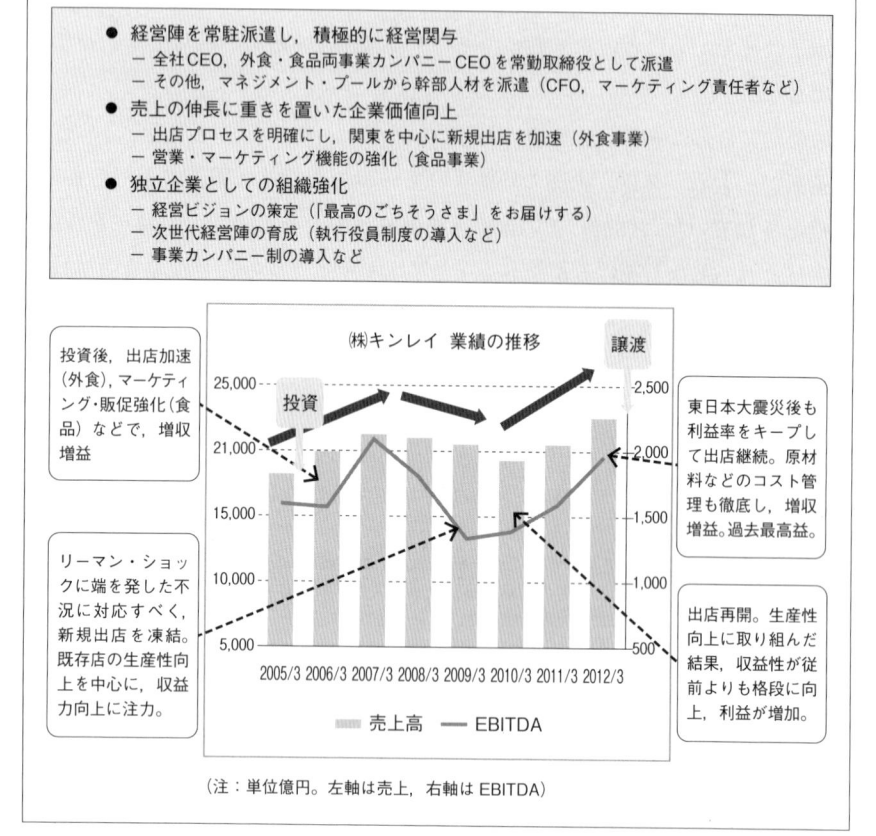

- ● 経営陣を常駐派遣し，積極的に経営関与
  - ― 全社CEO，外食・食品両事業カンパニーCEOを常勤取締役として派遣
  - ― その他，マネジメント・プールから幹部人材を派遣（CFO，マーケティング責任者など）
- ● 売上の伸長に重きを置いた企業価値向上
  - ― 出店プロセスを明確にし，関東を中心に新規出店を加速（外食事業）
  - ― 営業・マーケティング機能の強化（食品事業）
- ● 独立企業としての組織強化
  - ― 経営ビジョンの策定（「最高のごちそうさま」をお届けする）
  - ― 次世代経営陣の育成（執行役員制度の導入など）
  - ― 事業カンパニー制の導入など

㈱キンレイ 業績の推移

譲渡

投資後，出店加速（外食），マーケティング・販促強化（食品）などで，増収増益

投資

東日本大震災後も利益率をキープして出店継続。原材料などのコスト管理も徹底し，増収増益。過去最高益。

リーマン・ショックに端を発した不況に対応すべく，新規出店を凍結。既存店の生産性向上を中心に，収益力向上に注力。

出店再開。生産性向上に取り組んだ結果，収益性が従前よりも格段に向上，利益が増加。

2005/3 2006/3 2007/3 2008/3 2009/3 2010/3 2011/3 2012/3

▨▨ 売上高　━ EBITDA

（注：単位億円。左軸は売上，右軸は EBITDA）

（出所）キャス・キャピタル作成

　今は時代が変化し，少しずつ様相が変わってきていると感じます。親会社だけでなく，少数株主にも配慮する社外取締役の存在やコーポレート・ガバナンスに対する社会全体の意識の高まりなどから，日本企業の事業再編が後押しされているように感じます。私は，この議論は健全で良いことだと思います。不祥事を起こした子会社がリスク回避の観点から切り離されるというケースもありますが，それだけではなく，親会社，子会社双方の企業価値の観点から，「グループ子会社として継続保有し続けることに意義が見い出せない」という，かなり前向きな視点で，かつ戦略的に高度な判断が行われる案件が出てきてい

るように感じます。我田引水かもしれませんが，「日本に強い会社を作る」という当社の目的にかなう投資活動を行いやすい環境が整いつつあると感じています。

山本：時代は変化しているとのことですが，子会社を多数保有されている日本の大企業の方々の意識というものは，変わってきたと感じますでしょうか。

永見：多くの大企業は，バイアウト・ファンド側からの提案を「まずは検討する」という姿勢になってきており，受け入れるか否かは別として，「バイアウト・ファンドの活用も選択肢の一つ」という考えが浸透してきているように感じます。とはいえ，グループ内の「ポスト」が削減されることに異論はあると思いますし，また経営陣が売却後の子会社の従業員の雇用維持を重視される点で，生々しい話ですが，「本当にバイアウト・ファンドに売却して大丈夫だろうか」と迷われるのも当然だと思います。こうした経営陣の不安や悩みは，時代が変わっても，またどの案件でも共通する内容です。弊社が心がけているのは，経営陣の意向や従業員の期待に寄り添い，一つひとつ丁寧にしっかりと案件を遂行していくことです。バイアウト・ファンドの仕事は，誰にもわかりやすい，何か「製品」を製造して，それを広く世の中に拡販するような仕事ではありません。バイアウト・ファンドにとって一番重要なのは「信頼」で，信頼がすべての業界です。一つひとつの案件の積み重ねが，次の案件につながっていくと考えています。

佐々木：結果的に投資に至っていない案件も含め，数多くの機会を見ていると，大企業側の意識はかなり変わってきています。事業ポートフォリオの再編を公表されている日立製作所のような例も出てきました。バイアウト・ファンドによる投資が活性化する以前は，大企業の側でもバイアウト・ファンドに売却すると取引先や社員からの抵抗が生じるのではと懸念されていたのかもしれませんが，売却後，対象企業が順調に成長し，雇用も拡大し，業界の再編にもつながったといった成功事例が増えたことで，アカウンタビリティの面でも抵抗感が薄らいだということだろうと思います。

金田：大企業の経営陣や経営企画部門において，「本業とのシナジーが期待できないこと」，「利益を創出していてもグループの利益率基準を満たさないこと」，「成熟期に入っていて，独立させたほうが子会社のためであること」など

のように，資本効率を考えた経営が定着してきたと感じます。「コーポレート
ガバナンス・コード」の制定が後押ししている側面も当然あると思いますが，
何よりもM&Aの技量がこの20年で段違いに向上したことが大きいと思います。

　山本：まさにバイアウト・ファンドの方々が丁寧に支援されてきたという実
績が，経営者の方々の抵抗感を下げてこられたと感じます。また，大企業の間
で資本効率を考えた経営が定着してきており，バイアウト・ファンドの活用が
企業戦略の選択肢の一つであるという考えが浸透してきたということですが，
バイアウト・ファンドの皆様が事業再編の局面において企業経営のパートナー
として活躍する機会が今後ますます増えてくるのではないでしょうか。

■　M&Aと比較したバイアウトの優位性

　山本：大企業が事業ポートフォリオの再編により子会社を売却する際には，
子会社上場を検討するのか，事業会社へ売却するのか，バイアウト・ファンド

図表4　戦略的M&Aとバイアウトの相違

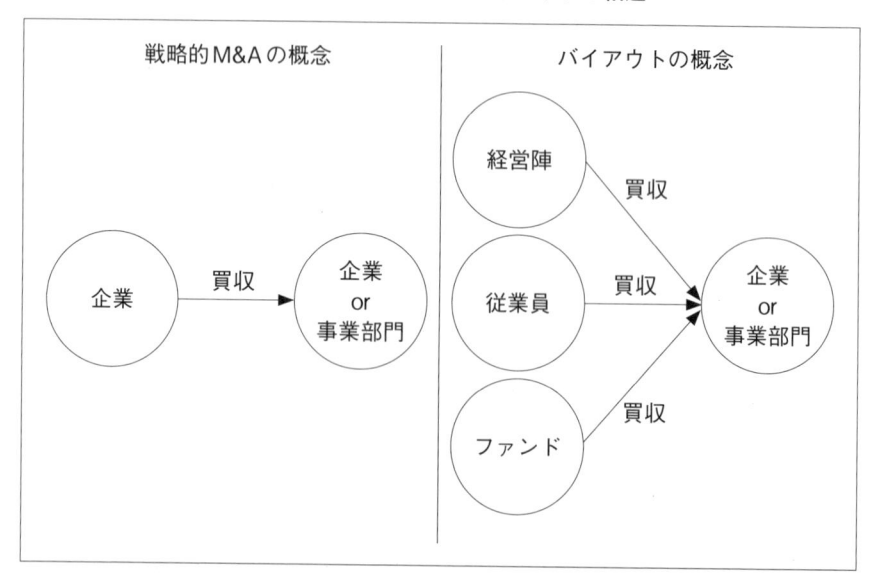

（出所）杉浦慶一（2012）「バイアウトの定義に関する一考察」『東洋大学大学院紀要』第48集，東洋
　　　大学大学院，pp.287-296.

へ譲渡するのか，という選択肢があり，それぞれの選択肢における対象会社にとっての優位点が議論されるかと思います。これまで多くのM&Aおよびバイアウトの実務を経験されてきた立場より，M&Aと比較したバイアウトの優位性というところをお伺いできればと思います。

金田：バイアウトの優位性は，「色がつかない」ことにあります。投資期間中に対象会社・事業の独立性を高め，独自に事業運営をできる状態をつくり上げることができます。十分な準備ができれば，その後M&Aに進んだとしてもうまく進みます。株式上場を目指すにせよ，将来的に事業会社との資本提携を視野に入れるにせよ，しっかりと事業の独立性を確立すればスムーズに事が運ぶことが多いです。これが事業会社ではないバイアウト・ファンドが持つ，強い色を持たないという特徴だと思います。

また，事業面のシナジーが存在しない一方で，マネジメント・シナジーや組織面のシナジーが発揮される傾向にあります。子会社であった頃の歴史を紐解くと，親会社に遠慮してチャレンジを避けているケース，会社規模と比して過剰な管理偏重になっているケース，幹部ポストが親会社の意向のみで決められるため組織のモチベーションが低下しているケースなどの状況が存在し，経営が硬直化していることがあります。そのような場合に，バイアウト・ファンドが適切に変化を促し，硬直化した組織を解きほぐし，迅速な意思決定や変化に強い組織を構築することができれば小手先でない大きな成果を上げることが可能であり，それもまた一つのシナジー効果だと考えられます。過去にとらわれず，ピュアに事業価値を高めることを共通目標として据えられることは，バイアウト・ファンドの重要な役割だと思います。

他方，事業会社によるM&Aの優位性は「事業のシナジー効果」であり，非常に明確ですが，難しい点も存在します。一つ目は，事業会社同士であるがゆえの"心理的バイアス"で，双方の事業優劣を比べてしまうプライドやポジション争いが往々にして存在します。また，悪い意味で投資後の体制を予想しながらM&Aの検討を進めてしまい，無用な探り合いが起きてしまうこともあり，このあたりが要因でなかなか話が進まないようなケースもあると多くの事業会社の方々から聞きます。M&A後数年経っても，旧○○社のような名残があるのはその延長線かもしれません。"心理的バイアス"が産みの苦しみに限

られるのであればよいのですが，統合後にも影響してしまうとシナジーどころかコストの重複になりかねません。バイアウト・ファンドにはそのような心理的バイアスはなく，話がスムーズに進みます。

　事業会社同士のM&Aの難しい点の二つ目は，“子会社側の準備不足”があると思います。親会社に過度な依存をしている企業や，親会社から無難な経営を長いこと求められている企業は，変化に慣れておらず，他社と提携する準備ができていないケースが多いように感じます。組織が独立していない状態で他社と対等に成長していくことは，なかなか難しい注文であるように思います。

永見：端的に言えば，「主体的独立までの移行期間の提供」という点も，バイアウト・ファンドを活用する利点の一つと考えています。例えば，大阪ガスから譲り受けたキンレイのケースでは，大阪ガスグループを離れて独立した際，幹部が集まって合宿を行い，会社が目指すべきビジョンの定義を行いました。そのとき定義したビジョンは，「最高の「ごちそうさま」をお届けする」です。独立した事業体として活動していくには，まず新しい組織のメンバー全員で同じ価値観を共有し，また今まで親会社のグループ傘下で補完されていた機能を自社で強化していく必要があります。こうした行為を積み重ねていく結果，バイアウト・ファンドがエグジットする際には，投資先企業は，一定の助走期間を経て，自主独立性がしっかりと強化された形で次のステージに進むことが可能になります。バイアウト・ファンドが株式公開によるエグジットを選択したときはもとより，経営陣と協議のうえ，バイアウト・ファンドが第三者に譲渡するエグジットを選択し，最終的に事業会社の傘下に入ることになるとしても，その手前でバイアウト・ファンドが参画する意義がここに存在します。これは既存の経営者や従業員にとっても大きな価値があると考えられます。

佐々木：ガバナンスの観点から，事業会社による戦略的M&Aとバイアウトの手法とを整理して比較してみることは有益だろうと思います。戦略的なM&Aの場合，買手企業は自社から見たなんらかの戦略的なメリットやシナジーを期待して買収するわけですから，買収後は，買手の経営方針や事業戦略が対象会社の経営陣の考えに優先されることが少なからずあるでしょう。買手企業から新経営陣が派遣され，経営の独立性を維持できなくなるという可能性もあります。対象会社の経営陣から見ると買手企業グループが持つリソースを

優先的に活用することができるのはメリットかもしれませんが，逆に買手企業のリソースの限界が対象企業の成長の足枷となる可能性もあります。

　一方，バイアウトの場合は，バイアウト・ファンドは対象企業そのものの成長に期待して投資するので，バイアウト・ファンドと経営陣とは一緒に知恵を出し合って経営方針・事業戦略を策定することが多くなります。経営権はバイアウト・ファンドが保有しますが，業務執行は経営陣が担うことになるので，例えば経営陣・従業員のモチベーション向上を促すインセンティブ制度が柔軟に設計できるようになったり，親会社から見て優先度が低かった戦略投資などの成長施策を実行できるようになるといったメリットがあります。必要に応じてバイアウト・ファンドが有するネットワークを幅広く活用し，成長施策を策

図表 5　事業ポートフォリオ再構築におけるバイアウトの役割

	現状 事業のテーマ・課題	バイアウト後（ファンド傘下） 事業の方向性
親会社	■限られた経営資源の最適配分 ・人材供給 ・資金提供 ・ビジネス上の信用補完 ■グループ全体としての資本効率最大化	■経営資源をコア事業に集中し，戦略的に育成することで競争力を向上 ■ノンコア事業の切り離しによるグループ全体での株主資本利益率の向上
対象会社 （グループ内企業）	■独自性ある戦略実行に係る制約（グループ戦略が優先） ■人事・報酬制度などの裁量権に係る制約 ■非効率的な組織運営および意思決定プロセス	■親会社からみて優先度の低かった戦略投資などの成長施策を実行 ■経営陣・従業員のモチベーション向上を促すインセンティブ制度の導入 ■効率的組織運営，迅速な意思決定プロセスの導入

（出所）東京海上キャピタル作成

定することもあり得ます。

■　独立後のスタンドアロン化

　山本：バイアウト直後のスタートダッシュは重要ですが，事業再編型の場合に，独立する企業のスタンドアロン化を推進するうえで重要なことは何でしょうか。そのためにバイアウト・ファンドの皆様は何を重視して取り組まれているのかをぜひ教えていただければと思います。

　佐々木：一番大切なことは，独立する企業の経営陣や従業員の方々のメンタリティだと思います。これは非常に微妙な話なのですけれど，親会社が自ら設立して成長してきた子会社の場合と，親会社がM&Aで買収した子会社を再度手放す場合では，メンタリティは異なると考えられます。企業風土というのは，人によって醸成されるものですから，親会社により設立された子会社の場合には，親会社のカルチャーをそのまま引き継いでいる場合が多く，グループ全体の一部のようなものです。一方，なんらかの経緯で外部からM&Aで加わった子会社の場合には，親会社から見ても手放しやすいですし，子会社から見ても独立心が旺盛な場合があります。イニシアティブを持って独立してスタンドアロン化して頑張るぞ，という風土が子会社側にあれば乗り越えやすいと思いますが，親会社のDNAが濃い場合のスタンドアロン化の難易度は高いと考えられます。そのため，最後に行き着くところは，働いている皆さんがスタンドアロン化に向けて意欲があるかが大切です。

　次に，テクニカルな問題ですが，親会社と子会社とは経営面でのリソースを共有していることが多く，独立後の新体制でのリソース，例えばシステムの再構築などは課題になります。現代企業というのは，ITシステムで動いていることが多いわけですから，そのシステムのスタンドアロン化というのは大変な作業になります。

　それから，子会社が仕事の多くを親会社に依存している場合，独立後に販売先を維持・拡大できるかが重要になります。仮に依存度が高い場合は，独立後，新たに仕入先や販売先などのステークホルダーとの関係を構築できるかどうかが大切です。塩野義製薬から独立した武州製薬のケースでは，仕事の7割近く

が親会社である塩野義製薬以外から受託していましたから，既にある程度ビジネス面では独立していたわけですが，それでも塩野義製薬の子会社のままでは，他の製薬大手は製造委託を出したいと思っても競合他社の子会社に発注するというのはなかなか容易ではありません。この点，バイアウト・ファンドが株主となったことにより，中立的な立場で営業に行けるようになり，売上拡大を実現できました。独立を果たした武州製薬にとってもハッピーな話ですし，武州製薬に製造を委託できるようになった他の製薬会社にとってもハッピーな話となり，当該産業全体が恩恵を受けることになりました。

　また，先ほど少し説明しました日産陸送の案件においても，日産自動車の傘下ではできなかったことを意識的に行うようにしました。スタンドアロン化に伴い売上が確保できるかが課題でしたが，資本の独立を機に社名を「ゼロ」に変更し，日産自動車以外の完成車の輸送をあらゆる完成車メーカーに対して次々と提案に上がりました。また，業界の外の素人の発想ならではの事例をお話ししましょう。日産自動車は，関東地区に多くの工場があり，完成車両が西日本に向かいますが，帰りのトレーラーは空で戻っていました。一方，トヨタ自動車は，愛知県を含む中部地区に多くの工場があり，完成車両が関東に向かいますが，帰りは空となって戻っていました。そこで，トヨタ自動車の完成車輸送を行うトヨタ輸送との間で複荷の交換輸送を実施し，相互のトレーラーの復荷の稼働率を高めようということになりました。資本がバイアウト・ファンドになり，日産自動車以外の取引の拡大を達成できた典型的な事例です。

金田：技術的には，管理部門設置，システム構築，知的財産権の取り扱い，各種規定の整備，福利厚生などの対策が必要になりますが，それ以上に大切なことは，やはり組織の心理的側面に十分配慮して独立していくストーリーをつくり上げることだと思います。

　具体的には，ちょっとした制度変更も不安を与える要素になりますので，まず役職員の不安を解消することが重要になります。時間をかければかけるほど不安は募りますから，「どのような制度設計をするのか？」，「どのようなメッセージを伝えるのか？」については，投資前の準備段階で万全にしておくことが望ましいと考えられます。

　次に，親会社グループへの帰属から，自社に対する誇りを持っていただける

ような意識づけを行うことも重要です。WorkVision（旧東芝ソリューション販売）では，弊社担当者が時間をかけて繊細にこのプロセスを進めました。社名変更，オフィスの引っ越し，会社の将来像の策定などについて，意欲のある従業員を巻き込んで，プロジェクト方式で役職員の皆さんが自主的に決められるように促しながら進めました。小さな成功体験，いわゆるクイック・ヒット（quick hits）を重ねることで，自分たちが会社を運営しているという事実を実感してもらえるように随所で工夫を重ねました。新社名も全従業員の投票の結果，自社主力商品の名前に決定しました。自社に対する誇りを確立して自主的に物事を進めていく準備そのものだったのではないかと思います。そもそも大企業グループに勤められていた極めて優秀な方々ですから，自主的に方向性を決めて動き出すと大きなパワーが発揮されます。

　そして，ようやく次の段階で事業変革を実行することになります。準備ができていない段階では，素晴らしい戦略を提示して強引に進めても効果は低いのではないかと思います。やらされ仕事よりもやりたい仕事に取り組むほうが，その効果は何十倍も大きいです。悠長に聞こえてしまうかもしれませんが，「急がば回れ」が正しいと私は思います。WorkVisionのケースにおいても，準備段階を経て，周辺環境の大きな変化に対応すべく，大きな舵取りに皆さん意欲的に取り組まれています。

　永見：やはり従業員の士気や個々人の生産性を向上させることは極めて重要です。キンレイの事例においても，もともと黒字で成長性が高い会社でしたから，リストラは一切行わず，従業員の雇用もそのまま維持しました。先にお話ししたとおり，雇用を拡大し続けることも「強い会社」の要素と考えています。公平な評価システムに基づく人事制度の導入や，企業価値への貢献を賞与に連動させる仕組みも設けました。また，親会社主体の経営からプロパー社員中心の経営に移行する一環で，現場への大幅な権限移譲を推進することを目的に，執行役員制度も導入しました。執行役員の選定にあたっては，年齢，学歴，性別，国籍などは一切問いません。その結果，有能な若手社員の登用が進み，次世代経営陣の育成にもつながりました。

　加えて，これは非常に大事なことですが，「今までやりたくてもできなかったことは何か」と，「それを実行するためには何が必要か」について，経営陣

図表6　WorkVisionの案件概要

対象会社	事業内容	旧親会社	売上規模	従業員数
WorkVision (旧商号：東芝ソリューション販売株式会社)	国内企業向け業務系ソフトウェアの開発，販売，導入支援	東芝デジタルソリューションズ株式会社	150億円	520名

独立の背景	旧親会社	■大規模な事業ポートフォリオの見直しを進めており，国内向けソフトウェア事業はノンコア事業として位置づけられていた
	対象会社	■東芝グループの下で築かれた強固な顧客基盤を有するも，グループとしての制約により，積極的な投資が抑制されている環境にあった
独立後の取り組み	経営計画策定・風土改革	■会社の将来像の策定（販売製品やサービスの強化・拡充に向けた新経営ビジョンおよび新事業計画の策定） ■社員の自主性を尊重し，不要な社内規則の多くを見直し（私服化，フレックス勤務，テレワークなどを導入） ■社内ワークフローの簡略化，ペーパーレス化，システムによる効率化 ■全従業員の投票による新社名の決定 ■本社・地方事業所の都心オフィスへの移転 ⇒旧親会社グループからの独立により，従業員の自社に対する帰属意識が向上 ⇒主体的な事業運営および迅速な意思決定が実現
	組織・人事改革	■人材戦略に基づき，抑制されていた新卒採用の再開（年2名規模→年20名規模へ） ■旧親会社ルールの給与・賞与削減施策を解除 ■成果報酬制度，年俸制を段階的に導入 ⇒硬直化していた組織から，変化に対応可能な柔軟性のある組織への転換 ⇒従来の年功序列型の人事制度から個人の成果を重視する制度への転換により，従業員の士気が向上
	開発投資の加速	■研究投資予算を大幅に引き上げ，新商品開発を加速 ■ITベンチャー企業との連携も視野に新規事業室を立ち上げ ■東芝グループ外の企業グループとも積極的に連携を検討 ⇒自社の経営戦略に基づき，今後の成長が期待される新商品・新事業へ経営資源を投下

（出所）ベーシック・キャピタル・マネジメント作成

や従業員の方々としっかり話をするということは重要なポイントです。現場をよく知る経営陣の方々は，実効性に富んだ企業価値向上のアイデアを数多くお持ちです。バイアウト・ファンドは，決して万能ではありません。足りないものを提供・支援するのがバイアウト・ファンドの役割だと考えています。「今

までやりたくてもできなかったこと」を経営陣や従業員の皆様に寄り添いながら着実に実行していくことが，結果的に企業の独立を力強く後押しすることになると考えます。

　もっとも，投資直後に実行するいわゆる「100日プラン」も含めて，各種施策を実際に実行するのは既存の経営陣や従業員の皆様です。この点に関して言えば，「バイアウト・ファンドが参画する」というだけで，当然にプレッシャーがかかりますので，対象会社の企業風土やカルチャー，スピード感をよく理解して，現場の経営陣，従業員の皆様を尊重しながら，施策を実行していくことが重要です。

　山本：まさにバイアウト・ファンドの皆さんが投資先企業の経営者や従業員の方々に寄り添ってハンズオンで支援されている様子がよく伝わってきました。また，メンタリティや企業文化が重要であることが理解できました。ところで，子会社が独立する際にバイアウト・ファンドは経営者を外部から招聘することもよくあると思いますが，親会社から出向で来ていた経営陣の方々はどうなるのでしょうか。経営者としての適性がある人もいればそうでない人もいますし，誰しもが独立後の新会社への参画を望んでいない場合もあるように思います。そのような中で，新しい会社の経営体制を構築するのは並大抵のことではなさそうですね。

　永見：親会社グループを離れ，子会社が独立する際に，バイアウト・ファンドと組んで参画したいという経営陣の方もいれば，親会社に戻りたいという方もいらっしゃると思いますが，バイアウト・ファンドとして，経営者としてのキャリアを強制することはありません。

　キンレイのケースでは，親会社の大阪ガスに戻られた方もいらっしゃいますし，一方で，親会社である大阪ガスから子会社であるキンレイに転籍し，退路を断って本件にご一緒いただいた方もいらっしゃいます。事実，当時39歳であった外食事業部長は，店舗での皿洗いから始めて一から事業を立ち上げた生え抜きの方ですが，本件実行を境に大阪ガスから子会社のキンレイに転籍し，外食事業カンパニーの社長に就任しました。内部人材の登用，抜擢を通じて，各人の能力や資質に合わせた適材適所の配置となるように経営体制を構築することが重要だと思います。会社内部で適任の経営人材が見つかればそれが一番

良いのですが，該当者がいない場合もありますので，冒頭の部分で述べましたように，弊社ではインテグレーション・チームや外部のマネジメント・プールを活用し，常勤役員を派遣する体制を構築しています。

佐々木：経営人材の外部招聘というのは，バイアウト・ファンド特有の概念ですね。企業価値向上に向けて最も重要な要素は人材ですが，同じ企業で長く生きてきた経営人材は会社を引っ張って成長させた方ですから，自社の強み・弱みもよくわかっているようで，実はもっと広い見地から見ると意外と視野が狭くなっていることがあります。外部人材を招聘することにより，現場レベルで別の視点で見ると別の強みが見つかったり，世界が広がり，ネットワークも拡大し，売上増大にもつながったりというようなことはよくあります。

　親会社から出向している経営者が，親会社に戻ってしまうのか，あるいは引き続きトップとして続投するのかは，バイアウト・ファンドにとっても大きな判断材料です。トップ・マネジメントとして過去の成長を導いた経験があり，親会社から独立してもやっていけるという自信もある経営者がチャレンジ精神をもって一緒に組みましょうという場合は，経営者にとってもバイアウト・ファンドにとってもベストな組み合わせです。しかし，いわゆる大企業の人事ローテーションの中で，たまたまその会社の社長として送り込まれていた経営者が独立後も経営として残るという場合，独立はご本人にとっても非常に大変な判断でしょうが，バイアウト・ファンドから見ても不安が残ります。このような場合，外部人材の招聘による経営人材の補強は経営者にとってもバイアウト・ファンドにとっても一つのソリューションになり得るわけです。

山本：既存の経営者の続投，内部昇格，社内で埋もれていた人材の抜擢，どうしても適任者がいなければ外部からの招聘などを適材適所で考え実行されているのですね。外部からの人材が知見やネットワークの広がりというシナジーを生むということも印象的です。

　スタンドアロン化を進めるにあたっては，新たな経営体制の構築，経営管理や諸制度の整備・構築などの取り組みを実行されますが，単にビジネスライクに施策を実行するのではなく，人々のメンタリティを重視していらっしゃることは想像以上でした。

　人で構成される企業の価値を飛躍的に高めるために，人の感情が持つ力を最

大限に引き出し，最適な施策を実行してスタンドアロン化を実現していくという皆様の仕事ぶりを垣間見ることができました。

■　バイアウト後の設備投資

山本：バイアウト・ファンドが株主になると，対象会社は設備投資をさせてもらえなくなるのではないかという不安を持たれるようなこともあるようです。皆様が手がけられた案件では，この点はどのような考えで取り組まれているのでしょうか。事例をふまえて，ご説明いただければ幸いです。

佐々木：バイアウト・ファンドは，事業会社が親会社である場合と比較すると，設備投資をより合理的，客観的なモノサシで判断するという傾向はあるかもしれません。しかし，積極的な設備投資を考えるならば，むしろバイアウト・ファンドの傘下に入ったほうがよいというのが私の考え方です。世の中で思われているほどバイアウト・ファンドはキャッシュフローを守りの姿勢で見ているわけではなく，むしろ独立企業としてさらに成長していくためには，研究開発や設備投資は欠かせないと考えます。テーマを絞り込めばバイアウト・ファンドのほうが資金を豊富に投下することも可能ですし，ファイナンス手法も資金調達も得意分野ですので，むしろ合理的な理由があればどんどん提案してくださいということになります。

金田：私もバイアウト・ファンドが株主になると設備投資を抑えられるのではないか，というご質問を受けることは多々ありますが，全くの誤解であると断言できますし，むしろ逆だと思います。一般論ではありますが，大企業グループの傘下で安定収益を上げているノンコア事業会社は，得てして安定した配当を期待されていることが多く，そのために「投資上限」，「コスト上限」，「採用上限」などの枠の範囲内での運営が求められていることが往々にしてあります。

パナレーサー（旧パナソニックポリテクノロジー）の事例についてお話しますと，経営陣は非常に堅実な会社運営をされており，特に支出や投資については非常に厳格な管理をされていました。工場の老朽化が進んでおり，「会社の従業員を大事にする」というメッセージを出し，役職員の方々が独立に向けて

前向きに取り組んでもらうためにも初期の段階で更新投資をかけ，職場環境を改善したいと考え経営陣に相談をしましたが，彼らのほうが遠慮されてなかなか話がかみ合いませんでした。「もし資金が無限にあるとしたら，どんな投資をしたいですか？」と問いかけて，ようやくいろいろな投資案が出され，実施することになりました。これがまさに「バイアウト・ファンドが株主になると投資が抑制される」の逆の事象です。

WorkVisionでは，システムを全面的にクラウド化させる，事業の骨格を変えるチャレンジをすることを決定しています。かなりの資金が必要になりますが，その趣旨に賛同し，不足資金はバイアウト・ファンドが追加増資を引き受けることで対応することになっています。

リアルワールドからの独立を支援したマークアイは，もともと親会社の事業との関連性が薄い中で，シナジーを出すこと自体が目的化された舵取りを強いられていた時期もあったようです。また，稼いだ利益の大半を親会社に還流していたため，なかなか独自の成長戦略を描くことが難しい状況にありました。バイアウト・ファンドの出資を契機に，社長から成長のための大幅増員の案が出され，成長路線に舵を切っています。マークアイの経営陣とは独立前からコミュニケーションを重ねており，「アクセル役になって欲しい」と要望を受けていました。まさに我が意を得たりで，バイアウト・ファンドはそのような役割を果たすべきだと感じています。

永見：結論から言えば，企業価値向上に資する内容であれば，設備投資は積極的に行うべきだと思います。事業再編の案件ではありませんが，過去に弊社がご支援した案件では，投資実行直後に，中国とタイに生産工場を立ち上げて，グループ全体の生産能力を投資実行前の約2.5倍に引き上げました。これが実現できた理由は簡単で，それだけ成長可能性のある会社だからです。この事例から感じたことですが，仮に現状の売上規模からして生産能力がやや過大であったとしても，それは中長期的な会社の成長とともに，結果的には見合ってくる話ですので，短期的な視点ではなく，「強い会社」となるうえで本当に必要な投資かどうかという視点に立って，設備投資の意思決定を行うべきだと強く感じています。

また，バイアウト・ファンドは，どこかのタイミングでエグジットすること

になりますけれども，その会社にとって合理性がある質の高い投資活動を実施していれば，株式公開でも第三者に譲渡する際においても，エグジットの際には必ずプラスに評価されることになります。したがって，成長可能性が高い企業において，投資が抑制されてしまうという理由はありません。

　キンレイの事例では，「強い会社を作る」という趣旨で，必要な経営資源は惜しみなく提供するという方針で取り組みました。例えば，外食事業に関しては，出店の加速がテーマとなっていました。そこで，具体的には，投資効率を勘案した出店基準を策定し，これに合致する案件であれば機動的に取り組めるように，大胆な権限の委譲も行いました。ご案内のとおり，誰もが出店したいと思うような店舗の物件の動きは早いので，例えば，1ヵ月に1回，決まった日取りの取締役会まで待っていては，良質な出店機会を逃すことになります。これに対応する形で迅速な決定ができるよう意思決定プロセスを整備し，結果的に出店は加速していきました。

　佐々木：設備投資に加え，ロールアップという施策もバイアウト・ファンドの重要な機能ですね。ロールアップとは，投資先企業が主体となって同業他社や隣接する業界の企業の買収により売上・利益を拡大していく戦略です。過去の事例でいえば，投資先の武州製薬が，エーザイの製造拠点の一つである同じ埼玉県にあった美里工場事業の譲り受けを行った事例があります。かなり大規模な買収でしたが，武州製薬にとっては，既存の川越工場に加えて2工場体制となり，固形製剤のキャパシティが約35億錠から約100億錠と大幅に増加し，従来固形や粉体のお薬がメインだった武州製薬の業務範囲を注射剤にも拡大できたこと，またエーザイからのお仕事も引き継ぐことによって，売上も利益も大きく拡大しました。美里工場の社員からみても，特定の大企業の製造工場から，多数のお客様の製造を受託するプロのCMO（製薬製造アウトソーシング）で働くことになり，より働きがいのある職場になったという声も聞きました。

　金田：ノンコア事業のカーブアウトを見ると，大きなポテンシャルが存在する事業であるにもかかわらず，グループ内でのリソースが限定されてしまい成長できずにいるケースが多々あります。そのような期間が長くなればなるほど，組織は変化を諦めてしまい，結果として競争力を失って事業が棄損してしまいます。バイアウト・ファンドが株主となれば，適正なリソースを投入しながら

成長を促すことができます。また，リソース投入に加えて，「変化を促す」こともできます。親会社から独立し，不安が解消された後に，枠を外して変化していくステージに入りますが，弊社の場合においても，このストーリーをうまく策定・実行しながら，積極的な設備投資を働きかけて，激変の時代に負けない企業組織をつくっていくように努めています。

　山本：皆様のお話をお聞きして，「バイアウト・ファンドが株主になると，対象会社は設備投資をさせてもらえなくなるのではないかという不安」は，誤解であることがよくわかりました。バイアウト・ファンドの皆様が長期的な視点をお持ちになっていて，企業価値向上に資する合理的な理由があれば，むしろ積極的に設備投資が必要とお考えになっていることを熱い想いとともにお聞きできました。バイアウト・ファンドは企業価値を高めるという経営陣と共通の目的を持っており，ときに変化を促し背中を押す存在ともいえます。

■　次の株主へのバトンタッチ（エグジット）

　山本：バイアウト・ファンドが投資先企業を支援して，企業価値を上げた後には，次の段階として株式上場や次の株主へのバトンタッチが行われますが，そのエグジットのプロセスについて皆様にお伺いしたいと思います。外部から見ていると，エグジットは誰がどのように決めているのかが見えにくいところがあります。バイアウト・ファンドが一方的に決めているのではと思われる方々もいるかもしれません。投資先企業の経営者の方々とは，どのようなディスカッションが行われたうえで，エグジット方法やエグジット先が決まっていくのかについてお聞かせいただければ幸いです。また，エグジットに対する基本方針や具体的な事例のエピソードについても，あわせてお話し願います。

　佐々木：エグジットのタイミングというのは，明確な決まりがあるわけではありません。投資前にもシミュレーションを行いますが，実はそのとおりにならないことも多いと思います。ただ，バイアウト・ファンドは，預かっている投資家の資産運用の観点から一定のリターンと時間的なホライズンの制約を受けているので，おのずと3〜5年，長くても7年程度が意識されてくるわけです。当社の場合，実行すべき施策を一通り実行し結果も見えてくるタイミング

で，社長を中心に経営陣とエグジットについて協議を始めることが多いと思います。すべてのプロセスを共有するとは限りませんが，半ば子供の結婚相手を探す親のような気持ちで上場かトレード・セールか，会社にとって将来の事業成長のパートナーとして相応しい相手をどう考えるかという視点で議論します。

　先の武州製薬の事例では，エグジットのプロセスに入る前の段階で，会社から，中長期の成長シナリオの一つとして，グローバルな事業展開も考えたいので資本的にもグローバルな顔触れも検討に加えてほしい，将来の海外での株式上場の可能性も残してほしいといったご希望をいただいており，結果的に海外のバイアウト・ファンドに承継しました。

　また，バイアウト・ファンドは，リターンが出るなら投資した翌日にでもエグジットするのではないかと聞かれたことがあります。この点，大昔ならいざ知らず，社会的な市民権を得てきた最近のバイアウト・ファンドは，レピテーション・リスクにも配慮しますから，後続ファンドの募集にも影響するようなエグジット方法はとられなくなっているのではないかと思います。

　永見：投資期間は，ケース・バイ・ケースですが，概ね3〜5年程度を考えています。会社を強くするということは簡単にできるものではなく，腰を据えて課題に取り組む必要がありますので，それなりの期間が必要です。ただし，当初予想した以上のスピードで対象会社の企業価値向上が進んで，株式公開や第三者への譲渡など，バイアウト・ファンドからバトンタッチしたほうが次のステージに早く移行できるとの判断があれば，タイミングにはこだわりません。エグジットは，決して期間で縛って成長発展の機会を妨げるものではありません。

　エグジット時期やエグジット方法を誰が決めるかについては，われわれバイアウト・ファンドが単独で決めるという話ではなく，経営陣と深く対話をしながら，企業価値向上の観点から望ましい方法や望ましい相手先を考えるべきだと思います。キャス・キャピタルの場合，第三者へ譲渡するという場合の譲渡先には非常にこだわっています。経営陣の想いや対象会社の企業文化を尊重し，エグジット後も持続的な企業価値向上に向けて，さらなる成長を後押しいただける先に厳選してバトンタッチをしています。

　なお，余談ですが，エグジット・プロセスの一環で，キャス・キャピタル側

（売手側）のアドバイザーを選定したのですが，経営陣の皆様にはそのアドバイザー選定の段階から関与いただき，意見を伺って最終的に決めたこともありました。このように経営陣と歩調を合わせながら，経営陣のご意向を可能な限り斟酌して進めるようにしています。

　金田：バイアウト・ファンドが「期間限定であること」には，大きな意味があると考えています。期日があるからこそ，それまでにきちんと組織の独立と安定運営を果たす必要があります。期日がないと先延ばしになってしまいがちですから，投資前にその期日を経営陣にも伝えます。3〜7年が目安ですが，大体5年くらいの期間を定めることが多いです。その期間内に，実際にエグジットするタイミングや方針について経営陣と対話しながら決定することになります。

　例えば，加ト吉（現テーブルマーク）から独立したシニアライフクリエイトの創業者である高橋洋社長との対話は，今でも鮮明に覚えています。高齢者向け宅配弁当事業のパイオニアとして事業を急拡大され，IPOを目指していた創業者です。彼がふと私の席に来て「株式上場の意味は何ですかね？　ご高齢者は上場会社だからお弁当を注文しているわけではない」，「従業員も集まるし，資金調達も必要ない」と言いました。高橋社長は，「郵便局が手紙を届けることができない離島にいらっしゃるご高齢者にもお弁当を届けたい」と常日頃からお話されていましたので，「IPOせずに，事業会社と手を組んで店舗拡大させたほうが意味があるかもしれません」と伝えました。結果的にではありますが，離島にも店舗を構えている大手コンビニエンスストアのファミリーマートと資本提携することになり，その後も堅実に事業を拡大されています。もちろん，すべての要望をお受けできるわけではありませんが，経営陣との対話をとても大切にしています。

　近年，バイアウト・ファンドを活用して独立した後に，事業会社と資本提携を行って成功を収めている企業の好事例が増えていることもあり，経営陣の皆さんは慌てることなく提携の話を前向きに捉えてくれています。

　山本：斬新なお話をありがとうございました。私は人材エージェントとしてバイアウト・ファンドの投資先企業の経営者のリクルーティングも手がけていますが，バイアウト・ファンドということで，候補者の方が腰を引いてしまう

図表7 シニアライフクリエイトの案件概要

対象会社	事業内容	旧親会社	売上規模	従業員数
株式会社 シニアライフクリエイト SENIOR LIFE CREATE	高齢者向け弁当宅配, 高齢者施設向け食材販売, 中食事業	株式会社加ト吉 (現商号：テーブルマーク 株式会社)	29億円	39名

独立の背景	旧親会社	■冷凍食材の販売先である対象会社の積極的出店, 中食事業への展開は好ましいところ, 一方でシナジー効果は限定的で, 経営への関与は低かった
	対象会社	■創業社長の強いリーダーシップで急成長しているものの, 規模に見合った管理機能が欠如しており, 収益力が低く, 財務基盤が脆弱 ■離職率も高く, 経営のてこ入れが必要な状況であった
独立後の取り組み	管理機能強化	■ベーシック・キャピタル・マネジメントよりCFOを派遣し, 予算統制機能を強化 ■投資および支出の意思決定を厳格かつ迅速に運営 ⇒管理体制を刷新後, 僅か1年間で営業利益が大幅に改善
	経営計画策定・風土改革	■創業社長と綿密に議論し, 中長期経営計画を立案 ■幹部社員全員を集め合宿を行い, 経営方針を共有, 企業理念を制定。将来的な組織拡大を見据え管理職を鍛錬 ■新社名を全従業員の多数決により決定 ⇒従業員の離職が激減し, 従業員の質・量が目に見えて良化
	既存店強化	■店舗のサポートを担うスーパーバイザー部門を大幅に強化（事業部長にFCチェーンを手がける上場会社の元役員を招いた上で増員し, 店舗のサポートを強化) ■顧客からの声を直接経営に反映すべく, コールセンターを設置。毎日社長にレポートし, 問題を迅速に解決 ⇒新規出店を重視するあまり, 既存店のサービス強化が置き去りにされ, FCオーナーと本部との連携が十分な状態ではなかったが, 店舗のサポートに注力したことで, FCオーナーとの連携が強化された ⇒既存店の配食数が拡大, 出店に伴う加盟金頼みの収益構造から, 恒常的な利益をベースとした収益構造に転換
	選択と集中	■「高齢者向けの配送」を事業のコアとして再定義, 店舗型である中食事業から撤退し, 高齢者施設向け食材販売にリソースをシフト ⇒当時実行から5年間で, 会社の売上高は約2倍, EBITDAは3倍まで伸長
エグジット	事業会社への株式譲渡	■組織強化が図れたタイミングを見て, 中高年向け商品・サービスの開発など, 社会構造の変化に対応した成長戦略を打ち出していたファミリーマート社をパートナーとして選定し, 株式譲渡 ■ファミリーマートへの株式譲渡後も, 創業社長が事業を牽引, 売上高100億円を達成（2019/2期)

（出所）ベーシック・キャピタル・マネジメント作成

ときがあります。今のバイアウト・ファンドのもとで経営するのはよい機会だけれども，そのバイアウト・ファンドがエグジットした後に「用無し」とされて経営者を辞めなければならないのでは，と不安視される場合があります。経営者が外部から招聘される場合のエグジット時の扱いはどのようになっているのでしょうか。

永見：招聘した経営者がエグジット後も続投するかどうかは，まずはその方のお考え次第ではありますが，平たい言い方をすれば，その方のパフォーマンスも関係すると思います。先にお話ししたように，キャス・キャピタルは，エグジット時には経営陣の想いや対象会社の企業文化を尊重し，エグジット後も持続的な企業価値向上に向けて成長を後押しいただける譲渡先に厳選してバトンタッチをしています。弊社が外部から招聘した経営者の方々に関して言えば，一定のパフォーマンスを上げていれば，基本的にはそのまま続投するという合理性が成り立ちます。譲渡先において，うまくいっている会社に対して変に関与しようとする合理的な理由はないはずです。すべてが当てはまるわけではありませんが，基本的にそのような力学が働きます。

佐々木：そのとおりだと思います。また，株式上場によるエグジットの場合，バイアウト・ファンドよりも，むしろ会社の経営陣のほうが資本政策において主体的な立場に立つことになりますので，プロの経営者にとってはバイアウト・ファンドがいなくなった後こそが腕の見せどころということになります。完成車輸送のゼロの場合，日産から独立した後の株式上場が経営陣の願いでしたので，バイアウト・ファンドとしても株式上場を出口として念頭に置き外部から人材補強も行いましたが，上場後も主体的かつ積極的にご活躍されていました。

山本：あえてビジネスライクに申し上げれば，バトンタッチ先を最終的に決定するのはバイアウト・ファンドではありますが，その意思決定を一方的に行うのではなく，企業価値向上の観点からタイミングや方法，譲渡先について経営陣と対話しながら決定をされているという実態がよく理解できました。決定権は自らにありながらも，ぎりぎりまで対話や説明を大切にしておられる皆さんの姿勢にプロとしての誠意を感じます。そのようにして決定された譲渡先であれば，きっと投資先企業の経営陣や社員の方々も，新たな株主との出会いを

良きご縁として受け止められ得るのではないでしょうか。

■　将来展望 〜日本企業の活性化に向けて〜

　山本：最後に，子会社を多数保有している日本企業の経営者や独立を企図する子会社の経営者の皆様にメッセージをいただければと思います。

　佐々木：まずは子会社の経営者の方に向けてですが，かつては大企業から独立して一国一城の主になるといった前例は少なく，相当勇気が必要だったと思います。しかし，最近は，独立後の成功事例が増えてきたこともあって，自信を持ってチャレンジしてみたいと思う経営者も増えています。元来，子会社の経営陣は，株主である親会社に対して子会社を忠実に経営する義務（フィデューシャリー・デューティー）を負っているので，反対されるかもしれない独立を親会社に言い出すことはリスクが高いと思われがちですが，逆に言えば，親会社が戦略上事業ポートフォリオ整理を検討しているとか，あるいはやむにやまれない事情があるような場合，親会社に対して独立を提案することは親会社の利益にかなうという場合もあり得るわけです。

　一方で，子会社を多数保有している大企業側の経営者の方々にとっては，「コーポレートガバナンス・コード」や「スチュワードシップ・コード」の流れを受けて，ROE（自己資本利益率）の向上や事業ポートフォリオの最適化を検討することは通常の仕事になりつつあります。そのソリューションの一つとして，世間では子会社が独立する案件は増えていて，独立後もバイアウト・ファンドと一緒にうまく成長に向けて取り組んでいる事例が多数存在するという認識を持っていただき，ぜひバイアウト・ファンドの活用を前向きに考えていただきたいと考えております。

　永見：私の「肌感覚」ですが，10年前と比べて，バイアウト・ファンドの活用を真剣に検討される経営者の数は，確実に増えていると思います。今回，事例としてあげたキンレイの案件では，グループ全体の経営資源の最適化，子会社経営陣の独立といった点に焦点が当たりますが，直近で弊社がお手伝いした案件では，後継者にすべてのグループ企業を譲るのではなく，会社分割の手法を用いて一部の事業会社は外部のバイアウト・ファンドに譲渡し，結果として，

事業承継の課題も同時に解決する企業再編の事例もありました。このように，企業が抱える課題は多岐にわたることから，今回のテーマである企業再編に関しても，それぞれの事情に即して，丁寧にカスタムメイドしていくプロセスが重要になると考えています。

　バイアウト・ファンドの存在意義として，流動性を提供するということがあげられます。資金や経営人材などの経営資源を提供することだけではなく，今までやりたくてもできなかったことを実行するというリセット期間や時間を提供するということも含まれます。年間1〜2件の新規案件を実行して1件ずつ丁寧に取り組んでいますが，件数にこだわらずに，案件の質にこだわって取り組んでいきたいと思います。バイアウト・ファンドの認知度が徐々に高まっている中，事業再編においてバイアウトという選択ができるということは，非常に社会にとって好ましいことだと思います。弊社の特徴に関心を持っていただければ，ぜひ喜んで意見交換させていただきたいと思っております。

　金田：「選択と集中」という言葉が独り歩きすると，コングロマリット経営が否定されてしまうかもしれませんが，言うまでもなく，子会社を多数保有していること自体が問題ではありません。事業を生み出すための子会社を多く展開されることは日本経済発展のために非常に重要なことだと思います。

　一方，現在の国内環境を見ると，成熟期を迎えた事業が多く，またビジネス環境が目まぐるしく変化する時代において，事業ポートフォリオを組み換えることの重要性が一層増していることは事実で，その一手段として戦略的売却の有効性は高まっていると思います。

　子会社にとっても，大企業グループの傘下で安定した状況が長く続いてしまうと変化に耐えられなくなりますし，情報社会化が加速度的に進む昨今，変化に弱いことは致命傷になります。

　海外では，事業再編の触媒としてのバイアウト・ファンドの位置づけが確立されていますが，国内でも20年近い年月を経て，バイアウトの好事例が増え，安心して活用いただける体制が整ってきています。また，大型案件が目立っていますが，中小規模の案件にもポテンシャルは多いと感じています。大企業グループ傘下にあると目立たなくても，独立してみるとニッチトップとしてさらなる飛躍を遂げることのできる企業も多いです。弊社が手がけた中では，パナ

レーサーの案件が該当します。当社は，パナソニックグループの中では目立たない存在でしたが，国内の自転車タイヤメーカー市場ではトップ・プレーヤーという位置づけでした。そのような事業にも積極的に投資を行っていきたいと思っていますので，ぜひ活用していただければ幸いです。

　山本：過去20年で産業界は大きく変化してきましたが，20年後にはシンギュラリティの時代が到来するといわれる例にしても，これからの20年は世界がこれまでにない変化に見舞われるということを経営者の皆様はひしひしと感じておられると思います。企業はそれぞれ変わっていかなくてはなりませんが，20年前と今との違いは，企業変革に寄り添ってともに改革に取り組むバイアウト・ファンドというパートナーが産業のインフラとして存在することです。そして，既にバイアウト・ファンドの力を活用して自己革新を成し遂げて力強く発展をしている企業の事例が数多く生まれています。長く続いてきた企業が変化することは簡単ではないかもしれませんが，これらの事例を見れば歴史ある企業も変われるということがわかります。数多くの企業が自ら生まれ変わって発展していく希望ある未来を思い描いて，この座談会を終えたいと思います。本日は貴重なお時間をいただきまして，誠にありがとうございました。

佐々木康二氏略歴

東京海上キャピタル株式会社（現ティーキャピタルパートナーズ株式会社）取締役社長 マネージング・パートナー
1985年九州大学法学部卒業。1994年ペンシルバニア大学ウォートンスクールMBA取得。1985年，株式会社日本長期信用銀行（現株式会社新生銀行）入行後，法務部門，M&Aアドバイザリー業務部門，香港支店にて勤務。1998年，東京海上キャピタル株式会社に参画し，バイアウト投資チームの立ち上げと投資業務に従事。2019年10月，同社親会社である東京海上日動火災保険株式会社からのMBO実行により新体制となったティーキャピタルパートナーズ株式会社にて引き続き取締役社長 マネージング・パートナーに就任。

永見隆幸氏略歴

キャス・キャピタル株式会社 取締役パートナー
監査法人トーマツ（現有限責任監査法人トーマツ）に入社後，法定監査のほか，M&Aにおける財務アドバイザリー業務やデューデリジェンス業務に携わる。その後，株式会社MKSパートナーズに参画。バイアウト投資を通じ，投資先の価値創造に取り組む。

金田欧奈氏略歴

ベーシック・キャピタル・マネジメント株式会社 代表取締役パートナー
東京工業大学工学部卒業。デロイトトーマツコンサルティング株式会社（現アビームコンサ
ルティング株式会社）入社後，戦略ファイナンス事業部にて，M&A コンサルティング業に
従事。2006年にベーシック・キャピタル・マネジメント株式会社に参画し，事業承継支援，
ベンチャー企業の成長支援，老舗企業の再生支援，子会社カーブアウト独立支援など，さま
ざまな課題を持つ企業への投資および経営支援を主導。メーカー，小売，サービス，フラン
チャイズ・チェーンなど，幅広い業種での経営経験を有する。2018年に代表取締役就任。米
国公認会計士。

山本恵亮氏略歴

アンテロープキャリアコンサルティング株式会社 取締役
同志社大学商学部卒業。大手人材ファームにて，金融とテクノロジー業界を担当後，渡米。
米国現地法人の事業開発マネージャーとして，新規事業の立上げに取り組み事業基盤を確立
させる。2004年4月にアンテロープキャリアコンサルティング株式会社参画。バイアウト・
ファンド（およびその投資先企業の経営関連職），投資銀行，経営コンサルティング・ファー
ムなどに対してプロフェッショナル人材の採用を支援しており，数百名にのぼる採用を手が
けてきた。1級キャリアコンサルティング技能士。

事例と経営者インタビュー

第4章 MBOにおけるバイアウト・ファンドの役割とハンズオン経営支援の事例紹介
──フェニックスインターナショナルの取り組み──

アント・キャピタル・パートナーズ株式会社
プライベート・エクイティ投資グループ
ディレクター　**尾又康介**
ディレクター　**野呂瀬和樹**
プリンシパル　**山田真也**

はじめに

　アント・キャピタル・パートナーズ株式会社（以下，「アント」という）は，2018年12月にフェニックス経営陣による親会社からの独立，いわゆるマネジメント・バイアウト（MBO）に伴う事業再編を支援する形で当社に資本参加した。事業再編およびバイアウトをご検討の経営者・経営陣そして部門長クラスの方々にとって，具体的な実務や現場におけるバイアウト・ファンドの取り組みについてご理解いただくきっかけになれば幸いである。

　なお，アントは2000年に設立され，気骨のハンズオン支援で企業価値向上を目指す「バイアウト投資（プライベート・エクイティ投資グループ）」と資本構成の再構築を支援する「セカンダリー投資（セカンダリー投資グループ）」により，事業承継などの中堅・中小企業が抱えるさまざまなニーズに対応する投資会社である。

　本稿では，親会社企業グループの子会社カーブアウトおよび当該子会社経営陣によるMBOを伴うバイアウト案件におけるハンズオン経営支援の事例として株式会社フェニックスインターナショナル（以下，「フェニックス」という）について紹介する。

1 ｜ 会社概要および沿革

(1) 会社概要

　フェニックスは，ニット・レザーアイテムを中心としたアパレル商材の
OEM・ODM事業において40年の歴史を持つ老舗であり，百貨店ブランドから
セレクトショップに至る幅広い顧客網と，高品質なものづくりを実現する生産
背景を有する稀有な会社である。アパレル業界における"縁の下の力持ち"と
して，ものづくりに対して真摯に取り組んできた実績があり，きっと読者の
方々も実はフェニックスが生産した洋服を1着2着持っているのではないかと
思う。

図表4-1　会社概要

会社名	株式会社フェニックスインターナショナル
所在地	＜東京オフィス＞ 〒150-0013 東京都渋谷区恵比寿2-36-13 広尾MTRビル6F ＜蘇州オフィス＞ 〒215101 江蘇省苏州呉中区木涜鎮珠江南路209号C座3楼西301室
資本金	7,330万円
役員	代表取締役 脇坂大樹　取締役 元田貴夫　その他
社員数	96名（蘇州オフィス含む）
事業内容	衣料品（ニット，カットソー，布帛，レザー）繊維および雑貨の企画 ・製造・輸出入・卸売
工場背景	Suzhou Dima Knitting Co.,Ltd., Suzhou Changma Knitting Co.,Ltd., Chongqing Kita Knitting Co.,Ltd., Suzhou Real Fashion Co.,Ltd., Suzhou Idea Spinning Co.,Ltd., Shanghai Fit Fashion Co.,Ltd., Sato Co.,Ltd（Japan）, Try Niy Ltd.（Japan）

（出所）フェニックスインターナショナル

フェニックスインターナショナルのニットウェア

(2) 沿革

　フェニックスは，1980年の設立後，1992年に業界でいち早く中国蘇州における自社生産背景を確立，1997年には布帛・レザー素材のOEM事業も立ち上げ，2001年の中国自社生産背景拡充，2005年の中国自社検品工場設立およびプライベートブランドの立ち上げなどを経て，ニットウェアを中心とするOEM・ODMの領域で日本国内における業界内の地位を確立した。2010年Li & Fung Groupに参画し，2015年にForward Apparel Limitedに社名変更，その後2018～2019年にかけバイアウト・ファンドと組みLi & Fung Groupから独立し本

図表 4 - 2　沿革

1980年	会社設立
1992年	中国で自社工場Dimaを設立
1993年	本社を恵比寿へ移転
1997年	布帛・レザー素材のOEM事業を開始
2001年	中国の生産拠点を拡大（Changma設立）
2005年	検品専門工場Real，素材開発子会社Ideaを設立 プライベートブランド「SIDE SLOPE」事業を開始
2010年	Li & Fung Groupへ参画
2015年	Forward Apparel Limitedに社名変更
2018～2019年	MBO独立，再びフェニックスに社名変更，本社を広尾へ移転

（出所）フェニックスインターナショナル

社を移転，旧社名のフェニックスインターナショナルに戻し新しいスタートを切っている。

図表4-3 ニットウェアものづくりの基本工程イメージ

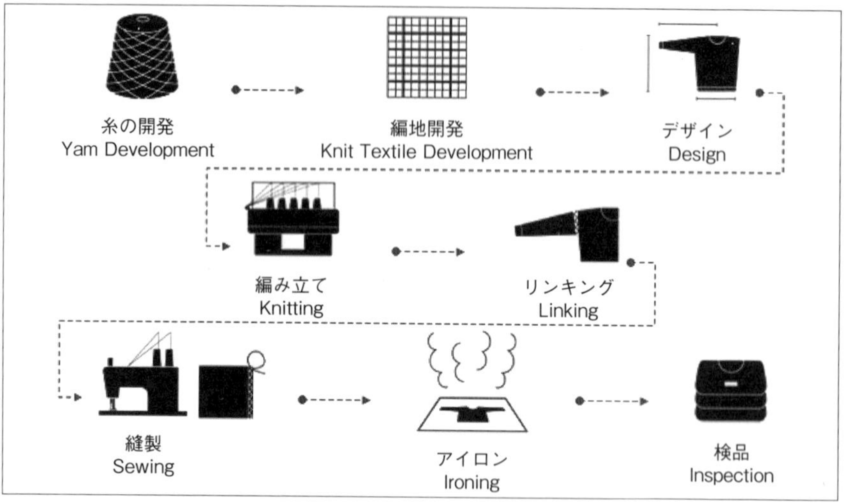

（出所）フェニックスインターナショナル

図表4-4 主要OEM・ODM先

（出所）フェニックスインターナショナル

2 ｜ 案件の背景・意義

(1) フェニックスインターナショナルの独立までの経緯

　フェニックスのMBOは，香港にあるアントの関連パートナー会社Ant Global Partners（HK）Limited代表パートナー　ジョン・チャック氏と某日系アパレル企業役員A氏とのディスカッションから生まれたと言っても過言ではない。ジョンとA氏は20年以上にわたる知己であり，折に触れアパレルおよびファッションブランド業界におけるプライベート・エクイティ投資機会について意見交換を行ってきた。

　遡ること2017年の冬，ジョンは久しぶりにA氏に会うと，その日はA氏からある相談を受けた。その内容は，「中国資本のコングロマリットにおいて，ニットウェアを主軸とするOEM・ODM事業を統括しているA氏の知人が独立を検討しており，その知人にどのような選択肢があり得るか教えてほしい」というものであった。ジョンは，以前（1999年）自身のソフトウエア会社を米国の大手半導体関連会社に売却した際の経験をもとに助言をした。

　その後，知人にジョンからのアドバイスを話したA氏は，2018年1月に再びジョンと会うことになる。A氏によると，実はその知人の会社はA氏の会社のサプライヤーの1社であり，近い将来オーナーが変わる可能性があるのだという。ジョンは，A氏から再度相談を受けた。「仮に，新しいオーナーへの売却プロセスがうまくいかない場合，またはその知人が新しいオーナーとうまくいかない場合，法的にどんな面倒なことが起こり得るのか，ジョンから直接アドバイスしてほしい」。2018年2月，A氏立会いのもと，ジョンは後にMBOでフェニックスの代表取締役社長となる脇坂氏と初めて出会う。脇坂氏の属する会社は香港の大手商社Li & Fung Groupの一員であった。実は，脇坂氏は2016年10月頃からLi & Fung Groupからの独立を考え始めており，2017年4月に脇坂氏よりLi & Fung Groupに独立の意向を伝え，それを受けLi & Fung Groupは脇坂氏率いる事業の売却を検討していたのである。

　しかしながら，Li & Fung Groupと新しいオーナー候補との交渉はなかなかまとまらなかった。脇坂氏は，また別の新たなオーナー候補への売却プロセス

に乗るのではなく，Li & Fung Group から独立して今の事業を続ける方策を探していた。ジョンは，脇坂氏に想定されるリーガルリスクを大まかに説明しつつ，友好的な打開策の一案としてバイアウト・ファンドを活用したMBOという選択肢を提案した。翌月，ジョンと脇坂氏はMBOについてより詳細に話し合い，脇坂氏のフェニックスで実現したい理想や経営ビジョン，アントのプライベート・エクイティ投資実績やハンズオン経営支援ポリシーなどを双方語り合い，お互いのケミストリーを確認し合っていった。

　偶然にも，Li & Fung Group で脇坂氏の属する事業の売却を指揮していたのは，ジョンの25年来の親友（B氏）でもあった。B氏は，脇坂氏のものづくりに対するこだわりをよく理解しており，脇坂氏率いる事業の最適な引き取り手を探していた。B氏はアントと出会う前に他の引き受け先候補と交渉してきたが，脇坂氏と息の合いそうな理想のパートナーはなかなか見つからず，ちょうどそこへ脇坂氏のビジョンを尊重しハンズオン経営支援に重きを置くアントが現れた形となった。Li & Fung Group からのフェニックスのMBOはこうして実現したのである。

　A氏がつないでくれた縁，A氏による脇坂氏およびフェニックス社員への精神的なサポート，そして売手のキーパーソンであるB氏によるフェアなバイアウト実行支援のもと，2019年1月新生フェニックスが誕生する。

(2) ディール実行

　フェニックスの事業はLi & Fung Group 内で複数の子会社に機能がまたがっていたため，主としてフロント業務を担う子会社の株式を譲り受けるとともに，譲渡対象外の子会社よりヒトや事業を譲り受けるスキームとなった。また，管理部機能の大半はバイアウト後の新体制において新たに構築することとし，クロージング後一定期間はLi & Fung Group から管理部機能の継続サポートを受けるアレンジをした。

　フェニックスの主要株主構成は，新経営陣とアントであり，新経営陣にとっては今回のMBOを機に初めて自分の会社に出資することとなるため，共同出資の枠組みや諸条件などを新経営陣が完全に理解し納得するまでじっくり丁寧に説明していった。経営委任の枠組みや報酬を含めた各種取り決めについても

然りである。

　独立を機に心機一転新しいスタートを切るにあたって可能な限りあらゆるアレンジもしていった。お客様との距離の近い立地に本社を移転し，社名もアパレル業界でより知名度の高かった旧社名のフェニックスインターナショナルに戻し，デザイナー出身でもある脇坂氏のセンスを発揮して働きやすさを追求した斬新なデザイン（天井が空の青，床が芝の緑，壁は木の茶）の新オフィスとなった。特に，脇坂氏がフェニックス創設者と複数回にわたって掛け合った結果フェニックスという名前を復活できたことで，フェニックスが積み上げてきた歴史のバトンをつなぐ再スタートとなったことの意味は大きい。そして，新しいスタートに合わせ，会社ホームページも刷新した。そこには，フェニックスの価値観，強み，こだわりがぎっしりと詰まっている。アパレル業界において，かくも豊富な特徴を有し，それをここまで惜しげもなく開示しているホームページは珍しい。

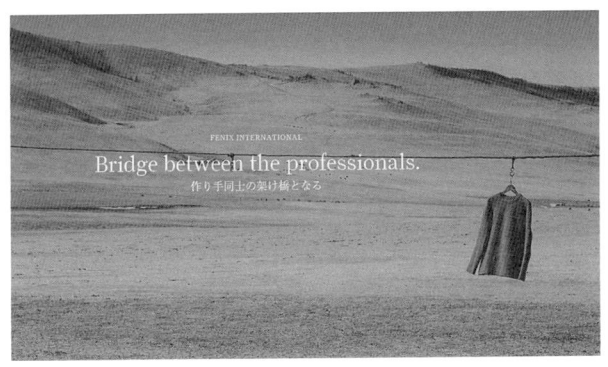

フェニックスインターナショナルの新 Web サイト（https://fenixtyo.com/）のトップページ

広尾新本社オフィスと広尾新ショールーム

3 │ 独立に伴う支援

（1）親会社からの独立に伴う支援内容

　親会社を有する企業のバイアウト案件やカーブアウトを伴う案件において頻繁に課題となるのが，独立後の新会社に不足している機能の構築・整備である。従前グループ全体の効率化の観点から親会社などに集約されていた本社機能は，バイアウト実行後は自前で構築・確立する必要がある。これはフェニックスにおいても例外ではなく，これまで管理機能・業務システムはLi & Fung Groupの機能・システムを業務委託の形で利用していたため，バイアウトにあたり新規での構築が必要となった。また，銀行との取引においても，親会社の信用のもとでの取引とは諸条件が変わってくる可能性もあるため，バイアウト後の取引継続については事前の緊密な調整が必要となる。

　バイアウト実行後，一定期間は旧親会社から不足機能の提供サポートを受けることはこの種の案件においてよく見られるが，サポート期間は限定されることが多く，その間に体制整備を進める必要がある。期間が限定されている分，いかにスピード感を持って体制構築を進められるかがポイントとなってくる。

　MBOを行う経営陣は，事業に関する豊富な経験・ノウハウを有しているものの，このような管理機能などの構築・整備の経験は少なく，滞りが生じることも多い。過去に数多くの投資先の経営支援を行ってきたアントでは，投資先の経営管理体制の構築・整備にかかるノウハウを有しており，親会社からの独立にかかる案件やカーブアウトを伴う案件における投資先のスムーズな独立に向けた支援を行うことが可能である。フェニックスに対しても，アントが過去30社以上の投資先の経営支援で培ったノウハウをもとに管理機能などの構築・整備をサポートしている。以下，具体的な支援内容を紹介する。

①　体制整備

　フェニックスには前述のとおり管理部門がほぼ存在しなかったため，当該人員の旧親会社管理部門からの移籍アレンジや採用活動から着手した。最初に，最も重要となる管理部の中核を担う責任者の選定から手をつけた。中国子会社

の管理を含む管理部門の新規立ち上げを担い，新経営陣との密な連携も必要となるため，非常に重要な人選となる。フェニックスの社風に合うだけでなく，部署立ち上げという困難な業務を遂行するに足る経験を有する人物が望ましい。本件においては，エージェント経由で採用募集をかけるのではなく，アントのネットワークの中から，フェニックスの経営陣とのケミストリーをしっかりと確認し選定していった。その後は必要な人材，年齢構成などの要件定義を行ったうえで，社員の採用活動も進め，独立から2ヵ月程度で体制整備に目途をつけた。

　独立後5ヵ月が経ち，新設の管理部はフロント部門との軋轢もなく業務運営が徐々に巡航速度で回り始めている。

②　銀行取引

　フェニックスはアパレル商材のOEM・ODM事業を行っていることから輸出入関連業務が多く，銀行との取引においても一般的な運転資金の確保に加え，為替予約や信用状取引，関税延納保証などの多岐にわたる貿易金融取引が存在する。もともと，Li & Fung Groupの子会社であったフェニックスには複数の銀行との取引が存在したが，その中の1行は原則日本国内資本のみの会社とは取引を行わないという取引基準を持っており，取引を終了せざるを得なかった。

　これに伴い，Li & Fung Groupと連携し，アント主導でフェニックスのほか既存取引銀行との協議を開始した。アントから既存取引銀行に対して独立の背景・意義を丁寧に説明し，主要メンバーはすべて継続従事すること，ビジネス・業務の実態も変わらないこと，フェニックスの生産背景や品質管理体制などの特徴や強みをきちんと説明していくことで，独立後も従来と同等の条件での銀行取引を実現した。フェニックスの事業特性上，銀行との取引条件の変更は実務的に相応のインパクトが想定されたが，銀行側の事情や懸念事項も理解したうえで丁寧に対応することで，ビジネスに悪影響を与えることなく進めることができている。

③　人事関連業務の切り出し

　次いで，人事関連業務についてだが，ここでも新たに人事業務担当者をフェ

ニックスメンバーの中から選任したうえで業務の引き継ぎを行うこととなった。まずは，給与計算から支払いに至る業務を間違いなく運営できる体制の構築を最優先としたが，担当者も初めての人事業務ということもあり，外部の給与関連業務の専門受託業者を活用することとした。委託にかかる業務スコープの設定や業務フローの綿密な打ち合わせ，さらには委託料などの契約条件の交渉をはじめ，給与関連業務が軌道に乗るまでの導入をアントが支援した。現在では，人事担当者が直接受託業者と連絡を取り，遅滞なく給与支払いが行える体制が整備されている。

　また，足元では昨今重視されている働き方改革，労務管理の強化を起点とした生産性の改善に向けた施策を開始している。これまでは勤怠管理においても，残業の事前申請が厳密には行われておらず，管理者が月末にまとめて課員の勤怠状況を確認していたため，月末になって初めて課員の残業実態が判明し，適時適切な対策を打つことが難しい状況であった。こういった状況をふまえ，フェニックスでは勤怠管理システムを導入し，日々の勤怠管理をクラウドシステム上で行う環境が整備された。これにより残業の事前申請が行われ，翌日には管理者が全課員の実際の残業時間を確認できる状況となったため，単純な残業時間の管理にとどまらず，従業員の業務負荷，リソース配分にかかる実態をタイムリーに把握できるようになった。業務実態を把握することで，管理者も課員の状況をより明確に把握できるようになり，また現場メンバーにおいても時間管理の意識が身につく中で，当初想定以上に生産性の意識改革につながっているという声も聞こえ始めている。

　今後は，当該システム導入により見える化されたデータを参考に，会社全体での業務負荷の高い業務の特定・効率化につなげ，さらには会社全体のリソース配分の検討材料としていきたいと考えている。

④　ITシステムの構築

　最後にITシステムの構築だが，親会社からの独立を伴うバイアウトにおいて最も費用・時間がかかるものの一つがこのITシステムの構築であると思われる。フェニックスにおいては幸いIT専任のメンバーが存在したため，当該専任担当者と連携しながら，独立後のITシステムの検討を行っていった。

　アントはAI・DX支援室という組織を有し，投資先企業のITシステム関連全般にわたる支援や人工知能を活用したIoT戦略の構築支援を行うITのエキスパートが在籍している。過去には，投資先企業の社内インフラ構築やデータ整備の自動化をはじめとした多様な支援を進めているが，本件ではITシステムの内容やフェニックスの業務特性をふまえたITシステムの要件定義については専任担当者が検討を行いつつ，最新のテクノロジー動向の情報提供や検討内容に対するアドバイス提供をAI・DX支援室にて実施するという役割分担でフェニックスのあるべきITシステムの検討を進めた。

　基幹システムは一度構築に取りかかると費用も時間もかかり，失敗するとやり直しが効かない事項でもあるため，慎重を期して協議を進めることとなった。その中で，アパレル業界に特化したパッケージシステムの導入など，複数の選択肢を比較検討することとなったが，最終的に導入スピードと安定稼働を優先し，Li & Fung Group傘下に入る前まで使用していた旧基幹システムを復活させることとなった。この協議を行う中で，当初オンプレミスの形での復活を予定していたものが，より一層の安定稼働を重視するという方向性が明確となり，クラウド型での運用を実施することとなるなどのブラッシュアップを行い，現在は稼働に向けた最終調整を行っている。

(2) 経営体制の構築

　以降はバイアウトだけではなく，いずれの会社においても共通する内容である経営体制の構築について，アントが新経営陣と協力して進めている事例を一部紹介する。

① 職務権限規程の整備

　これまで明確な運用がなされていなかった職務権限規程および各種規程類・申請書類について整備を進めている。この導入において肝要になるのは，いたずらにルールを増やし，承認プロセスを必要以上に多層化しないよう配慮をすることである。むしろ，日々の意思決定においてどこまで話を通せば良いのかを全社員が明確に理解し，不要な承認プロセスを排除することで意思決定のスピードを高め，権限移譲を促進することに主眼を置いている。一方で，重要な

事項については必要な承認プロセスを経るようにし，避けることのできた問題を未然に防止する効果を期待している。

　あらゆる施策においていえることだが，管理を厳しくするだけではなく，期待する効果を明確にし，経営陣とも密に協議を行ったうえで，必要十分な管理を行う体制を整備していくことを常に心がけて導入を進めている。

②　中期経営計画の策定

　まず，フェニックスの現場に入り驚いたことが，ビジョン・会社風土の浸透とモチベーションの高さである。会社全体がものづくりへの強いこだわりを持ち，品質や納期を遵守し安心・安全のものづくりを実践するため，不断の改善に真剣に取り組んでいる。一方で，会社全体のビジョンや方向性は理解しているものの，いかにして目指す姿に近づいていくかの具体的なアクションまで腹落ちして実行しきれていないように感じられる部分もある。

　足元中期経営計画の検討を開始し，経営陣と協議を行っているところではあるが，全社員が同一の方向性に向かって具体的なアクションにまで落とし込むことができれば，フェニックスは爆発的な力を発揮する可能性を秘めている。いかにしてビジョンを現場に浸透させ，どう到達していき，他商社との差別化を図っていくその戦略を考え，実行・モニタリングしていく体制を構築するか，アントに期待されている役割である。

③　人事評価制度改革

　中期経営計画とも連動する内容となるが，人事評価制度の改革にも着手している。社員の評価基準や評価方法，結果に対するフィードバックや昇降格などが，これまではLi & Fung Group全体の大きな枠組みの中で設計・運用されていたため，現場としては何を実践したら評価されキャリアが上がっていくのか，そしてそれがどのように給与や賞与につながるのかが不明確であった。これに対し，人事制度改革の専門アドバイザーを起用し，フェアで透明性の高い評価基準を設計し，成果を出した社員が適切に評価される仕組みづくりに取り組んでいる。

　その際に，新人事制度単体で検討を進めるのではなく，会社ビジョンや中期

経営計画から営業・生産戦略まですべての経営施策が有機的に結びついた経営体制を構築したうえで，これに対して人事評価制度が全社員の経営施策の遂行を直接的に後押しする仕組みの構築を目指している。実際に日々の事業運営を実践しているのは現場のメンバーである。そこで現場が真に納得感を持ち，精力的に経営施策の遂行に邁進していくようになるために，成果に対してフェアに報いる体制とすること，そしてその成果を測る指標が会社のビジョンや戦略と完全に合致していることを肝に銘じながら設計を進めている。

4 │ 改革の打ち手

(1) 経営支援の体制・方針

　アントは，投資先企業の経営支援において「気骨のハンズオン」を理念として掲げている。これは単なる社外取締役や株主としての立場から経営改善の提案や要求をするにとどまらず，原則アントメンバーが投資先企業に常駐または半常駐し，経営メンバーとしてだけでなく，オペレーションの現場の一員として通常業務の奥深くまで関与し，ともに汗を流すパートナーとして支援を行うことを意味している。

　投資前のデューデリジェンスを通じて経営陣の方々と会社の進むべき方向性や現状の課題などについて密に議論を行っていたため，アントが支援させていただくべきポイントについては事前に概ね把握することができていた。しかし，アントでは，投資実行直後から各種施策を性急に実行に移すのではなく，まずは時間をかけて会社の内情をより詳細に把握することに努めることを方針としている。経営陣の立場からだけでは会社のすべてが見えているとは限らず，良くも悪くも見落としている点や認識が誤っている点が存在することがある。フェニックスにおいては全社員と個別に面談し，各人の業務内容や直面している課題，経営陣やアントに対する要望などについて詳しく話を聞くことに徹した。さらに，あらゆる部門・階層の社内ミーティングに同席することで，事業が実際どのように動いているのかを理解した。このように，投資前の経営陣の方々との議論だけではわからなかった会社の状況や社員個々人の人柄までしっ

かり把握することが，その後の協力体制の構築や投資先企業に本当に適した改革活動やその実行計画を策定するうえで極めて重要になってくる。

　40年の歴史で培われたフェニックスの強みを活かしつつ，次の成長シナリオの策定と実行を支援していくのがアントに課された役割である。デューデリジェンスや前述の社員面談などを通じて，会社のさらなる成長を実現するために取り組むべきさまざまな課題やチャンスが明らかになり，役職員の皆様とともに改革をスタートさせた。以下，進行中の具体的な経営支援の施策を紹介する。

(2) 営業サイドの改革

　フェニックスの営業は，いわゆる「販売活動」の枠には収まらない。顧客であるアパレルブランドのマーチャンダイザーやデザイナーに対する糸・編地・革といった素材の提案から始まり，企画・デザインを顧客とともに作り込み，社内の生産部や中国の協力工場とやり取りしてサンプルを仕上げ，顧客からバルク生産の依頼を得て初めて受注に至る。しかし，案件はそこで終わらず，受注したアイテムが予定どおりの品質・納期で顧客にデリバリーされるまでの工程を広く管理し，途中でトラブルが発生すれば直ちに問題解決に取り組むことが求められるなど，極めて高度なプロジェクトマネジメントを日々行っている部隊である。現在営業部は20名強の陣容で約100（うち，ニットウェア分野で約70）のブランド向けに提案活動をしており，全アイテムトータルで年間2,000件以上の案件を受注し，上記対応を行っている。

　フェニックスの営業部は，1人ひとりが多職種を担えるプロフェッショナルであることが強みである一方で，個々人が独自のノウハウやスタイルで動いていることから，組織としての本来の強さを発揮しきれずにいるのが目下の課題であった。アントとしては，既に個々人の人材レベルが極めて高いことをふまえ，縦横の連携を強めることで"組織力"を高めることにプライオリティを置くこととした。また，社内に点在するさまざまな定量データ・定性データを活用可能な形で整理・分析し，より科学的かつ効率的な営業活動が行えるような体制整備に取り組んでいる。以下に，その取り組みのいくつかを紹介する。

①　営業活動のデータドリブン化

　まず取り組んでいるのが，社内に蓄積された営業活動にかかる膨大な数値データの有効活用である。従前よりフェニックスでは，すべての顧客ブランドにおけるアイテム別の受注状況をデータとして集計し，各メンバーの営業活動をモニタリングする業務フローが構築されていた。しかし，集計したデータを分析し，時系列比較や横比較などによってブランドごとの傾向をあぶり出し，より重点的な営業活動を行うべきブランドを絞り込むなどの取り組みは十分に実施できていなかった。ブランドごとの特性や傾向については各メンバーの頭の中に情報が蓄積されているが，それらを数値データと紐づけて戦略・戦術へと落とし込み，かつそれを組織内で共有することで，既存顧客に対する営業活動の精度をさらに高めていくことができると期待される。

　もちろんアパレル商材の営業活動においては，単なる数値に基づいたアクションだけでなく，トレンドや顧客ブランドのMDやデザイナーの嗜好など，データ化することが極めて困難な要素も合わせて考えていく必要があることはいうまでもない。だからこそ，数値・データで対応できる部分はそれを徹底することで，各メンバーが独自の経験やセンスによるプラスアルファの付加価値の創出がしやすいように環境を整えることが重要である。

　アントとしては，まずは社内に存在するデータの整理と，分析軸の設計，日々のモニタリングへの落とし込みを行ってきた。また，それらの分析結果を各種営業ミーティングで活用していくことで，徐々にデータに基づいた議論や行動が浸透するよう取り組んでいる。今後は各種クラウドサービスや営業支援システムなどのツールも導入・活用することによって，アパレル業界における最も先進的かつ有力な営業チームの実現を目指している。

②　営業プロセスの見える化・効率化・標準化

　次に，メンバー個々人の持つ顧客情報や営業ノウハウ，素材やデザイン，さらには生産技術に関する知識などを体系的に整理・共有し，誰もが一様に高いレベルの営業活動を行えるよう標準化を進めることが求められている。その第一ステップとして，各メンバーが日々それぞれの担当顧客ブランドに対してどのような提案活動を行い，顧客からはどのような要望やフィードバックをいた

だいたのかといった情報を効率的に共有するためのフローを整備している。まずは，社内ミーティングの設計や資料フォームの整備などから始めるが，前述の各種ツールを活用することも有効である。このような取り組みを進めていくと，意外にもすぐ隣に座っている同僚の持つノウハウや情報を初めて知り，驚かされることが少なくない。

また，これまでフェニックスでは，部下は上司と仕事をする中で自ら技を盗むという職人的なスタイルの人材育成が行われてきており，結果的に強い個人が育つ一方で，組織的な効率性を追求しきれずにいた。今後は，職人的人材育成の良さを残しつつも，普遍的なスキル・知識をカリキュラム的に整備し，各人の成長・昇進のステップの中で，どの段階でどのようなスキル・知識を習得していかなければならないのかを体系的にまとめ，それらの習得を促していくような仕組みを人事制度に取り入れていく予定である。

あわせて考えなければならないのが，社内資料やミーティングを過度に増やすことで煩雑になり，管理業務ばかりに時間を費やしてしまうリスクである。あくまでも主目的は業務を標準化・効率化することで無駄を省き，本質的に重要な顧客対応やクリエイティブな業務に費やす時間を増やしていくことである。そのためには，常に日常業務に潜む非効率に目を光らせ，ものによってはアウトソースや自動化システムなどを活用することで手間を減らしていく不断の改善活動が不可欠である。

(3) 生産サイドの改革

前述のとおり，フェニックスはOEM・ODMの会社ではあるが，実態は極めてものづくりの会社に近い。工場の持つ技術や工具・生産体制，そして編み機と多岐にわたる造詣の深さ，その無限ともいえる組み合わせで顧客のニットウェアに求める微妙な風合いのニュアンスを実現するのがフェニックスのビジネスモデルの特徴であり提供価値である。当然ながら，ニットウェアの原料である糸の知識や調達ネットワークの絶え間なきブラッシュアップもフェニックスの競争力の源泉となっている。そのうえで，いわゆる納期管理や価格など，顧客の求める多様な条件を満たしていく。生産管理のプロセス一つとっても，ユニークである。毎日委託先の工場にヒトを派遣し生産状況を担当者が自分の

目で見て確認，何か問題が生じていればその場で工場と一緒に解決策を考え，必要に応じて顧客にも速やかに共有のうえ対処していく。そして，どこよりも厳しい第三者検品機能を内製化し，品質の担保になみなみならぬこだわりを貫いている。それゆえフェニックスのニットウェアは決して安くはないが，顧客にとって低返品率という一見見落とされがちな経済価値も提供してきた。単に価格だけで勝負するのではなく，ニットウェアを通じて世界的にも品質に厳しい日本の消費者のスタンダードを引き上げていき"人生を豊かにするニット"を提供する，それがフェニックスのDNAである。

　フェニックスの生産部門は，フェニックスの競争力の源泉ともいえるものづくりの部分を支える専門家集団である。アントが経営参画する以前より，フェニックスの東京本社では自主的にさまざまな改善活動が行われており，適宜アントとしてもサポートをしていくつもりだ。しかしながら，フェニックスは日本国外の生産背景を中心としており，クロスボーダー業務連携における改善余地には手つかずであるものも多く，また日本国外における企業価値の源泉にさらなる磨きをかけていく取り組みにおいても社内リソースが不足している。アントによるフェニックスへの投資実行前より，フェニックスの新経営陣とは当該領域が最重要経営課題の一つであるとの共通認識を持てており，投資直後からフェニックスとアントが二人三脚で経営改善に取り組んでいる。以下に，その取り組みのいくつかを紹介する。

①　中国生産背景における改善

　フェニックスには中国に実質的な自社工場が二つある。30年以上にわたる長い取引関係の中で以前は資本関係があったが現在はなく，しかしながらまるで自社工場のような距離感で今もなお協働・連携できているため実質的な自社工場なのである。アントはフェニックスへの投資検討におけるデューデリジェンス段階から，フェニックスの最大の特徴である生産背景を工場生産ラインの外部専門家を使って生産性改善のポテンシャルを精査してきた。そして，当該改善余地とその経営課題上の優先度を新経営陣と協議し，アントによる経営参画後のフェニックスの企業価値向上に向けた打ち手のベクトルが合うことを新経営陣としっかり確認し合ったうえで投資意思決定を行っている。

　アントのネットワークを駆使してクロージング前から複数の外部専門家との協議を開始し，Day 1 より外部専門家を交えフェニックスの生産部門幹部および中国工場幹部と一緒に中国自社工場の改革に向けた多様な選択肢の検討を開始した。アパレル業界の中でも，ニットウェアはいまだに中国でなければ高品質な生産背景の担保が困難であり，また中国の生産背景にとことんこだわり続けてきたフェニックスにおいても，いまだその生産背景を十分に活かしきれてはいない。国も言語も文化も異なるクロスボーダーの協働，そのハンドリングの円滑化と効率化の追求は，従来徹底して自前主義を貫いてきたフェニックス単独での取り組みからアントも交えた二人三脚での共同事業により，スピーディかつドラスティックになっていくことをフェニックス新経営陣もアントも期待している。

②　チャイナプラスワン生産背景の確立

　百貨店が低迷しファストファッションやECが台頭する中，アパレル業界ではここ数年価格競争は激しさを増している。アパレルの生産背景は，中国から東南アジアへとシフトしつつあり，将来的にアフリカをラストリゾートとして見据える動きも出てきている。戦略なき価格勝負に走らないフェニックスにおいても，常に新しい生産背景を追求する取り組みは当然行われてきた。中国におけるアパレル生産は南北を含めた沿岸部が一般的で，フェニックスの生産背景もその例外ではないが，実はフェニックスは相対的に人件費の安い中国内陸部において高品質な日本向けニットウェア生産背景を確立したパイオニアでもある。

　フェニックスは中国の生産背景において比類なき高い品質管理基準を担保する仕組みを作り上げ，それをより低い生産コストの実現が見込める地域に展開する実績を一定程度有しており，今後はアントの海外ネットワーク（アントでは，投資先の海外展開などを支援する香港チームが存在し，彼らと連携することができるのがアントの強みの一つでもある）も使ってチャイナプラスワンの取り組みを検討していく予定である。そこでは，単なる闇雲なコスト削減の追求では大手競合他社との差別化に資する競争力の確立にはつながらない。狙うは，日本の中高価格帯市場で高い品質を徹底追求してきたフェニックスが作り

上げてきた生産管理ノウハウのクロスボーダー展開である。

中国の"自社"生産背景

5 ｜ 今後の展望

　フェニックスは今後も中高価格帯のニット・布帛・レザーアイテムの
OEM・ODMにおける提案力や技術力，そして価格対応力を高めていくことで，
この分野における圧倒的トッププレーヤーとなることを目指していく。オリジ
ナリティのある素材や企画を提案し，品質・納期に関する信頼性をさらに向上
させ，顧客であるアパレルブランドから頼られる存在になっていきたいと考え
ている。

　加えて，さらなる発展に向けた追求していきたいのが，小規模ながら海外展
開しているプライベートブランドのサイドスロープも活用した欧州を中心とし
た海外ブランドからのOEMの受注である。これまでは主に国内ブランドとの
取引に注力してきたが，フェニックスの技術力を評価する英国のブランドなど
からも既に引き合いが来ており，事業ポテンシャルはあると考えている。アン
トのネットワークで欧州のアパレル業界に精通した人材をアドバイザーとして
起用し，まずは英国とイタリアを手始めに営業活動を行っていく計画である。

また，国内外における同業や関連業種の会社を買収することも検討していく。商材や生産背景，顧客チャネルなどを相互に活用することで，非連続な成長を目指すことができると考えている。アントのソーシングネットワークや資金力，そしてM&AおよびPMI（post-merger integration）のノウハウが活かせるところである。

おわりに

　本稿執筆時点において，フェニックスへの投資実行後まだ5ヵ月が経過したところであり，独立企業としての体制整備には目途がついたところであるが，各種経営改革についてはまさにこれから本格化していくというフェーズである。フェニックスのメンバーは非常に気さくでオープンであり，会社として，そして個人としての課題や悩みも率直に話していただけることから，アントとして支援していくべき事項についても明確に認識することができている。それらを一つひとつ着実に実行していくことで，フェニックスの40年の歴史にさらなる栄光を積み重ねていけるよう尽力したい。

経営者インタビュー

新生フェニックスインターナショナルの誕生
～新たなステージを目指して～

株式会社フェニックス
インターナショナル
代表取締役
脇坂大樹氏

株式会社フェニックス
インターナショナル
取締役
元田貴夫氏

Q MBO（management buy-outs）を活用して親会社から独立するという方法が存在するということはご存じでしたでしょうか。また，バイアウト・ファンドという存在に対しては，もともとどのような印象を持っていましたでしょうか。

（脇坂）フェニックスインターナショナルの株式がLi & Fung Groupに売却されたのが2010年でしたが，その当時にも社員が株式を保有するというような話も出ていましたので，経営陣が株式を保有して独立するという手法があることは知っていました。ただし，バイアウト・ファンドを活用するというところや具体的なスキームまではイメージしていませんでしたので，どのようにしたら取得できるのかまでは理解していませんでした。

当時のバイアウト・ファンドの印象ですが，テレビで見た「ハゲタカ」でした。バイアウト・ファンドが日本企業に参画して成功しているのをあまり見聞きしたことがありませんでしたし，いろいろな中堅企業の株主として参画していることも知りませんでした。今回取り組むにあたっても，どちらかというとネガティブなイメージに捉えられてしまわないかという心配がありました。

Q アント・キャピタル・パートナーズのメンバーと最初に会った際に抱いた印象についてお教え願います。

（脇坂）最初に私が卓顯明（John H.M. Cheuck，以下，「ジョン」という）さんというアント・キャピタル・パートナーズの香港の関連会社のメンバーと会いました。お酒の席でしたので，アントと組もうと思って会ったわけではありませんが，実はこんなことを考えている，独立するためにはどんなリーガルリスクがあるのか，というお話しをしてアドバイスをもらいました。

　最初にアントと会った際の印象は，もともと思い描いていたファンドっぽくなかったです。他業種の事業会社と組んだような感覚を持ちまして，あまり金融の人という印象はなかったです。ロジカルな発想や数字面からのアプローチで，私たちの弱いところを補っていただけるパートナーというような感覚でした。

　その後，本格的なやり取りが進みましたが，ありきたりの質問ではなくて，自分たちのやりたいことに関心を示してくれましたので好印象でした。最初にすごく良いイメージだったのは，私が考える会社の将来像やビジョンの話をすごく熱心に聞いてくれたことです。ジョンさんに加え，途中から尾又康介さんにも加わっていただいて，以前のオーナーの傘下ではできなかったことについて，真剣に耳を傾けてくれました。本当にタイミングも含めて縁だったと思います。2018年2月にお会いして，2018年12月に参画いただきましたので，成立するまでのスピードはすごく早かったです。

　（元田）他の候補先からの質問は50項目くらいでしたが，アントは数百項目ありまして，非常に細かく分析されていて，この会社のことをよく知ろうとしている，と感じました。かつ，ビジネスの中身を数字だけではなく，多様な角度から検証し，投資案件として扱うべきなのかという点も見られていると感じました。ジョンさん，尾又さん，脇坂と私で食事をさせていただいて帰る際に，すごくフレンドリーな雰囲気で笑顔だったけれど，目が笑っていないな，人としてすごく見られているな，という話を脇坂とした記憶が強く残っています（笑）。

Q MBO後の体制構築は重要です。独立するにあたり，従業員の皆さんも含めて一体感を醸成するために工夫をしたことはありますでしょうか。

　（元田）Li & Fung Groupの傘下から出たいという意思は固まっていましたので，アントとの話が決まる前から独立に備えていろいろな準備をしていました。私たちだけで，会社の理念や信条を具現化して，一部の管理メンバーに共有し，将来こうなったら現場の社員が不安にならないように頼むよ，という話をしました。また，毎月全社員で「月例」という形でミーティングをするようにし，少しずつ会社が変化していくという布石を打ってきました。

　事務所移転の話も並行して進んでいましたが，アントとの話が正式にまとまった段階で全社員を集めて，脇坂のほうから独立することの説明と事務所移転のアナウンスを同時に行いました。できるだけ不安を解消するように，またモチベーションを下げないように注意しながら進めてきました。

　（脇坂）古参のメンバーにとっては，体制が変わるのは2回目です。1回目の2010年は，急だったこともあり，人も辞めていきましたし，かなりのハレーションがありました。今回もハレーションを起こすといけませんので，そうならないように十分な配慮をしてきました。体制の変更を一度経験しているということが教訓になっています。まずは役職者から徐々に話をしていって，一体感を醸成するという工夫をしてきました。今回は従業員にとってもハッピーな出来事だと確信しています。

　（元田）2010年にフェニックスインターナショナルがLi & Fung Groupに買収された際には激震が走りましたので，今回も警戒されるかもしれないということで，アントの皆さんを初めて社員に紹介する日には，脇坂がちょっとしたアイデアを出しました。アントのメンバー3名が入室する際に，「全員集まってくれ！」，「盛大に迎えてください」と言っても，反発心を出して絶対に誰も振り向くなという指示を全員に出して実行するというドッキリを行いました。

　（脇坂）その日は80名くらいが仕事をしていましたが，「アントさん来たよ〜」と言っても全員が無視して振り向きませんので，アントのメンバーは「あれれ？　なに？」という表情をして，私が後ろから「ドッキリです」と出てきて歓迎を行いました。アントとしては，そんな歓迎は初めてだったとのことですが，これは「サイレント・トリートメント（silent treatment）」というものです。MLB・エンゼルスの大谷翔平選手が初ホームランを打った際に，全員に無視された後に祝福されたのですが，それを再現しました。大谷選手がホームランを打ったニュースを見て，これは面白いと思って社員にメールで連絡して決行しました。

Ｑ　アント・キャピタル・パートナーズのメンバーによる日々の事業運営への関与度合いについてお教え願います。

　（元田）役職クラスの会議には，アントのメンバーもすべて出席しています。アントの会議を優先せずに弊社の現場を優先しすぎて，アントの社長から怒られるくらい投資先のことを考えてくれています。「押し付け」というのはないですし，業務の内容や現場の様子を理解したうえで，意見の一つとして助言をいただけるので大変助かっています。社内のいろいろな情報をデータ化していくのが非常に苦手な会社でしたので，そのあたりのサポートが特にありがたいです。

　他のバイアウト・ファンドのことを見聞きすることもありますが，面談をするのは基本的に上層部だけというケースもあるようです。それとは対照的に，アントは時間を割

いて全社員と面談し，社員が今どのように感じているのかも含め，今まで経営陣が気づかなかった点をフィードバックするというところまで行ってくれています。もしかしたら，そこまで行っているバイアウト・ファンドは日本では少ないかもしれないと感じました。

　（**脇坂**）バイアウト・ファンドと組んだというよりも，異業種の事業会社の方々と組んだという感覚はそのような溶け込みから生じます。アントは，アパレル業界のことも勉強していきながら，企業経営のプロフェッショナルとして，私たちの弱点を補完しているという感覚を持っています。

　Li & Fung Groupの傘下では，財務・経理を含むいわゆるバックオフィス系の業務はすべて親会社が行っていましたので，ブラックボックスでした。そのため，一から管理部門を構築するのはすごく大変で，アントの力を借りて整備しています。また，営業部と生産部にもアントから1名ずつ参画いただいています。アントは，社員にも人気があり，溶け込むのが非常に早いと感じました。

　展示会の後などに，2階のショールームで社員が打ち上げも兼ねて食事をするということもあるのですが，アントも参加してコミュニケーションをとっています。

仕様書作成のワンシーン（フェニックス本社企画部門）

Q MBOで独立したからこそ遂行が可能になった施策はありますでしょうか。

　（**元田**）自社工場の良さを生み出していくことが重要ですが，Li & Fung Groupの傘

下では，工場への投資ができていませんでした。しかし，今は外部から製造業コンサルタントを迎えて，現場の生産性を改善しようと取り組んでいます。前の株主のもとではこのような投資は不可能でした。

　それから，昔から変えたいと思っていた人事制度・評価体系の改革を進めています。また，バックオフィスの体制構築や銀行対応については，今まで私たちはノータッチでしたが，今はアントのメンバーのサポートを得ながら進めています。

　（脇坂）「物作りは人作り」という考え方があり，工場生産ラインの改革は急務でした。また，これまでは中国沿岸部をメインとする生産拠点にて製造を行ってきましたが，中国の他の地域や他のアジア諸国の情報収集も開始し，アントの海外ネットワークを活用しながら，チャイナプラスワンの取り組みも検討しています。

中国 "自社" 工場の手横織機部門

Q　MBO後半年が経過していますが，これまで非常に良い形で進んでいると感じました。これからMBOを検討する経営者の皆さんに対して成功の秘訣をお話しいただければ幸いです。

　（脇坂） 経営者としてこんな方向に進みたいという信念を強く持って，自分たちがやりたいことをバイアウト・ファンドの方々に包み隠さずしっかり話すということが重要です。私たちのケースでも，一切妥協しなかったことが良かったと思います。遠慮してはいけません。何となく資金のサポートだけでバイアウト・ファンドを入れましたという感覚では成功しません。また，バイアウト・ファンドの方々が何でもやってくれるというような過度な期待を持ってしまっては駄目です。

　加えて，バイアウト・ファンドが株主になるからといって，支配従属の関係になってしまうとうまくいきません。一緒に企業価値の向上を目指すパートナーというような意識をお互いに持つべきです。

　（**元田**）アントと組んで感じましたが，事業運営を行うのは経営陣ですので，最終的には私たち経営陣の責任だと思っています。アントに相談することがあっても，自分たちがしっかり考えて行動して判断していくことが重要です。バイアウト・ファンドのサポートを得ますが，まずは自分たちが主体となって動くという意識を持つことが大切です。

プライベートブランド "SIDE SLOPE"

創立40周年記念パーティの様子

Q 今後の事業展開の展望についてお話願います。

　（脇坂）ものづくりの会社に飛び道具はありません。それぞれの専門の職人同士がバトンを渡し合うひとつなぎの作業です。工場の技術者，お客様，仲間などとのつながりや想いを大切に，新生フェニックスインターナショナルは新たなステージを目指してまいります。

　ものづくりを大切にし，価格一辺倒ではない事業展開をしていくためには，自社工場を活かす仕組みを構築することが先決だと考えています。この考え方を中核として，アントの知恵も借りながら，工場の改善やマーケティング・チャネルの拡大を行っていきたいと思います。それから，アントの海外チームとも連携し，海外ブランドのOEMにも積極的に参入していきたいと考えています。

　（元田）代表である脇坂が出した方向性を現場に落とし込んでいくというのが私の役割であると思っています。アントからバックオフィスや銀行対応のサポートを得ていますが，アントの出口にも備え，また10年後・20年後も見据えて，自分たちでできるような体制を構築していきたいと考えています。

　Li & Fung Groupの傘下に入ってから，メンタル面を中心に失ってきた部分がありますが，社員一丸となってものづくりに対してのこだわりを追求し，これからも唯一無二の"人生をさらに豊かにするファッション製品"を世に生み出していくべく取り組みを行っていきたいと考えております。新生フェニックスインターナショナルにどうぞご期待ください。

脇坂大樹氏略歴

株式会社フェニックスインターナショナル 代表取締役
1993年マロニエファッションデザイン専門学校卒業後大手アパレル入社，メンズのパタンナー，デザイナーを担当。1999年フェニックスインターナショナル入社，チーフデザイナー就任，営業兼企画担当としてニットOEM業界初の提案型OEM展示会を手がける。2004年子会社UP HILLを設立し取締役に就任，翌年プライベートブランドSIDE SLOPEを立ち上げミラノ展示会SPAZIO11で披露，2006年ミラノBRERAMODEショールームと契約に至る。2008年フェニックスインターナショナル取締役に就任，2014年フォーワード・アパレル・リミテッドへ転籍，2019年フェニックスインターナショナルに社名変更し同社代表取締役に就任。

元田貴夫氏略歴

株式会社フェニックスインターナショナル 取締役
1994年近畿大学卒業後大手アパレル入社，販売職・営業職を経て企画職（マーチャンダイザー）。2005年，フェニックスインターナショナルの100％子会社 UP HILL に参画，生産管理職・企画職（マーチャンダイザー）を経て営業部門・生産管理部門・ブランド事業を担当。2014年フォーワード・アパレル・リミテッドへ転籍，営業部門・計数管理を担当。2019年フェニックスインターナショナルに社名変更し同社取締役に就任。

第5章 バイアウト・ファンドを活用した子会社独立支援
──ユニメイトの事例──

CLSAキャピタルパートナーズジャパン株式会社

ディレクター **石原貴之**

シニア アソシエイト **米ノ井克司**

はじめに

　CLSAキャピタルパートナーズは，アジアを中心に世界15ヵ国へ展開する金融機関であるCLSAグループの資産運用部門であり，プライベート・エクイティ，投資銀行，経営コンサルティング，財務，会計，法務，事業会社など各種分野・業界での専門知識を有するプロフェッショナルが，地域に根ざした豊富な経験とともに，多くのアジア企業の支援に従事している。同社がアドバイザーを務めるファンドの中で，日本の中堅企業への投資に特化しているファンドがサンライズ・キャピタル（Sunrise Capital）であり，これまで累計約1,000億円の資金を運用し，新規投資・追加投資を含めて約30社への投資を行ってきた。

　本稿では，2018年3月にサンライズ・キャピタルが投資を行った株式会社ユニメイト（旧社名：丸紅メイト株式会社）の事例を事業会社グループの子会社再編におけるバイアウト・ファンドの活用方法の参考事例としてお示ししたい。

1 会社・事業の概要

(1) 会社概要

　ユニメイトは，各種ユニフォームのレンタルおよびクリーニングを含むメンテナンス，保管・入出庫・在庫管理などの業務の請負，および企画・生産・販売事業を手がけている総合ユニフォーム・ソリューション企業である。1999年

に前身である丸紅メイト株式会社にてレンタルユニフォーム事業が開始され，その後2004年には丸紅株式会社よりユニフォーム販売事業も移管され，上述の一連の機能を提供するユニフォーム総合ソリューションカンパニーとなった。ユニフォームの用途は企業内で使用する事務服を主体に，外食などサービス業向けの接客服，作業者向けの作業着・ワーキングウェアと多岐にわたっている。

　ユニメイトの主要顧客は，大手通信事業者，輸送関連企業，流通小売業者，レストランチェーンなどがあり，いずれも業界のリーディング・プレーヤーである。日本全国に存在するユーザーへの営業強化，サービス品質向上のために，2010年には関西営業所（現在の大阪支店）を開設し，また2012年にはクリーニング付レンタルのリーディング企業であったテキスタイルレンタル株式会社を吸収合併し九州営業所（現在の九州支店）と東北営業所を開設している。さらに2016年には，大阪に本社を置きオリジナルユニフォームの企画生産を行う三星商事株式会社を吸収合併し，顧客基盤を強化しつつ，商品提案力やサービスレベルの一層の向上を図ってきた。

図表5-1　ユニメイト会社概要

会社名	株式会社ユニメイト（英語表記：Uni-Mate, Inc）
設立	1983年4月1日
代表者	代表取締役社長　神尊裕史
所在地	＜本社＞ 〒101-0054　東京都千代田区神田錦町三丁目20番地　錦町トラッドスクエア7階 ＜大阪支店＞ 〒541-0051　大阪市中央区備後町2-4-6　森田ビルディング4階 ＜九州支店＞ 〒810-0005　福岡県福岡市中央区清川1丁目9-19　渡辺通南ビル4階 ＜東北営業所＞ 〒980-0811　宮城県仙台市青葉区一番町1-9-1　仙台トラストタワー10階
事業内容	各種ユニフォームのレンタルおよびクリーニングを含むメンテナンス ユニフォームの保管，入出庫，在庫管理などの業務の請負 各種ユニフォームの企画，生産，販売
従業員数	125名（2019年4月1日現在）

（出所）ユニメイト

図表 5 - 2　沿革

1983年 4 月	丸紅メイト株式会社設立
1999年10月	レンタルユニフォーム事業部 新設
2003年 3 月	リテール事業部を撤収，レンタルユニフォーム事業に特化
2004年 4 月	ユニフォーム販売事業を加え，ユニフォームの総合ソリューションカンパニー化
2007年 5 月	プライバシーマーク取得
2010年 4 月	関西営業所　開設
2012年 4 月	テキスタイルレンタル株式会社と合併
	九州営業所，東北営業所を開設
2016年 6 月	三星商事株式会社と合併
2018年 3 月	丸紅株式会社からサンライズ・キャピタルが丸紅メイトの全事業を譲受
2018年 3 月	社名を「株式会社ユニメイト」に変更

(出所) ユニメイト

豊富な取扱商品

オフィス　　サービス　　ワーキング　衛生白衣用　医療用　アミューズメント　特殊用途
ユニフォーム　ユニフォーム　ユニフォーム　ユニフォーム　ユニフォーム　ユニフォーム　ユニフォーム

ユニメイトが提供する主なユニフォームの種類

　ユニメイトは，現在ユニフォーム単一事業で100億円に迫る売上高を誇るまでに成長しており，ユニフォームの「販売」,「クリーニング付レンタル」,「クリーニング無しレンタル」といった各種サービスを顧客のニーズに合わせワンストップで提供できる企業向け直販取引（販売＋レンタル）のリーディング・プレーヤーのポジションを築いている。

(2) 事業概要

① ユニフォーム市場

(a) ユニフォーム総市場の概況

　近年のユニフォーム総市場（販売・レンタル）は，年々高まる消費者の「食への安心・安全意識」を背景とした食品工場の衛生管理の徹底や，東日本大震

図表 5-3　ユニフォーム総市場規模推移

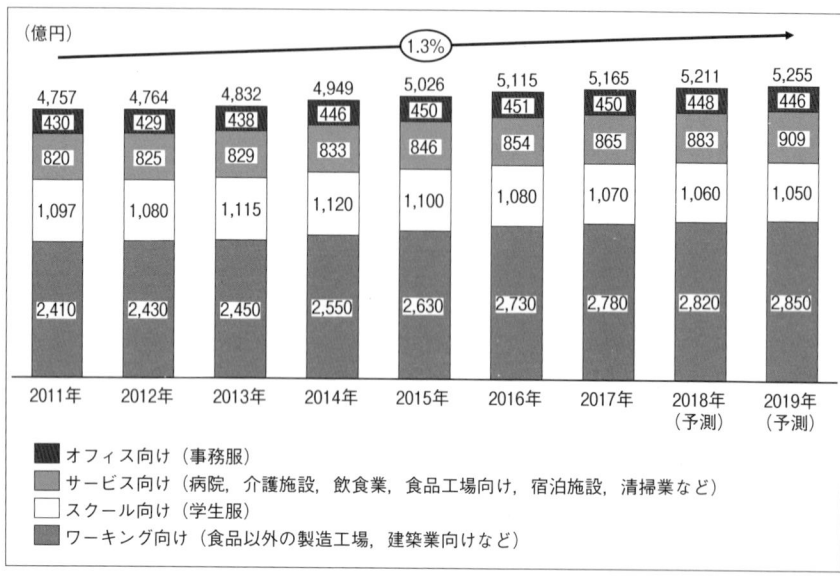

（出所）矢野経済研究所

災後の復興特需などを要因として堅調に成長を続けてきた。また，国内労働人口の減少や働き方を見直す社会情勢下において，多様な労働力を確保するために就業形態が多様化（短時間勤務者など）してきており，各現場で働く延べ従業員数が増加傾向にあることから，必要となるユニフォーム数の増加が今後も続いていくことが見込まれる。

　さらに，東京オリンピック開催を背景としたインフラなどの開発や，訪日観光客数が年々増加していることによる首都圏のホテル建設などにより，建設現場で利用される作業着などのさらなる需要増加が見込まれている。

(b)　ユニフォームレンタル市場の概況

　ユニフォームレンタル市場は，これまでユニフォーム総市場を上回る成長率で着実に市場の拡大を続けてきた。その背景として，ユニフォームの管理費やイニシャルコストの削減など，ユニフォームレンタルシステムのメリットが広く認知され始めてきたことがある。

図表5-4　ユニフォームレンタル市場規模推移

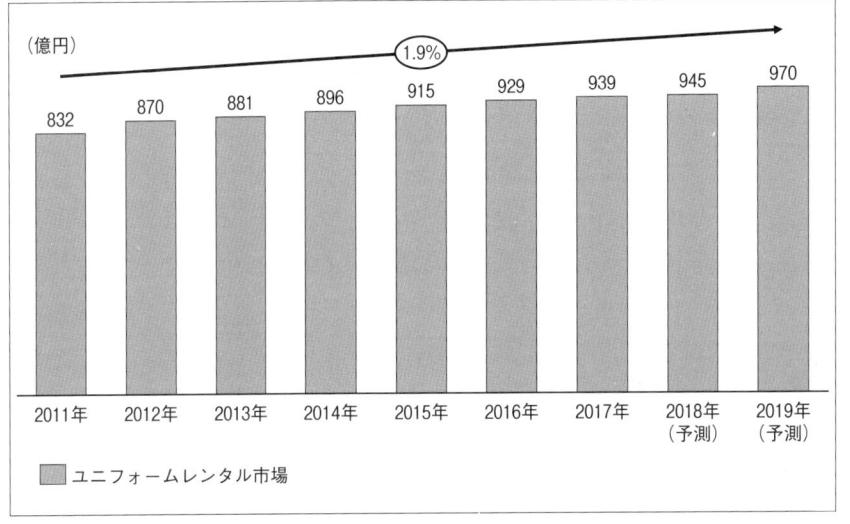

（出所）矢野経済研究所

　近年では，消費者の「食の安全・安心」意識の高まりを受けて，食品工場などが厳しい衛生管理体制の整備を行い，ユニフォームの交換頻度が高まっていることもあり，特にクリーニング付きレンタルユニフォームの需要が拡大してきている。

　今後も，さらなる高齢化による介護・福祉施設などの増加や，スーパーやコンビニなど食品を扱う小売業の衛生管理の強化といった社会動向の変化を背景として，ユニフォームレンタル市場の拡大基調が継続することが期待される。

② **ユニフォーム・ソリューション（サービス・ラインナップ）**

　ユニメイトの提供するユニフォーム・ソリューションは，大別するとユニフォームの「販売」，「レンタル」および「クリーニング付レンタル」のサービス・ラインナップで構成されている。顧客（ユーザー企業）の業種，用途，従業員の状況，経済性などのさまざまなニーズに合わせて最適なソリューションを提供している。

図表5-5　ユニメイトのサービス・ラインナップ

	販売	レンタル	クリーニング付レンタル
サービスの特徴	ユニメイトの調達力を最大限に活かし，高品質・低価格な製品を供給	顧客のユニフォームをユニメイトの資産として貸し出し，毎月レンタル料金を受領 ユニフォーム購入資金と在庫管理の手間を軽減	定期集配・修繕付のクリーニングサービスをレンタルサービスに追加業務用クリーニングによる統一した衛生管理
対象顧客	入退社率の低い企業（作業服など，製造業全般）	入退社率の高い企業，セキュリティ管理が必要な企業（事務服・接客服など，サービス業・金融業）	入退社率の高い企業，衛生管理が必要な企業（白衣など，食品製造業・外食業）

(出所) ユニメイト

③　ビジネスフロー

　ユニフォーム販売・レンタルのビジネスフローを**図表5-6**に掲載しているが，企画から調達・製造，販売・各種管理サービスの提供まで多岐にわたる業務を伴い，大型の案件となるとユニフォームの企画から納入・サービス開始まで数年を要することもある。ユニメイトでは，各ビジネスフローにおいて蓄積したノウハウ・知見を活用しながら，実務については外部の各パートナー企業に委託することで高い資産効率を実現している。長年にわたる強固なパートナーシップを外部のパートナーと構築しており，ユニメイトが顧客（ユーザー）の窓口となりながら外部パートナーのコントロールを徹底することで，高品質・高付加価値なサービスを効率的にユーザーへ提供できる体制を確立している。

④　事業の強み・特徴

(a)　ワンストップのユニフォーム・ソリューション

　上述のとおり，「販売」，「クリーニング付レンタル」，「クリーニング無しレ

図表5-6　ユニフォーム販売・レンタルのビジネスフロー

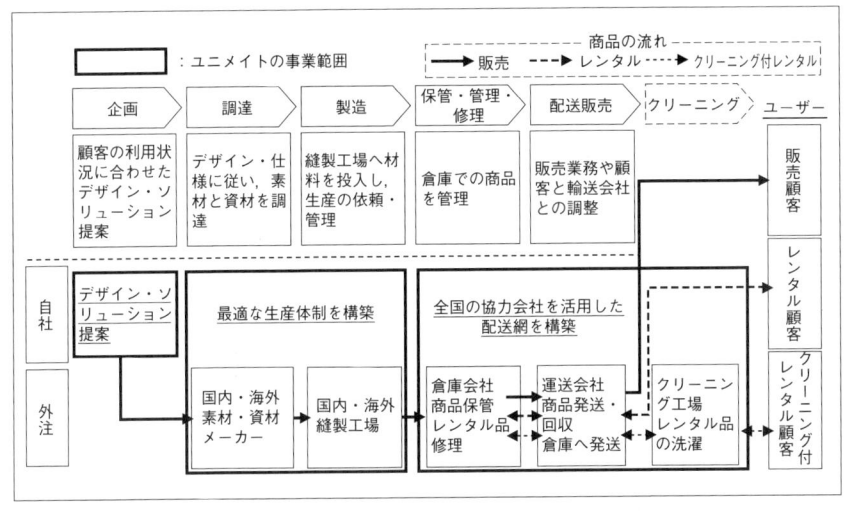

(出所) ユニメイト

ンタル」といった各種サービスを顧客ニーズに合わせてワンストップで提供するとともに，ユニフォーム販売・レンタルにかかる一連のバリューチェーンをユニメイトが一元管理することにより，高品質の製品・サービスを提供できている。これらの一連のオペレーションは，専用の自社開発システムでサポートされており，IDタグ（バーコードなど）も活用し，極めて高い品質基準での在庫・納期管理，セキュリティ，クリーニング・補修ニーズなどに対応している。

　ユニメイトの顧客であるユーザー企業は，総務部・人事部・調達部などが元来担っていたユニフォームに関する専門的かつ煩雑な一連のオペレーションをユニメイトに外部委託することにより，効率的かつ厳格なユニフォーム運用・管理体制を確保しつつ，本業に集中できる体制を獲得することとなる。この観点から，ユニメイトのレンタルユニフォーム事業は，正にビジネス・プロセス・アウトソーシング（BPO）の性格が強い極めて高付加価値なビジネスであるといえる。

(b)　別注対応・高い個別ニーズ対応能力

　ユニメイトがレンタル・販売を行うユニフォームの大半（約8割）は，各顧客向けに独自のデザイン・仕様で企画・製造するいわゆる「別注品」というカテゴリーであり，調達・生産・物流の管理を一貫して自社で行うため，プロジェクトを包括的に最適化することができ，高い競争力につながっている。また，多種多様な顧客ニーズに応じてオペレーションやITシステムを顧客ごとにカスタマイズして設計することも多く，結果として，顧客満足度を高めつつ，参入障壁を構築し高い案件継続（リピート）率を実現している。

(c)　強固な顧客基盤に支えられた安定的な収益構造

　ユニメイトの主要顧客は，いずれも各業界のリーディングカンパニーである。ユニフォームのレンタル契約期間は大半が4〜6年程度であり，上述のとおり個別化ニーズへの対応能力によりリピート率も高いことから，極めて安定的かつ効率的に収益が見込める事業となっている。

2 ｜ 案件の背景

　ユニメイトの前身である丸紅メイト株式会社は，本件実施前まで丸紅株式会社の100％子会社として生活産業グループ ライフスタイル本部の一事業を構成していた。生活産業グループ ライフスタイル本部では，衣料・フットウエア，繊維原料・産業資材や生活用品にかかる広範な事業が展開されており，ユニフォーム関連事業もその一つであった。丸紅メイト株式会社が担うユニフォームの販売・レンタル事業に加えて，丸紅本体においてはユニフォームの製造（OEM）事業が行われており，丸紅グループとしてはユニフォームにかかる一連のバリューチェーンを網羅するビジネスを展開していた。

　丸紅グループは2016年4月からスタートした新中期経営計画において「財務基盤の強化」を最優先課題として掲げており，長期的な成長を企図した事業ポートフォリオの入れ替え・再構築を推進していくとのことであった。小職らは丸紅グループ側の本件売却にかかる目的や意向を詳細に把握する立場にはな

いものの，本件はその一環での取り組みであったものと推察される。

　サンライズは2017年の秋口に，ある金融機関を通じて本件検討の打診を受けた。サンライズは設立以来，サービス業界を重点投資分野として多くの企業に投資・経営支援を行ってきたが，特にサービス業界の中でもBPO関連分野は最重点投資分野であり，過去に関連分野への豊富な投資実績を有しており，これまでの知見やノウハウを活かしてユニメイトの成長を支援できるものと判断，即座に本格検討に着手し，デューデリジェンスや協議・交渉を経て，無事2017年1月に株式譲渡契約を締結し，同年3月末に取引を完了した。

　本件取引によりユニメイトの全株式をサンライズが丸紅グループから譲り受けることとなり，丸紅グループとの資本関係が一切なくなることになった。一方で，取引直前時点において，ユニメイトは丸紅グループから経営陣・主要幹部を含めて総勢17名もの出向者を受け入れており，また財務や法務など一部本社機能を丸紅グループに依存する組織運営体制にあった。丸紅グループの協力により出向社員について原則1年間を上限に出向を継続する体制を整えたが，この間にいかに独立企業体としての機能・社内組織を再構築するかが喫緊の取組課題となった。本課題への対応に向けて，サンライズ・メンバーである石原が代表取締役管理本部長として，米ノ井が監査役として，常駐ベースで経営支援を行う体制をとることとなった。

図表5-7　投資前後の資本構成

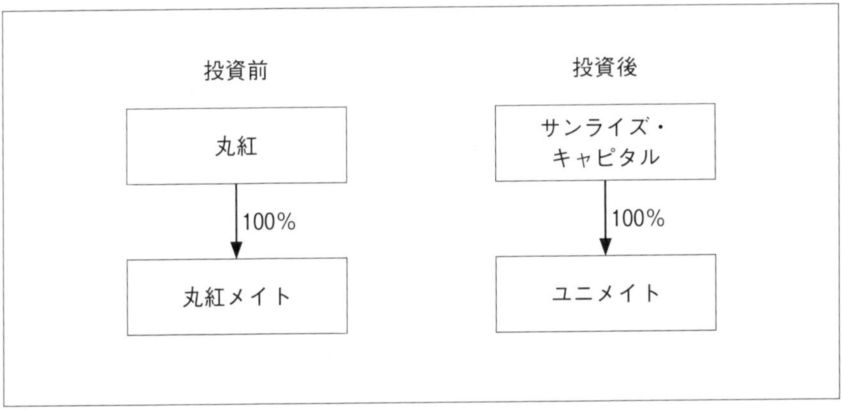

3 投資実行後の取り組み

(1) 独立企業としての経営管理体制の確立

　前述のとおり，ユニメイトの前身である丸紅メイト株式会社は，丸紅グルー
プの100％子会社としてユニフォーム事業全体の中でユニフォームの販売・レ
ンタルを展開しており，一部の管理機能（財務，法務，ITシステム面）を丸
紅本社に依存する体制にあった。一連の法務や財務機能を内製化し自社内で完
結させるために，社内における関連業務の再設計を行い，外部専門家（弁護士
事務所，税理士法人，ITコンサルタントなど）を顧問・アドバイザーとして
任用するとともに，外部からの人材採用により社員を増員したうえで新たな任
務に対応できる体制を構築した。とりわけ，財務面での機能再構築は重大かつ
チャレンジングな内容となった。従来は丸紅グループの子会社としてグルー
プのキャッシュ・マネジメント・システム（CMS）を活用していたため，ユニ
メイトとして資金繰りを管理する必要がなく，そのための業務フローが一切存
在しなかった。仕入や販売にかかるデータ管理方法から情報伝達経路などを再
設計するため，経理関連の部署のみならず，営業やレンタルオペレーション業
務を担う部署においても業務内容の追加・変更を伴うなど，全社横断的な協力
が必要な一大プロジェクトであった。取引実行から1年が経過し，丸紅からの
出向社員が帰任した現在であるが，丸紅グループの本社機能に頼ることなく，
独立企業としてあるべき適切な管理体制が確立されている。

(2) 経営・生産性改善プロジェクト（タスクフォース）の立ち上げ

　ユニメイトは，ユニフォームレンタルプレーヤーのパイオニアとして高品
質・高付加価値のサービスを武器に競争力を高め，強固な顧客基盤を構築して
きた。特に，個人が着用するユニフォームの個体管理（着用履歴や着用状況）
を可能とするIDタグを活用し，ITシステムと連動した制服管理システムはユ
ニメイトが業界内で先駆けて築き上げたサービスであり，そのノウハウを武器
に高い競争力をもたらしている。このレンタルオペレーションの強みをさらに
強固なものにしつつ，中長期的な目線で次世代の新たな柱となる新商材・サー

図表5-8　経営・生産性改善プロジェクトの概要

既存事業強化	・自動採寸システム活用によるユニフォーム交換の無駄削減 ・生体情報管理機能を付加した安全を追求したサービス展開 ・外部デザイナーとの提携強化による幅広いデザイン提案
海外展開	・国内既存顧客の海外拠点へサービスを展開 ・中国クリーニング事業大手との提携による市場開拓 ・上記実現のための海外合弁企業設立検討
事業基盤見直し	・人事制度の見直し，インセンティブの仕組導入 ・基幹システムの運用体制見直し，一部内製化 ・RPAなど効率化システムの導入検討

(出所) ユニメイト

ビスの開発に向けて，主に**図表5-8**にあげる領域ごとに全社横断的なプロジェクトチームを立ち上げ，サービス内容・生産性の改善に着手した。

(3) 人事制度の再設計

　前述したが，ユニメイトは前身の丸紅メイトにてユニフォームレンタル事業を開始し，その後クリーニング付レンタルを手がけるテキスタイルレンタル，オリジナルユニフォームの企画・生産に強みを持つ三星商事を吸収合併し事業基盤を拡大してきた。丸紅グループの事業子会社として，丸紅の人事制度をベースとしたユニメイトの人事制度はやや硬直的であり，今後独立系の業界トップ企業としてさらなる高成長を追求するユニメイトにとっては，ややダイナミズムに欠ける側面があった。また，二度の吸収合併を経る中で，3社の出身母体の人事制度を暫定的に融合しながら運用してきた経緯もあり，透明性や公平性が十分に確保されているとは言い難い制度となっていた。そこで，本件を機に人事制度を刷新し，公平でわかりやすく，さらに社員のモチベーションアップにつながるメリハリの効いたものに変えるプロジェクトに着手した。人事制度の検討プロセスにおいては，社員へのインタビューや座談会など，経営と社員が双方向で意見交換ができる機会を用意し制度設計に反映する進め方をとったこともあり，社員の会社経営への参加意識が高まり，モチベーションの

図表 5 - 9　人事制度改定のポイント

	既存の人事制度	新人事制度
昇給・昇格基準	• 昇給・昇格基準が不明確，ブラックボックスの中で上層部が判断	• 早期登用も可能な昇格基準を設定，メンバーに周知 • 各部内で合意した内容を人事委員会で客観的に判断する仕組み導入
評価・育成方法	• 上司・部下の対話の機会がなく，会社や部門から期待されていることが不明瞭 • 組織的な育成の仕組みが不十分で知見が属人化	• 3ヵ月ごとに上司・部下の1対1の面談を仕組み化 • 指導・育成内容も上司の評価基準に組み込み
職種	• 過去の合併の経緯もあり，総合職，一般職，エキスパート職，嘱託など，多数の職種が存在	• 昇格を積極的に目指す職種と，一定のポジションで業務を習熟していく職種の2種類に整理

（出所）ユニメイト

強化にもつながったと感じている。

(4) 外部経営プロフェッショナルの招聘

　独立企業体への移行プロセスの中で，最も重要視したのは新経営体制の構築であった。ユニメイトの社長を含めた経営陣ならびに本部長・部長クラスの大半のポジションを丸紅グループからの出向社員が担っており，当該出向社員は一定期間後に原則丸紅グループに帰任することが予定されていた。経営・業務執行体制の連続性を担保することはもちろんのこと，今後の成長戦略の立案・執行を担い，さらには会社の求心力や企業文化にまで大きな影響を与えることにもなるため，経営体制・会社組織の再構築についてはあらゆる選択肢を想定し慎重に検討を進めた。社内の組織・人材状況や投資後見えてきた経営課題などもふまえ，代表取締役社長と取締役管理本部長（CFO）を社外より招聘することとした。

　サンライズは独自に構築した経営幹部人材プールを活用し，代表取締役社長

図表5-10　サンライズの人材プールシステム

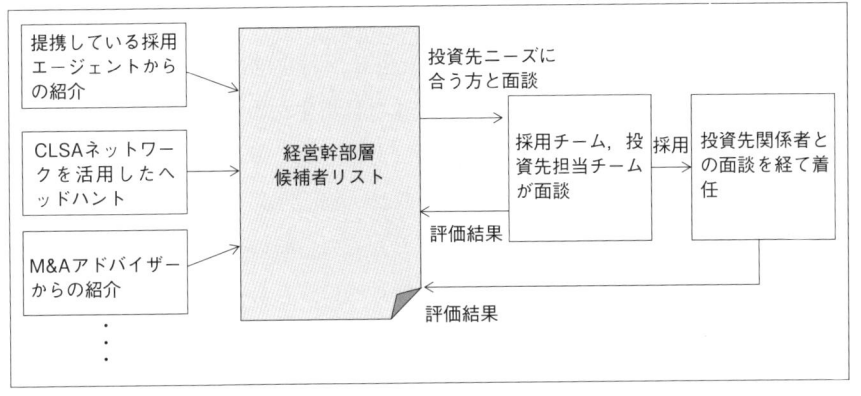

（出所）サンライズ・キャピタル

として神尊裕史氏を，取締役管理本部長として古屋裕史氏を迎えた。神尊氏は，伊藤忠商事株式会社の繊維部門でキャリアをスタートし，その後外資系グローバルアパレル企業の本社役員および日本代表も務めた経歴を有する。制服を含めたアパレル・繊維関係の業界知識に加え経営経験と強いリーダーシップを兼ね備えており，独立直後のユニメイトの陣頭指揮を執るのに最適な人物と判断した。また，管理本部長の古屋氏は，30年超にわたり富士通株式会社の本社およびグループ会社にて経理・財務畑を歩み，最終的には上場会社であったニフティ株式会社のCFOも経験した財務管理面の実務経験が極めて豊富な人物であり，独立直後の会社の経営を管理面から支えることのできる適任者であった。

4 ユニメイトの今後の取り組み・将来像

　本稿執筆時点で投資後1年が経過しているが，独立企業体としての磐石な組織・管理体制を整えることができた。独立企業体への移行を順調に終え，今後はユニメイトのさらなる事業成長に向けた攻めの施策に集中できる状況が整ったともいえる。現在のユニメイトの競争力と市場ポジションがあるのは，20年も前に業界のパイオニアとしてユニフォームレンタル事業を立ち上げ，顧客の

ニーズに向き合いながら弛まぬ自己変革を続けてきたからに他ならない。新たに独立企業として新体制を迎えた今，ユニフォーム・ソリューション企業として圧倒的な業界No. 1企業に進化するとともに，将来的には新たな事業の柱も構築し，未来永劫発展し続けられる企業体を目指すためにも，中長期的な目線から先行投資的な取り組みが重要な局面にあると感じる。

　丸紅グループの子会社であった時代には，丸紅グループや同社生活産業グループの全体戦略との整合性やグループとしての投資の優先順位にも配慮する必要があり，独自の積極的な成長戦略を機動的に遂行しにくい側面もあったと聞かれる。経営の意思決定プロセスについても，丸紅本社での稟議・承認プロセスが必要であった事項も多く，経営のスピード感を欠く要因となっていた。現在は，経営の意思決定プロセスがユニメイトで完結しており，真にユニメイトの成長・利益に資する経営戦略・施策をユニメイトの判断で機動的に実行できる体制となったため，この利点を最大限競争力の強化につなげたい。

　将来的な取り組みとしてタスクフォースの説明でも触れたが，特に中国市場への進出，AIを活用した自動採寸システムの導入，生体情報管理などの新サービスは，パートナー企業との具体的な協議や契約締結も進み，本気度とスピード感を持って取り組んでいる。サービスの本格的な立ち上げに向けては試行錯誤がついて回るだろうが，このような取り組みの中から将来のユニメイトの収益を支える新たな事業の柱が育ってくる強い期待がある。株主としても，戦略面や資金面含め最大限サポートしていきたいと考えている。

おわりに

　ユニメイトの事例を通じて，子会社再編におけるバイアウト・ファンド活用の意義について例示させていただいた。経営管理機能強化や経営戦略の立案・実行支援は，サンライズとしても過去の各投資案件で例外なく取り組んでおり，豊富な経験とノウハウを有しているため，ユニメイトの独立体制の確立（スタンドアロン化）においては，ハンズオン体制で直接的な支援が提供できたと実感している。

　本件決定直後，2018年の2月から3月にかけて複数回にわたりユニメイトのプロパー役職員への説明の機会があった。丸紅グループを離脱し，投資ファンドが株主になるとの発表に役職員からは一様に不安・心配の声があがった。一方で，役職員らが自らの不安を心にしまい，顧客・取引先に対して安心してビジネスを継続してもらえるよう，懸命に挨拶・説明に奔走された結果，顧客・取引先との信頼・取引関係をしっかりと守りながら，さらには新規取引の獲得や新たな事業分野への進出など，事業成長のための確実な足がかりを築くに至っている。役職員らは今回のプロセスを通じて，顧客・取引先との関係の深さやユニメイトが提供する商品・サービスの付加価値の高さを再認識し，自信を深めたように見える。役職員が独立企業となった強み・環境変化のプラスの側面を積極的に捉え，会社として新たな高みに羽ばたくべく企業文化が再形成され，社内の士気が上がったことは，今回の独立の過程でもたらされたユニメイトにとってかけがえのない資産になったのではないかと感じている。

経営者インタビュー

スタンドアロン化の推進
～独立企業としての経営基盤の確立に向けて～

株式会社ユニメイト
代表取締役社長
神尊裕史氏

株式会社ユニメイト
取締役 管理本部長 兼 経理部長
古屋裕史氏

Q 丸紅の100％子会社であった丸紅メイトの事業譲渡により誕生した新会社の経営陣に就任されましたが，魅力に感じた点と，経営基盤を強化するうえで任せられた役割についてお聞かせ願います。

　(**神尊**) 私はアパレル業界で長く経験を積んできましたが，総合商社での最初のキャリアでユニフォームの事業を担当していたこともあり，このユニメイトへの就任機会はとても親近感を感じました。日本のアパレル業界は，非常に厳しい競争にさらされてきた過去の20年だったと思いますが，ユニフォーム産業の市場規模は5,000億円程度といわれています。その中で新しいビジネスモデルの構築に向けて，過去の経験を活かしながらお役に立てることがあると考えまして，この仕事をお引き受けしようと思いました。それから，代表取締役として従業員120名の規模の会社の経営者として任せていただくというところに非常に魅力を感じました。CLSAさんからは，できるだけ会社をハンズオンで経営してほしいとの要請がありましたので，経営者の仕事だけというよりは，レンタルユニフォームのオペレーションの現場とも深く関わっていきたいと考えています。

　(**古屋**) 私はアパレル業界の出身ではなく，IT業界の管理部門を中心にキャリアを積んできました。事業会社の管理部門での経験がありますが，アパレル・繊維業界は初めてです。CLSAさんと最初にお会いし際にも，「私の経歴のどこがひっかかるのでしょうか」と質問したくらいです。しかし，ユニメイトの事業内容を見ると，レンタル・オペレーションがあり，いろいろな付加価値やサービスを付けて，顧客のBPO (business process outsourcing) を担うという特徴がありました。サービスを提供し続けるというレンタル・オペレーションのテクノロジーに魅力を感じ，クラウド・サービスを提供する側の管理部門での業務経験が活かせるかもしれないという話になり，CLSAさんと意気投合しました。

　今までにバイアウト・ファンドの方々とのお付き合いがありませんでしたので，多少不安もありましたが，大企業グループの中でいろいろな「しがらみ」を感じながら経験を積んできましたので，バイアウト・ファンドの方々と一緒にスピード感を持った仕事ができるのではないかと期待しました。

> **Q** 親会社の事業再編により独立した子会社は，独立企業としてのスタンドアロン化を推進していくことになりますが，これまで管理本部長として，どのような取り組みを行ってきましたでしょうか。

　（古屋） 私は2018年10月に入社しましたが，9月までは，CLSAの石原さんが管理本部長という役割を担いながらスタンドアロン化に着手されており，入社した瞬間に，独立企業としての経営基盤の確立に向けて動いていることが感じ取れました。

　丸紅メイト，テキスタイルレンタル，三星商事という3社が合併してきたという経緯もあり，人事評価や昇進に関連する考え方などが少し硬直的な側面がありまして，人事制度を全体的に見直す必要がありました。私が入社した時点では，新制度の設計図ができて，それを従業員に説明するという段階に来ており，その流れで2019年度から新しい制度を運用するという形になりました。

　一方，課題が山積していたのは，財務面です。大企業のグループの中の一事業会社と独立企業とでは，資金繰りや資金計画の考え方が異なります。今までは，必要なときに親会社から資金を手当できましたので資金繰りの心配はありませんでしたが，今は独立採算で運営されています。

ID タグ管理

　レンタル事業は，先行投資型ビジネスで，キャッシュアウトが先行するという事業上の特性を有しており，その体制を一から構築するとう役割を担いました。レンタル事業では，初期投資がどれくらいで，何年要して回収されていくかというキャッシュフローの側面をイメージできるようにする必要があります。会社全体の資金繰りの体制はこの半年間で整えることができましたが，現場の一人ひとりの営業部員に対して投資回収の視点やキャッシュフローの経営的位置づけを浸透させることが今後の課題だと考えています。

Q　**現場の従業員の皆さんのモチベーションは高いと感じますでしょうか。従業員の皆さんも含めて会社全体として一体感を醸成するために工夫していることはありますでしょうか。**

　（神尊） 社長に就任して感じたことは，営業マンを中心に社員が自分の仕事に対して誇りを持っており，モチベーションが高いということでした。一方で，今まで大手総合商社の傘下にあったこともあり，独立した採算性を持つという考え方が浸透していないと感じたり，横串の発想や命令系統が足りないと感じることがありました。そのあたりの意識変化と浸透を行うことが大切だと考えています。

　就任直後より，120名全員との個人面談を行ってきました。正社員・派遣社員を問わずマンツーマンで1時間くらい面談をしているのですが，彼らが思っていることと，私

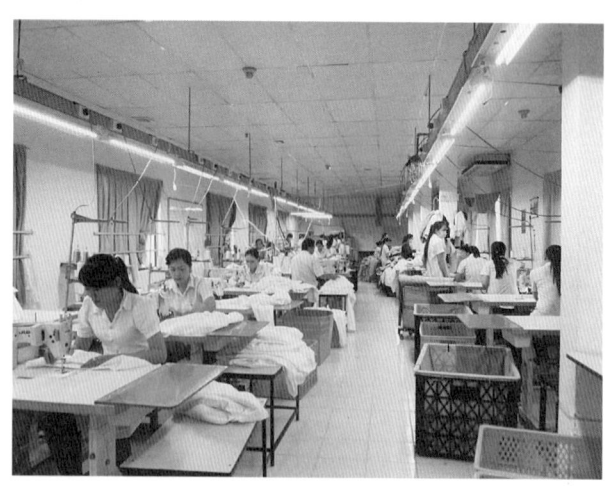

ユニフォームの製造現場

が思っていることをお互いに話しながら，コミュニケーションをとってきました。その中で，各々のチームの状態を正確に把握し，チームごとの連携がしやすいように一体感を醸成させていくのが，私の仕事であると考えています。

　もともとは大手総合商社のグループ会社だから入社したというモチベーションの方もいらっしゃったと思いますが，今までこの会社で頑張って業務を行ってきたので続けたいという強い意志を持った方々が会社に残って支えてくれていますので，その期待に応えていきたいです。

Q **CLSAキャピタルパートナーズジャパンには，ハンズオンを超える現地駐在型支援を行うという「ボディーオン」のアプローチがありますが，それが実践されていると感じたエピソードをいくつかお話願います。**

　（古屋）バイアウト・ファンドが参画した直後に従業員の不安を取り除くということは大切で，その意味での対話はどのバイアウト・ファンドでも実践されていると思いますが，今回のCLSAさんの取り組み方というのは，正直すごく驚きました。周辺の従業員から聞いているところによると，株主としての不安を取り除くという視点だけではなくて，従業員の毎日の不安や想いを吸い上げて，人事制度の改革につなげていたとのことで，本当にすごいと思いました。

　人事部門に方針だけ伝えてすべて任せるというのも一手段かと思いますが，石原さんは自ら主体的に動かれています。私は管理畑を歩んでいますが，人事制度の変更というのは一生懸命に説明を尽くしても，全員が納得いくということはあり得ないものだと思っています。最初にいろいろなヒアリングを行い，それに対する思いを込めて一つの制度をつくっていきますが，その過程でネガティブな反応が来ても諦めずに石原さんが2回も3回も繰り返し自ら説明されている姿を見てすごく驚きました。それがまさしくボディーオンの実践だと感じました。

　（神尊）私は就任してまだ日が浅いのですが，石原さんを中心とするCLSAのメンバーと話す機会は多く，こんなに距離感が近いのかと驚きました。取締役会は月1回ですが，課長クラス以上の管理職が参加する情報連絡会を毎週開催しています。連絡会の後にも，部長クラス以上が参加する幹部会も開催していますが，必ず石原さんも両会議に参加しています。かなり頻度の高いコミュニケーションだと感じています。

　株主がバイアウト・ファンドに変わったということで，その不安を伝えてくる従業員がいたときにも，そのすべての質問に対して石原さんが丁寧に回答してきたとのことで

ユニメイトの経営陣とCLSAキャピタルパートナーズジャパンのメンバー

す。今も石原さんに意見を聞くメンバーがいますので，親密度が高かったと思います。CLSAの米ノ井克司さんにも参画いただいていますが，昨年の途中まではずっと常駐されていたこともあり，役員会に出席される際の様子からも，従業員と近い存在だったことがうかがえます。

> **Q** 大企業から子会社が独立し，スタンドアロン化を行う際に，事業会社ではなくバイアウト・ファンドが株主となり行うことの優位性については，どのように感じましたでしょうか。

　（神尊）最初は，日本でバイアウト・ファンドのモデルが本当に機能するのかという疑念もありましたが，ユニメイトに参画して，その会社が持っているポテンシャルを引き出すにはバイアウト・ファンドの傘下で取り組むと非常に前進しやすいと感じました。純粋に会社のバリューを上げるということが第一になりますので，現状維持でそのまま横滑りで5年間現状を維持したいというような経営スタイルをとることはありません。そのため会社が良い方向に向かっていきやすいです。

　一方，事業会社の子会社が売却される際に，M&Aでまた別の事業会社の傘下へと転じる場合には，同じ産業や似たような産業の企業の傘下で組織が動くことになり，どちらかというとスリム化に向かうパターンが多いと思います。あるいはコストカットや不要な部分を切り離して，必要な部分だけ残すようなことが行われる印象があります。それから，大手総合商社のような大企業グループの傘下に入ってグループ経営を行うということは，親会社の社長直結でない場合もあります。親会社の部門長や事業部長がトッ

プという位置づけになりますので，その方々の立場やキャリア次第では，自分の在任中にあまり大きなことはやりたくないとか，リスクを取りたくないという要因により，成長が推進されないケースもあり得ます。

　（古屋） 私は過去の経歴の中でM&Aを1回経験しています。事業会社の傘下に入るということの良い面は多いですが，戦略や社風という観点でのマッチングが成否を握ります。すごく強い思いで買収に参画してきている事業会社であれば，やはりその事業会社が得意とするやり方でPMI（post-merger integration）を進めるという強い意志が働きます。うまくマッチングできていればよいのですが，そうでない場合には，子会社にとって不幸なことも起こり得ます。また，新たな親会社があまりに遠慮しすぎて，買収した会社を放置すると，変化も少なく何のためのM&Aかということになります。事業会社によるM&Aで成功しているケースもありますが，最初の見立てやマッチングがすごく大切だと感じています。

　一方，バイアウト・ファンドの優位性として痛感することは，バランス感覚を有しているという点です。企業価値を高めるということが究極の根底にありますが，事業戦略に加え，財務，人事，法務など，すべての側面におけるプロフェッショナルとしての知見を有しており，企業を大局的に捉える力があります。今までバイアウト・ファンドのマネジャーの方々と一緒に仕事をしたことはありませんでしたが，スピード感を持ちながら，常に全体最適の視点で会社を捉えていると感じました。また，CLSAさんからは，株主としての意見もいただきますが，株主のパワーで押し通すということはなく，企業経営の視点から納得感を持って説明してもらえています。

本社での会議風景

Q 大企業の子会社が独立する取り組みが増えていますが，バイアウト・ファンドは日本の産業界にとってどのような存在になっていってほしいと思いますでしょうか。

　（古屋）財閥系を含む大企業グループの中で運営されてきた子会社には，どうしても組織に硬直性が存在し，「しがらみ」が生じてなかなか物事が進まないところがありますので，バイアウト・ファンドを活用して大企業の傘下で生きていく道を断ち，独自性のあるビジネスを展開して付加価値を創出することには大きな意義があります。会社全体の経営効率の改善において，バイアウト・ファンドの役割は大きいと思います。ユニメイトに入社する前は，そんなことを思っていませんでしたけれど，今はそれをすごく感じています。

　日本の産業界には新陳代謝が必要です。バイアウト・ファンドのスキルを活かし，会社全体のバランス感を見ながら，いろいろな贅肉をそぎ落として，独自性を創出していく企業が増えることが，ひいては日本の産業界のすべての発展につながると考えられます。

　（神尊）バイアウト・ファンドの傘下にある独立企業が成功していくと，プロフェッショナルリズムが育成されていきます。大企業グループの子会社でよくあるのは，役員が親会社からしか来ない，意思決定のスピードがすごく遅い，責任の所在がはっきりしない，などの欠点です。このようなスピード感の欠如や責任の所在の曖昧さは，経営陣・従業員がプロフェッショナルリズムを育むのに邪魔をしている部分があります。そこで，バイアウト・ファンドが参画すると，非常にスピード感を持った事業運営が可能となり，かつ公平に評価されますので，優秀な人材が育つという環境が生まれます。これからも，バイアウト・ファンドが成功事例を増やすことにより，グローバルに戦える会社が増え，グローバル企業経営者が育っていくという好循環が生まれていくことを期待します。

Q 最後に，御社の今後の事業展開の将来展望についてお話願います。

　（神尊）まずは，ユニフォーム業界における確固たるポジションを確立し，存在感を示していきたいと思います。株主が代わり，従業員だけではなく，お客様や取引先からの見る目も変わりましたので，安心感をご提供するという意味でも，相応のポジションを確保していきたいです。ユニメイトのオペレーションを高く評価していただけるクライアントやパートナー企業は何よりも財産だと思いますし，事業の強化・拡大を行って

いくことが一つのミッションであると考えています。

　また，同時に，オペレーションが海外でも通用するように，さらに磨きをかけたいと思います。今，国内のオペレーションが海外でも通用するかというトライアルのビジネスが本格的にスタートしようとしています。国内で培ったユニメイトのビジネスモデルが次にどの地域で通用するのかを考えると，まずはアジア地域でチャレンジしていくことが重要であり，展開する過程でCLSAさんのネットワークを活用したいと考えています。商社の子会社だった頃の海外展開は，やはり親会社に任せきりなところもあったと思いますが，今後はいろいろな海外のビジネス・パートナーとのアライアンスの機会を模索し，単なる提携だけでなく，真のビジネス・パートナーとして展開できるよう頑張っていきたいです。

　（古屋）レンタルユニフォーム・販売の総合ソリューションカンパニーとしての付加価値を提供できるサービス・プロバイダーでありたいと考えております。

　日本の市場の成長余地が限られているから海外に出ていくというような理論もありますが，海外企業に求められるサービス水準を提供できる事業モデルを確立してから海外に出ていくということが大切です。海外の方々からの「なぜユニメイトか」いう問いに対応できて初めて海外に出ていく意味があると思いますので，それに向けて日々頑張っていきたいと思います。

神尊裕史氏略歴

株式会社ユニメイト 代表取締役社長
早稲田大学社会科学部卒業。1991年に伊藤忠商事株式会社に入社し，制服を含むアパレル・繊維ビジネスに10年間従事。その後，国内アパレル企業の経営幹部を歴任の後，2008年からエスケル・ジャパン・リミテッド株式会社の日本オフィス代表を務める。2019年3月に株式会社ユニメイトに入社し，同年4月に代表取締役社長に就任。

古屋裕史氏略歴

株式会社ユニメイト 取締役 管理本部長 兼 経理部長
早稲田大学政治経済学部卒業。1986年に富士通株式会社に入社し，主に経理・財務・経営管理関係の部署にて管理職を歴任。2015年からはニフティ株式会社にて執行役員/CFOを2年超務めた。2018年10月に株式会社ユニメイトに入社し，2019年4月より取締役管理本部長（経理部長兼任）に就任。

第6章 日本ピザハットの再成長への歩み
──事業再編を契機とした事業戦略の転換──

エンデバー・ユナイテッド株式会社

シニアマネージングディレクター　**中　真人**

アソシエイト　**近藤和樹**

はじめに

2017年6月にエンデバー・ユナイテッド株式会社（以下，「EU」という）が，当時事業再編を進めていた日本KFCホールディングス株式会社（以下，「KFCH」という）から独立した日本ピザハット株式会社（以下，「日本ピザハット」という）への支援を開始してから約2年が経過した。その間，日本ピザハットはスタンドアロン化を進めながら50店舗以上の新規出店という過去に例のない成長を遂げ，過去概ね赤字であった業績も安定的な黒字を出せる体質までに変革が進んだ。

ここまで急速に変革を進めることができた最大の要因は，日本ピザハットを再成長させるという強い意志を経営陣およびEUが共有し，そのための戦略および施策の早期実現に向けて一体感を持って取り組むことができたからに他ならないだろう。投資直前に内部昇格した中村社長をはじめとする既存経営陣に加え，新たに外部から人材を招聘するとともに，EUメンバーも単なる株主として経営をモニタリングするのではなく，実務レベルでの戦略検討・意思決定および実行プランに関わることで，既存のやり方にとらわれない戦略および実行プランの策定と高い目標設定を行い，それを経営陣が早期に実践に移すことができてきている。そのような経営陣の姿勢が従業員およびFCオーナーを含むピザハット関係者にも伝播したことで，当初の想定以上に全社的な意識改革が順調に進み，大きな変革のモメンタムをつくり出すことができている。

また，日本ピザハットは独立した会社として必要なバックオフィス機能やシ

ステムの大半をKFCHに依存していたため，多くのスタンドアロン・イシューを抱えての出発であったが，当初想定どおりにスタンドアロン化を実現した。再成長に向けた攻めの施策とスタンドアロン化を並行して行うことは，社内リソースだけでは容易ではなかったものの，EUもこのプロセスに参画し，KFCHの積極的なご協力もいただけたことで，移行期の混乱を最小限に抑えつつ，新たな組織の立ち上げやシステムの開発などの各プロジェクトについても適宜リソース追加やスケジュールの組み換えを行いながら，全体に遅れを出さずに進めることができた。

　本稿では，1節で日本ピザハットを取り囲む市場環境に触れ，2節ではEUが日本ピザハットの株式を取得した背景や経緯を説明させていただく。そのうえで，3節で株式取得後に実施した取り組みとその成果を考察することで，どのように日本ピザハットが再成長に向けて動き出したかをお伝えしたい。

1 ┃ 事業・市場概要

(1) 日本におけるピザハット事業

　「ピザハット」は世界100ヵ国以上で約18,000店舗を展開する世界No.1のピザブランドであり，その商標権などはNYSE上場のヤム・ブランズ（Yum!

図表6-1　会社概要 (すべて2019年3月31日時点)

会社名	日本ピザハット株式会社
設立	2013年5月16日 ※日本ピザハットを設立し，ピザハット事業をKFCHから分社化
資本金	99百万円
代表者	代表取締役社長　中村昭一
本社所在地	〒220-0012　神奈川県横浜市西区みなとみらい4丁目4番5号 横浜アイマークプレイス
事業内容	宅配を中心としたピザ，ドリンクなどの製造・販売
店舗数	413店舗（直営店187店舗，フランチャイズ226店舗）
従業員数	正社員約340名，アルバイト約3,670名

（出所）日本ピザハット

Brands, Inc., 以下「ヤム」という）が保有している。ヤムはピザハット以外にKFCやタコベルも傘下に持つグローバル企業であり，もともとは大手飲料メーカーであるペプシコからのスピンオフで設立された企業である。

　ピザハットブランドは1973年にピザレストランとして日本に初上陸し，1991年以降はKFCHがヤムとフランチャイズ契約を結び事業を運営してきた。その店舗網は直営店舗が45％程度で，残りは日本ピザハットとサブ・フランチャイズ契約を結んだオーナーによって運営されている。

(2)　日本のデリバリーピザ市場

　日本のデリバリーピザ市場は，若・中年層の家族・グループでのちょっとした記念日やパーティ需要が多く（いわゆる「ちょいハレ」），比較的流出入の少ない安定的な市場として認識されてきた。しかし，近年，ドミノ・ピザが店舗網の拡大とともに従来のデリバリー需要に加えてテイクアウト需要の掘り起こしに成功したことで，顧客層の拡大・購買頻度の上昇といった需要の拡大が起きている。一方で，同業各社は大胆な割引施策を打ち出してきており，価格競争は激しさを増している。また，インターネットおよびスマートフォンの普及により，従来の電話経由でのオーダーがウェブ経由へと急速に置き換わっており，ウェブオーダーシステムに対して十分な投資が行えない中小ピザ店・チェーンは淘汰され，市場の寡占化が一段と進みつつある。

(3)　競合環境

　前述のとおり，日本のデリバリーピザ市場は寡占化が一段と進みつつあり，現在は，ピザハット，ドミノ・ピザ，ピザーラの大手3社で市場シェアの8割程度を占めているものと推定される。

　長年，日本のデリバリーピザ市場では，約530店舗を運営するピザーラが業界最大手に位置づけられていた。しかし，ドミノ・ピザがテイクアウト型店舗への店舗モデルの変革を果たし出店を急激に加速させたことで，2018年についに店舗数でピザーラを上回り，現在も600店舗に迫る勢いで拡大を続けている。

　日本ピザハットは，近年は出店を加速しているとはいえ，いまだピザーラに次ぐ業界三番手の位置づけであり，TVCMで有名タレントを使うとともに

「Japan Standard」をキーワードに美味しさを全面に押し出したブランディングを展開するピザーラと，配達スピードと安さ・顧客とのユニークなコミュニケーションを全面に押し出すドミノ・ピザの間で，独自のポジショニングを築くことができずにいた。

　実際に，デューデリジェンスの際にEUが確認をした消費者調査において，「ピザハット」というブランドから想起される味と価格に対する評価は，競合と比べても劣る結果が示されていた。しかし，その一方で，興味深いことも明らかになった。それは，同調査において，回答者をピザハットの商品を直近3ヵ月間に注文していた実購入者に限った場合，味・価格に対する満足度は競合と比べても高いという結果が出ていたことである。このギャップは，ピザハットの商品・サービスが持つ魅力をしっかりと新規顧客に訴求できていないことの現れであり，マーケティング戦略に大きな改善余地があることは明らかであった。

2 ｜ 案件の背景（投資に至る経緯）

(1) KFCHとEUそれぞれの判断

　EUがFAから，KFCHが事業ポートフォリオの入替を目的に，日本ピザハットの全株式を売却する方針であるという情報を得たのは2016年11月であった。当時，日本ピザハットは赤字が継続していたことに加え，前述のとおりドミノ・ピザの攻勢によりデリバリーピザ業界に大きな変化が起こり始めており，何らかのアクションを取らない限り業績の好転は見込まれない状況に置かれていた。そのような状況下で，KFCHは日本ピザハットの売却により国内事業基盤の強化や海外成長市場への取り組みを強化するとともに，日本ピザハットにおいては第三者のスポンサーのもとで再成長を目指すことが，各事業にとって最適であるという判断をしたものである。

　一方で，EUはデューデリジェンスを通じて，「世界No.1であるピザハットブランド」，「ヤムによる全面的なサポート」，「商品力」，「日本のデリバリーピザ市場と競合環境」，「従業員の質」などに鑑みて日本ピザハットには十分なポ

テンシャルがあり，しっかりとした経営体制の構築と適切な経営リソースの投下により，早期の黒字化と安定化のみならず，中長期的にも一層の成長が可能であると判断するに至った。このような判断に基づき，株式取得資金の拠出にとどまらず，店舗出店などの事業成長を目的とした資本増強も実施することとした。

EUおよび日本ピザハットの実施中の戦略・施策はまだ途上であるため，これらの判断について評価を下すことは時期尚早であるが，本件のように十分な成長機会があるものの，さまざまな制約要因から必要なリソースが確保できず，成長の機会を失っている事業は少なからず存在しているものと思われる。そのような資本のミスマッチをなくし，事業が本来社会に提供し得る価値の最大化を支援することは，バイアウト・ファンドが果たす社会的役割の一つである，とEUは考えている。

(2) ヤムとの交渉

1節の (1) で述べたとおり，ピザハットブランドはヤムの傘下にあり，EUが日本ピザハットを買収する際には，売主であるKFCHに加え，ブランドオーナーであるヤムからも承諾を得る必要があった。加えて，KFCHが日本ピザハットの株式譲渡を進めたタイミングは，彼らがヤムと結んでいたピザハット事業のライセンス契約の更新時期にあたっており，その条件交渉も並行して行われた。

長年，グローバルでのピザハットブランドの成長率との比較では，日本市場は大きく劣後していた。そのような状況下で，新たに日本ピザハットの株主となるEUに対してヤムが求めたものは，大胆な変革と成長戦略であった。この要求は日本ピザハットの再成長を狙うEUとしても歓迎すべきものであった一方で，それを実現するためには相応の資源投下やリスクを負担する必要があった。そこで，EUとしてヤムの期待を上回る成長シナリオと具体的な新規出店計画を提示する一方で，その実現に必要な有形・無形の支援をヤムに求める，という従来の日本ピザハットとヤムの交渉とは異なるプロセスを構築した。このようなプロセスを経たことで，再成長に必要なリスクを日本ピザハット（もしくはその株主たるEU）のみが負う形ではなく，ヤムがしっかりとそこに対

して支援する，という双方向型の関係を築くことができた。

ヤムから得た支援の一例としては，出店計画の実行をサポートするインセンティブ・パッケージ（計画の達成時に与えられる金銭的援助）の提供があげられる。現在，このインセンティブ・パッケージは日本ピザハットの成長を加速させるうえで大きな後押しとなっている。また，長きにわたる交渉の結果，EU・日本ピザハットおよびヤムの間には強い信頼関係と共通認識が生まれ，他国やグローバル全体での動向もふまえ，いかに日本事業を成長させるかを活発に議論し合う関係を構築することができている。

本件のヤムとの関係に限らず，EUでは投資を行う際に，投資先のステークホルダーとの協調は最重要視していることの一つである。その理由は，ほとんどの企業で従前からのステークホルダーとの間で築かれた信頼関係をベースにビジネスが成り立っており，仮にビジネスモデルの変更自体が問題ない場合でも，ステークホルダーとの関係性を急激に変えることが必ずしも良い結果を生まないからである。加えて，性急な進め方は投資先の役職員の不安を煽り，かえって本当に必要な変革の妨げとなるということも過去の約50件の投資から得た知見・経験である。

3 投資後の諸施策

(1) 100日プランの策定

投資直後は，経営陣や従業員をはじめ，顧客も含めたすべてのステークホルダーが，バイアウト・ファンドからの投資を契機として，何がどのように変化するのかを冷静に見極めようとするものである。そもそも投資先のステークホルダーにとって，バイアウト・ファンドとの接点が過去にあったケースは稀であり，バイアウト・ファンドの存在自体が理解されていないと考えるべきである。ここで，経営陣・従業員とどのような戦略を共有し，具体的なアクションプランにまで落とし込むことができるかは，投資の成否を分ける非常に重要なポイントであり，いわゆる100日プランによってそれを明確に示すことが求められる。本件では，トップライン向上，オペレーション改善，コーポレート機

能確立（自社ITシステムの構築を含む）という三つの枠組みに沿って100日プランの検討を行った。

　EUが100日プランを策定する際には，単に目標とする計画数値の達成に必要な戦略を練ることだけを目的とはせず，プランの策定時点から実行を担う経営陣や従業員に最大限参画してもらい，彼らの「想い」も汲み取り戦略へと落とし込むことを心がけている。このようなアプローチをとることで，100日プランの策定を通じて投資先の意識改革を急速に促すとともに，投資先の経営陣・従業員とEUメンバーが一つのチームとして，今後の課題に取り組む一体感が醸成されるからである。本件で，具体的にEUが取ったアプローチは下記のとおりである。

①　インタビューと定量データの分析

　デューデリジェンスによる現状の把握と分析をさらに徹底的に深掘るために，課長レベルまでを対象としたインタビューと定量データの分析を実施した。ここでは，各人の全社・部門の課題認識や既存の取り組みを吸い上げるとともに，EUからも現状に対する認識や課題の仮説を伝えることで変革の必要性を共有することを目的とした。

②　ワークショップの開催

　課題とそれに向けた取り組みを取りまとめたうえで，経営陣・従業員とEUメンバーが協働でワークショップを行い，短期的なクイック・ウィン施策・中長期施策の洗い出しを実施した。ここでは，全社・部門の課題と考え得る施策を徹底的に議論することで，会社にどのような変化が必要か，そのためにやらなければならないタスクの認識や想いを一つにまとめた。また，EUメンバーも議論に加わることで，新たな問題解決の切り口を提供するとともに，日本ピザハットとしては前例のないほど大胆な意思決定をチームとして実行することを後押しした。

③　KPIの「見える化」

　②で出てきた各施策の実行プランをまとめ上げるとともに，財務諸表やKPI

図表6-2　100日プランの策定プロセス

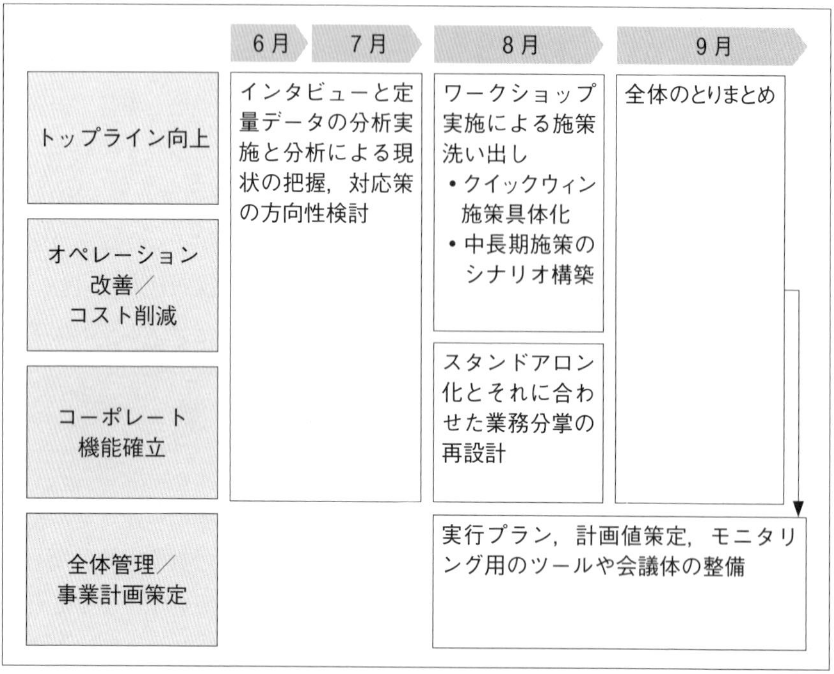

	6月	7月	8月	9月
トップライン向上	インタビューと定量データの分析実施と分析による現状の把握，対応策の方向性検討		ワークショップ実施による施策洗い出し ・クイックウィン施策具体化 ・中長期施策のシナリオ構築	全体のとりまとめ
オペレーション改善／コスト削減				
コーポレート機能確立			スタンドアロン化とそれに合わせた業務分掌の再設計	
全体管理／事業計画策定			実行プラン，計画値策定，モニタリング用のツールや会議体の整備	

（出所）エンデバー・ユナイテッド作成

（key performance indicator）の計画数値にまで落とし込みを行った。ここでは，「何を」，「誰の責任において」，「いつまでに」やるのかを明確にするとともに，モニタリング可能なツールや数値計画，会議体などを整え「見える化」を行うことで，変革のモメンタムを全員が認識し確固たるものとすることができた。

(2)　トップライン向上施策
①　新規出店の加速
　外食ビジネスにおいて事業を成長させるために，新規出店は不可欠な要素であり，経営陣とEUは100日プランの中で日本ピザハットとして過去に達成したことのない水準での新規出店を計画した。結果として，過去10年では，7店舗しか純増（366→373店舗）していなかったが，2018年9月にはマイルストーンとなる400号店の出店を達成，2018年の1年間では43店舗の純増（373→416

店舗）を達成するに至っている。

　当時の日本ピザハットには急速な出店を行う知見や体制が十分に整っていなかったことから，出店戦略と意思決定のプロセスを一から作り上げる必要があった。出店戦略を策定するうえで，まず着手したことはどの地域にどれだけの出店ポテンシャルがあるかの考察・把握であった。日本ピザハットのビジネスモデル上，店舗の商圏内におおよそ5万世帯があれば十分に出店可能であるため，既存店があるエリアを除いた該当エリア分だけ出店余地があると試算すると，日本全体では，現在の店舗形態を前提にしても約2倍となる800店舗まで店舗を増やす余地があることがわかった。

　次に着手したのが，出店ポテンシャルがあるエリアの中で，どこを優先的に出店するかを見極めることであった。日本ピザハットが過去行っていた新規出店では，出店判定基準が形骸化し，出店後数年経っても黒字化がままならず，その原因についてもしっかりとした振り返りを行うことができない店舗が少なからず存在していた。そこで，蓄積された定量的データと経験則から，出店候補エリアの評価を項目ごとにポイント化し優先順位の可視化を行い，それにより計画的かつ具体的な出店戦略の策定が可能になった。

　また，出店の意思決定を行うための判定基準や出店時の計画ロジックの整理，出店判定を行う会議や資料の整備も並行して進めた結果，急速な出店を効率的に判断するとともに，出店後の売上計画にズレが生じた場合にはしっかりと要因が分析できる体制を構築した。

　上記のような検討がスムーズに進んだ最大の要因として，過去に競合ピザチェーンで出店戦略部門の責任者を勤めた経験と，出店戦略チームをまとめ上げるリーダーシップをあわせ持ったキーマンを早期にCDO（chief development officer）として招聘できたことがあげられる。この人物の加入により，出店戦略のみならず日本ピザハットの経営体制も厚みを増し，変革のモメンタムをより強固なものとすることができた。このような人材にチームへ参画いただくためには，これから投資先にどのようになってほしいのか，そのためにどのような役割を担っていただきたいかについて，バイアウト・ファンドからしっかりと説明し，共感を得ることが重要だと考えている。

ピザハット大森店での400号店セレモニー
（左からヤム　アジア統括（当時）Vipul氏，日本ピザハット中村社長，FCオーナー　内田氏，ヤム
CEO Greg氏，エンデバー・ユナイテッド代表三村氏）

②　マーケティング施策のブラッシュアップ

　競合環境の項目で触れたが，ピザハットはブランドから想起される味と価格
のイメージと実購入者の満足度には大きな乖離が存在していた。これは，商
品・サービスが持つ魅力をしっかりと訴求できていないことの現れであり，
マーケティング戦略の改善により，ギャップを埋めていくことが急務であった。
　ただ，このギャップを埋めるためには，消費者が持つブランドイメージを変
えていく必要があり，これまで日本ピザハットが行っていたマーケティング手
法の延長では，改善までに多くの時間とコストを要することは明らかであった。
そもそも，業界三番手のピザハットがマーケティングに割けるコストは多くは
なく，特にTVCMのように幅広い層に影響力のある媒体の利用は競合と比べ
てもかなり限定的なものであった。そこで，発信するメッセージを限られた予
算の中でより効率的に消費者へと伝えるために，SNSやWebサイトを活用し
たデジタルマーケティングの強化を進めている。
　また，マーケティング戦略を転換するにあたり，広告代理店は，SNSを活用
したバズ・マーケティングに定評のあるENJIN社に変更することとした。結
果論ではあるが，ENJIN社も現在はEUの投資先の１社である。このような投
資先の有機的なネットワークの構築はEUの特徴の一つであり，投資先同士で
シナジーが想定されるようであれば積極的な橋渡しを行い，双方の企業価値向

EU社長会の集合写真

上に努めている。また，年に一度投資先の全社長とNo.2を集めたEU社長会を開催し，投資先同士のネットワーク強化や新たなビジネス機会創出の場を提供している。

(3) 効率化施策の実施（店舗オペレーションにおける無駄の徹底的な洗い出し）

　日本ピザハットの売上と利益の大半は，各店舗の日々の売上と利益によって生み出されている。2019年には中村社長が全社のスローガンとして「現場ファースト」という言葉を選び，店舗・現場重視の改革を打ち出しているが，飲食業では現場のスタッフが効率的に店舗運営できる環境を整えることが，持続的な成長に直結する非常に重要なポイントである。特にデリバリーピザビジネスの場合，店舗が一定時間に受けられるオーダー数の多寡が売上に直結するため，店舗オペレーションの効率化は単なるコスト削減以上の意味を持つ。

　店舗オペレーションの無駄を洗い出すために，店舗利益率が高いグループと低いグループそれぞれで，業務時間分析と店長へのインタビューを実施した。分析を通して見えてきたことの一つは，日本ピザハットでは競合では行っていない煩雑な管理や仕込みに関わる業務が散見されることであった（なお，日本ピザハットでは，他の大手ピザチェーンとは異なり各店舗で粉から生地を仕込んでいる）。現場のスタッフレベルでは不要に感じていることでも，過去から

図表6-3　店舗オペレーションの無駄洗い出しにおけるアプローチ

アプローチ	論点	分析結果の例
業務量データの集計	総業務量に占める比率が多い業務は何か ・効率化できれば効果は大きい	店舗オペレーション業務が総業務量の98％を占め，その中でも80％を占める仕込み・オーダー対応・調理・デリバリーをどれだけ削減できるかが重要
	利益率上位・下位店舗で差のある業務は何か ・各業務の絶対量の差と担当者による差	下位店舗では，本来は店長以外でも対応可能な商品発注・棚卸業務での店長の業務割合が高く，効率化余地が大きい
店舗からの要望吸い上げ（インタビュー）	店舗からの効率化要望が多い業務は何か	定量分析でも抽出されたピザ仕込み・電話受注・棚卸・商品発注に加え，人材育成に対する効率化要望が多い

（出所）エンデバー・ユナイテッド作成

の慣習で変更が行われず，非効率が積み重なっていたのである。これらに対して，100日プランの策定を通じて変革の必要性を痛感していた経営陣の動きは非常に早かった。変更によるリスクを見極めながら，細かなルールの見直しから商品やシステムの開発まで要する大きな改善に至るまで，試行錯誤を行いながら着実に改善を進めていった。

　こうしたオペレーションの効率化は，終わりなく続ける必要があるが，一度会社として取り組みの方向性が示され成果が出れば，その後は自然と次の改善のネタが現場から上がるようになっていく。日本ピザハットにおいても，そのような良いサイクルが起きており，現場の効率化は当初の想定を上回るペースで進んでいる。

(4) コーポレート機能の確立（スタンドアロン対応）

　事業再編を伴うバイアウトの場合，スタンドアロン対応が主要な論点となる場合は多く，本件においても入札の初期段階から検討が進められた。日本ピザ

ハットは，2013年にKFCHがピザハット事業を分社化することで設立されたが，分社化後も独立した会社として必要なバックオフィス機能やシステムの大半をKFCHに依拠していたため，多くのスタンドアロン・イシューを抱えての出発であった。なお，組織図上では，**図表6-4**で色塗りした部署が本件後に新設したものになる。

　事業の継続性を担保するため，当面の対応措置としてKFCHから積極的な協力を得ることで合意できたものの，コストや独立性の観点からも速やかにスタンドアロンを達成することが必須であった。結果として，当初想定どおりの期間内にスムーズなスタンドアロン化を実現するとともに，想定を上回る運用費の削減効果を生み出すことができたが，この成功の要因として，外部リソースも活用し盤石なプロジェクト管理体制を構築することができた点があげられる。

　プロジェクト管理体制を構築するうえで重要なことの一つは，誰をプロジェクトリーダーにするかという点である。プロジェクトリーダーは各プロジェクトを見渡し，進捗管理をするとともに，ときには自ら手を動かし遅れのリカバリーもしながら，追加リソースの投下やスケジュールの組み換えの判断も行う。この役割を担うためには，高いコミュニケーション能力やタスク管理能力に加え，相応の知識と経験が不可欠であり，独立したばかりの日本ピザハットのメンバーの誰かがそれを担うことは，スキルのミスマッチから最悪スタンドアロンの達成に支障がでることも想定された。

　そこで，プロジェクトの責任者には日本ピザハットで次世代のリーダーと目される人物を抜擢しつつも，EUからCFO兼管理担当の役員として組織の立ち上げや実務にも精通した人材を派遣することで，知識と経験の不足を補いながらバックオフィス機能の立ち上げを進める体制を構築した。また，新たなシステムの導入に関しても，EUが従来から保有するネットワークを使い，十分な知識と経験を持つ外部コンサルタントをリテインすることで，同様に知識と経験の不足を補うことができた。なお，プロジェクトで責任者を務めた人物は，この経験を経て現在は管理部門の部長に昇格し，日本ピザハットのバックオフィス機能全体を統括する立場を担っている。

　M&A直後はさまざまな対応に迫られ，リソースが逼迫していることは常で

あり，どこにどれだけリソースを割くかを判断することは非常に重要である。例えば，今回のようなスタンドアロン化に伴う大規模な切り替え作業は，必ずしも内部で知見を貯める必要はないため，外部リソースの活用は有力なオプ

図表6-4　日本ピザハットの2019年3月末時点での組織図

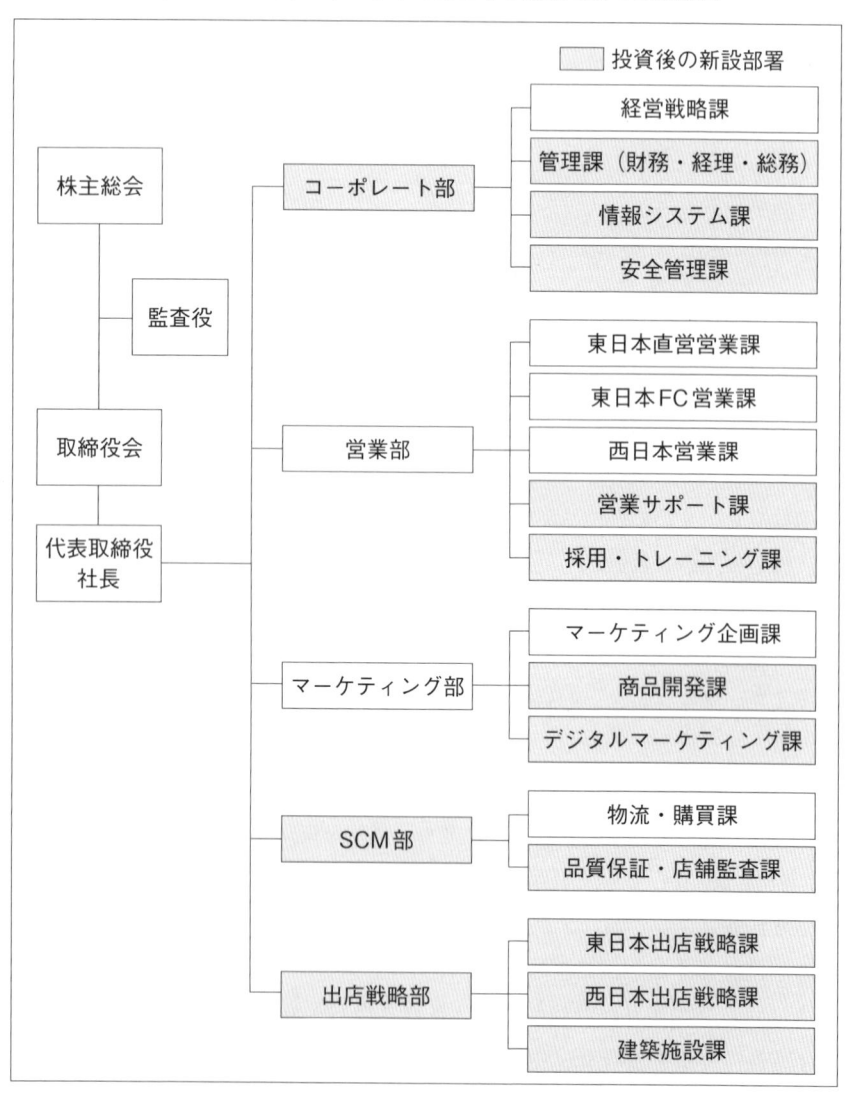

ションとなり得る。EUでは100日プランを立て，アクションを優先順位づけする際には，内部リソースの過不足もふまえ投資先・EU以外の外部リソースの活用もコストとリターンを加味したうえで柔軟に検討するようにしている。

(5) 店舗における人材確保と労働環境の整備

　(2) から (4) で，トップライン向上，オペレーション改善，コーポレート機能確立（自社ITシステムの構築を含む）という三つの枠組みに沿って取り組みを説明したが，日本ピザハットが再成長の一歩を踏み出すうえで忘れてはならない重要な取り組みが，店舗で働く人材の確保であった。

　昨今，日本国内では人手不足が深刻化しているが，その中でも飲食業はさまざまな理由から人の入れ替わりが激しく，慢性的な人手不足に陥りがちである。日本ピザハットは上場企業であるKFCHの傘下にいたことから，飲食業界の平均的な水準と比べると福利厚生制度が充実していたことに加え，消費者に馴染みのあるブランドであることなどから，採用マーケットにおいて一定の競争力は有していたものの，過去に例のない規模での出店に伴う採用は，これまでのやり方の延長では到底実現できるものではなかった。また，日本で「働き方改革」の潮流が本格化する中，飲食業では当たり前となっている長時間労働を減らしていかない限り人材の流出は避けられず，結果として中長期での事業継続性に影響も出てくる。そこで，①期中採用によって必要な人材を確保するプロジェクトを立ち上げるとともに，②過度な時間外労働ゼロのクリーンな労働環境整備を大胆に推し進めることとした。

① 期中採用拡大のためのプロジェクト

　KFCH傘下の時代にも，日本ピザハットは一定数の期中採用は行っていたものの，どちらかといえば新卒採用に力を入れていた。また，期中採用といっても，店舗社員については純粋な中途採用ではなく，アルバイトスタッフから社員に転換するというものが中心であった。そこで，純粋な中途人材にまで間口を広げ，人材の採用を加速させるべくプロジェクトが立ち上げられた。結論から述べると，このプロジェクトの結果，2018年2月～12月の間に100人以上を日本ピザハットの新たな仲間として迎え入れることができた。また，既にその

中から店長へと昇格する人材も出ており，当初想定以上の効果を生んでいる。

　当該プロジェクトとしてまず取り組んだことは，日本ピザハットが求める人材像の明確化であった。求める人材像とはすなわち，将来優秀な店長として活躍してくれるポテンシャルを持つ人材であるが，検討を進める中で，そのための一番の条件は高いコミュニケーション能力であるという結論に至った。店長として店を切り盛りするためには，学生を中心としたアルバイトスタッフに好かれ，うまくシフトを調整していくことが非常に重要であり，そのような能力は入社してから鍛えることはとても難しいからである。そのような人材像を思い浮かべた場合，候補者は必ずしも飲食業界経験者に限定する必要はなく，サービス業経験者まで広く募集を募るべきであるということがわかった。

　また，候補者を広く募る一方で，採用プロセスの効率化も並行して行われた。1年間に100人以上を採用しようとした場合，そのための面接に費やす労力は膨大なものになる。また，次々と新規店舗のオープンが控える中，採用にもスピード感が求められた。そこで日本ピザハットでは，経営陣を含め採用の決定権を持つ4人の社員が一次面接を行い，そこで優秀な人材と判断されれば即内定を出すという方法をとることにした。前述のとおり，この期間に採用した人材は想定以上に日本ピザハットにフィットしており，この方法は人材の質を落とすことなく採用プロセスの短縮に大きく寄与したわけであるが，その要因としてあげられるのが採用決定権を持つ4名の人選である。この4名全員が店長として非常に優れた実績を持つとともに，本社での店舗管理業務を通じてどのような人材ならば日本ピザハットの店舗スタッフとして活躍できるかを熟知していた。

　もちろん，1人の面接のみでは採用する人材の偏りや判断ミスを生む可能性は少なくない。おそらく旧体制であれば，このようなプロセスは前例がないことやリスクを勘案して検討すらされなかったのではないだろうか。それが，一定のリスクは認識しながらも，現状打破のために思い切って実行へと移すことができたのは，日本ピザハットの意識改革が進んだ結果ではないかと考えている。

②　36協定違反ゼロのクリーンな労働環境の整備

　日本ピザハットにおいても，過去には店舗スタッフを中心に相応の時間外労働が存在していたが，2018年度には36協定への抵触ゼロというクリーンな労働環境を実現することができた。この成果は上述のプロジェクトによる人材採用，およびフレックス制の導入や人員が不足する店舗へのヘルプを主業務とする特殊部隊の設立を行うなどの取り組みによる結果である。しかしながら，これほど劇的に改善が進んだのは，自らも店長経験者で現場の労働環境に強い危機感を持っていた中村社長のリーダーシップに依るところが大きい。また，残業時間の抑制にもかかわらず店舗運営に支障を来すことなく業績を改善できたのは，(3) で触れた店舗オペレーションの効率化が同時に行われたからである。

　今日，労働環境に限らず，企業の長期的な成長のためにはESGが示す三つの観点への配慮が必要だという認識が広まっている。EUでも投資実行前には，独自のチェックシートの活用によりESGの観点から課題を洗い出し，評価と対策の要否などの検討を行っている。また，投資後も企業のESG活動を支援し定期的に定量・定性的にモニタリングすることで，リスク管理と企業価値の向上を図っている。

おわりに

　以上，EUが日本ピザハットへの投資を行った背景，株式取得後に行われた施策とその成果，それらを通じてどのように日本ピザハットで変革が進んだかを簡単に説明した。投資から約2年が経った現在，再成長に向けて着実に歩みを進めることができているのは，EUの取り組みによるものだけでなく，それを触媒として経営陣や従業員の1人ひとりが本来のポテンシャルを最大限発揮し，懸命に努力いただいたからに他ならない。中村社長をはじめ，日本ピザハットの経営陣，従業員の方々とは，今後も力を合わせさらなる企業価値の向上に努めていく所存である。

　日本ピザハットに限らず，必要十分なリソースが投下されずポテンシャルをフルに発揮できていない事業や会社は存在するものと考えられる。一方で，

コーポレートガバナンス・コードやスチュワードシップ・コードの導入などにも後押しされ，大企業の「選択と集中」は今後も継続するものと考えており，そうした事業や会社の再成長にバイアウト・ファンドが関与できる機会は増えるものと思われる。大企業の傘下から外れ大きく環境が変わる中で，独立した企業体として一層の成長を実現するには経営陣や従業員はもちろん，株主たるバイアウト・ファンドも一体となり困難な課題に対して果敢にチャレンジしていく必要がある，とEUでは考えている。そのようなチャレンジを強力に推進するにあたり，経営陣や従業員の"想い"や"願い"を大切にしながら，単なる株主ではなくハンズオンでともに課題解決へと取り組むEUのアプローチは一つの参考になるのではないか。EUとしても，これまで培ったノウハウやリソースを最大限に活かし，日本企業のさらなる成長に貢献していければ幸いである。

ポテンシャルを最大限発揮できる運営体制の構築
～スピード感を持った出店戦略の実現～

日本ピザハット・コーポレーション株式会社
代表取締役社長
中村昭一氏

Q 2017年6月より，日本KFCホールディングスの傘下を離れ，エンデバー・ユナイテッドが経営に参画しましたが，当時の心境をお聞かせ願います。

　その半年くらい前から，日本KFCホールディングスの傘下から日本ピザハットが離れるということが決まり，水面下で動き出したのですが，当時の私はまだ営業の部長という立場での関わりでした。KFCの社長から，バイアウト・ファンドに運営を任せますとの話がありましたが，そのイメージを正直に一言でいうと，「大変かもしれない」という印象でした。テレビでも「ハゲタカ」というドラマが放映されていたこともあり，ちょっと大丈夫かなと思ったのが最初の心境です。

　エンデバー・ユナイテッドのメンバーで最初にお会いしたのは，三村智彦さん，前野龍三さん，中真人さんの3名でしたが，いろいろお話をさせていただく中で，「大丈夫だな」，「一緒にやっていける」という確信を持てました。現場も重視されており，一緒に計画を策定し，それに向かって進んでいこうという意欲が十分に伝わってきまして，同じ目線で物事を考えられる人たちだという判断ができました。

　人柄に関しても，信頼感を持てると感じました。私たちは株主に対して報告する義務があり，意思疎通できていないと難しい部分があると思っていましたが，その点は苦労なくできますので良かったです。また，ビジネス面においても，予想以上にサポートが得られると感じました。

Q 新経営体制はどのようになりましたでしょうか。企業グループから独立するうえで，強化した組織についてもお話し願います。

　経営メンバーは，私とエンデバー・ユナイテッドの3名の合計4名で構成されています。組織については，コーポレート部，営業部，マーケティング部，SCM部，出店戦略部という部門に分かれていますが，各部門の責任者がCXOとしてオペレーションを

担っています。また，エンデバー・ユナイテッドの近藤和樹さんが現場に入りながら，現状や方向性をエンデバー・ユナイテッドから派遣されている取締役のメンバー3名に報告しています。

　この2年間については，出店戦略を強化してきましたが，出店戦略部門の経験者をCDO（chief development officer）として招聘しました。また，ピザの宅配ビジネスにおいて，原材料の調達という側面は非常に重要で，今まで物流・購買課としていたところをSCM部に昇格させました。原材料の調達は，今まではKFCの組織の中で一緒にスケール・メリットをとるという視点で行っていましたが，日本ピザハットが単独で運営できるように，システムの入れ替えも含め体制を強化しました。このようにピザハット事業のポテンシャルを最大限発揮できる運営体制の構築に努めてきました。

　経営会議については，今は2週間に1回開催していますが，昨年までは毎週開催していました。この会議は，エンデバー・ユナイテッドの皆さんと私たちの中で諮問する会議ということで重要な会議となっています。また，近藤さんには，各部門が行っている現場レベルでの会議にも参画いただいています。

　また，ピザハットがグローバル・ブランドということもあり，商標権などを管理している本部のヤム・ブランズ（Yum! Brands, Inc.）に対しても説明義務がありますので，ヤムへのレポーティング・ラインの再構築なども行いました。

ピザハットの商品

昭和シェル石油との協業店舗（ピザハット代々木店）

Q この2年間で50店舗を超える出店を行ったとのことですが，これは独立前よりスピードが加速しているのでしょうか。**出店戦略の進化についてお話し願います。**

　日本KFCホールディングスの傘下のときは，石橋を叩いて渡るということで，迅速な出店が難しい状況にありました。一方，今は経営会議での承認のみで済みますので，段階的に説明をしていきながら最終的に諮るというプロセスはなく，迅速に意思決定できます。そのため，スピード感を持って出店するということが可能になりました。競合他社が出店を加速している中で，弊社も出店スピードを高めて規模を拡大していくことが成長につながっていくと確信していましたので，この点は本当に良かったです。また，出店する店舗の売上予測や出店エリアの検討においても，しっかり分析したうえで判断を行うようになりました。

　それから，ピザの宅配ビジネスの戦い方に変化が起きています。昔の宅配ピザは，お店は二等地・三等地に存在し，バイクは見かけるけれどお店はどこにあるのかわからないというようなビジネスでしたが，今は大通りに面したところや商業施設に出店するというように変化してきています。

　具体的には，デリバリーに加えて，テイクアウトにもバリュー感を見せていくことが重要になってきています。そこで，身近で利便性の高い場所でご利用いただける店舗展開をすべく，他業種との協業も開始しました。具体的には，ガソリンスタンド，コンビニエンスストア，ショッピングセンターなどに出店することにより，客数の増加とブラ

ンド力の向上を狙っています。例えば，ガソリンスタンドでガソリンを入れてピザもテイクアウトすれば，一度にそこで買物が完結するというパターンや，ショッピングセンターでピザの注文をして，その間に買物をして帰りにピザを持ち帰るというようなパターンも想定し，お客様の利便性を考慮に入れた出店戦略を推進しています。さらに，テイクアウトだと安いというサービスを実施したりもしています。

　また，出店を加速するということにおいては，人材採用がとても重要になってきます。そこで，昨年はかなりのコストをかけて人材採用と人材育成に力を入れました。特に，人材育成は今まで十分に投資ができなかった部分です。具体的な取り組みの一例と

年に一度のピザハットカンファレンス（全社員集会）でのYum Cheer

ヤム主催の年間表彰式での集合写真

してはシステム投資を行い，タブレットを活用した教育を行うということを開始しました。費用対効果も考えながら，そのような投資をすることによって，各店舗における人材育成が効率よくできるようになりました。

Q 株主が交代して2年が経ちましたが，従業員の皆さんのモチベーションは高まってきましたでしょうか。モチベーションを高めるために工夫をしていることはありますでしょうか。

　2年が経過しましたが，働いている従業員が最も肌身に感じていることは，自分たちが出した成果がそのまま報酬に反映されるということです。成果が届かなければ，報酬にも響きますし，逆にしっかり成果を達成すれば，その分の見返りがあります。その成果報酬基準が以前と比較して明確になってきているということも大きいです。自分たちがやるべきことが明確になり，それが彼らのモチベーションにつながっていき，競争意識を持てるようになってきました。

　当初は，バイアウト・ファンドに対してネガティブなイメージを持っていた社員もいました。極端な言い方をすると，この会社は買収されたけれどコストカットだけしてまた売られるんだというイメージです。頑張っていこうと前向きな人もいれば，半信半疑の人もいて，給料がきちんとした形で確保されるのかなど，いろいろな質問を受けました。そして，そのような質問に対して繰り返し説明を行ってきました。

　エンデバー・ユナイテッドの皆さんからも，日本ピザハットをどうしていきたいかという説明も交えながらコミュニケーションをとっていただきました。チェーン展開をしており，北海道から沖縄までの各地域に加盟店が存在しますが，複数の店舗を運営する規模が大きいフランチャイジー企業さんには，エンデバー・ユナイテッドの皆さんと一緒に手分けして訪問しました。大阪にある直営のグループにも足を運んでいただいて，会社の方向性をご説明いただきました。その後，成果が具体的に目に見える形で出始めるにつれて，徐々に足並みが揃ってきました。

Q エンデバー・ユナイテッドは，「役職員の皆様とともに汗を流して中長期的な企業の付加価値向上を実現する」という方針で日々取り組んでいますが，それが実践されていると感じたエピソードをいくつかお話し願います。

　最も大きな話は，やはり出店に関する考え方です。目標数値の共有化というところでは，ヤムから受け取れるインセンティブが松竹梅のような三段階になっているのです

が，エンデバー・ユナイテッドの皆さんからは，「一番上の松まで行きましょう」という意気込みを示していただきまして，そのバイタリティに感心しました。

また，現場の立場からすると，出店に伴い人材を確保するということは大変なことですが，長期的に考えて頑張って出店すれば将来のビジネスの基盤が構築できるという先見性が参考になりました。ビジネスを成長させるためのパートナーとして，将来のことを考えていただいており，非常にポジティブだなと感じられた瞬間でした。

大企業グループの傘下では，ローリスク・ローリターンのような考え方がどうしても存在し，子会社が主体的に投資を行うことができず，大きな成長が見込めないケースもあります。企業が次のステップに進むためにはアグレッシブな計画が必要ですが，バイアウト・ファンドが株主になれば，成長のスピードという観点で非常に大きな優位性をもたらすと感じた次第です。

Q 日本の宅配ピザ市場の現状と今後の御社の事業展開の方向性についてお話願います。

ピザに限らず，今の宅配業界は，年々激戦になっています。海外よりウーバーイーツ（Uber Eats）が参入してきたり，牛丼チェーンやハンバーガーチェーンが垣根を越えて宅配業界に参入したりしています。供給側からすると，パイの奪い合いのようなところもありますが，消費者からすると，いろいろな選択肢が増えてきているともいえます。

また，高齢化が進んで在宅率が高まり，宅配ビジネスの機会が増えていくと予想されます。大手のECサイト運営業者が宅配ビジネスに参入する可能性もありますし，ドローンで配達が行われる時代も来るかもしれません。いろいろな動きが出てきていますが，宅配ビジネスの先駆者として牽引してきたのはピザ業界であり，最もノウハウを持っていると自負していますので，いろいろな取り組みにチャレンジしていきたいと考えています。

中村昭一氏略歴

日本ピザハット・コーポレーション株式会社　代表取締役社長
1989年4月日本ケンタッキー・フライド・チキン株式会社入社。1994年8月デリバリーサービス事業部PH部に異動し，ピザハットの関西地区の新規立ち上げに携わる。同部スーパーバイザー，PH営業ユニット直営チームのシニアエリアマネージャー，同マーケットマネージャー，ゼネラルマネージャーなどを経て2017年4月日本ピザハット株式会社（現日本ピザハット・コーポレーション株式会社）代表取締役に就任。

株式会社アドバンテッジパートナーズ

パートナー　印東　徹

パートナー　早川　裕

第 7 章　大企業グループのノンコア事業から成長市場のキープレーヤーへの変貌の軌跡

── ファスフォードテクノロジの事例 ──

はじめに

　ファスフォードテクノロジ株式会社（以下，「ファスフォード」という）は，2015年 3 月16日に株式会社日立ハイテクノロジーズ（以下，「日立ハイテク」という）グループからの会社分割により誕生した企業であり，同年 3 月31日に株式会社アドバンテッジパートナーズ（以下，「AP」という）がサービスを提供するファンド（以下，「APファンド」という）が譲受を行っている。当時の日立ハイテクによる開示資料などを参照すると，日立ハイテクは選択と集中による収益性改善を目指す中で，変化の激しい市場環境にあるボンディング装置事業からの撤退を決定するとともに，譲渡先の選定にあたっては，同事業の継続性や経済合理性などの諸条件を考慮し譲渡先を決定した旨が記されている。

　APは，大企業の事業ポートフォリオの入れ替えにおける受け皿としての役割を果たし，その瞬間から，母体である親会社から託された事業の今後の成長を全力で支援することに専心した。

　それから約 3 年半の月日が流れた2018年 8 月 9 日，APファンドは，ファスフォードの保有全株式を株式会社FUJI（以下，「FUJI」という）へ譲渡することに合意したことを発表し，その後 8 月31日に全株式の譲渡を実行した。FUJIはプレスリリースにおいて「両社の技術シナジーを通じて，今後の半導体後工程および電子部品実装工程の次世代技術開発や両社製品のさらなる品質向上を目指すと共に，革新的な技術や製品，価値へ挑戦し続け，お客様に感動を与える製品づくりに努めて参ります」とファスフォードを高く評価し，グ

ループに迎え入れることの意義・価値を述べている。

　ファスフォードの役職員とAPとで全力で企業価値向上に取り組み，実際に
その成果が上がっていることを実感する中で，今後はFUJIとのシナジーに
よりさらなる発展が見込まれることから，APはファスフォードの次の成長を
FUJIに託すこととした。APとしては，ファスフォードにとってこれ以上ない
新パートナーを迎えることができ，結果として，大企業グループからの独立
（カーブアウト）の際にすべてのステークホルダーから託され，期待された役
割を全うすることができたのではないかと安堵している。

　本稿では，APがサービスを提供するファンドが，大企業内でノンコア事業
と位置づけられた一事業部門を企業として独立させるところから関与し，自立
し得る体制を構築するとともに，これまで大企業傘下では実行し得なかった施
策により既存事業での成長の実現と次世代への技術・製品の投資を拡大するこ
とで，成長市場のキープレーヤーとして高く評価される企業へと変貌させた軌
跡を紹介する。

1 ファスフォードテクノロジの概要

　ファスフォードは，半導体製造プロセスにおける後工程の「ダイボンディン
グ工程」で使用される「ダイボンダ」と呼ばれる装置を中心とするボンディン
グ装置の設計・開発・製造・販売を行う企業である。

　ファスフォードの営むボンディング装置事業は日立製作所半導体事業部に源
流があり，高い技術力を持った製品を顧客に提供し続けることで，世界の有力
半導体メーカーやOSAT（半導体後工程受託生産会社）を顧客に，ダイボンダ
の中でも特にNANDフラッシュメモリを中心とした半導体メモリの製造工程
向けでは強みを有しており，世界トップクラスのシェアを確保している。

　拠点としては山梨県南アルプス市に本社・工場を有し，一拠点に設計・開
発・製作・CS・営業・管理部門を集約しており，これによりすべての事業活
動をその場で把握可能かつスピーディな事業運営を実現している。

　また，海外売上高が9割以上を占める事業構造であるが，東アジア・東南ア

ジアで強固な代理店ネットワークを有し，営業面のみならず，アフターサービス／メンテナンスにおいても代理店と協力してサービス提供をカバーしている。サービスの品質面では，特に顧客対応力の高さが外部機関からも認められており，半導体市場調査企業である米国のVLSI Research社が毎年実施する半導体装置メーカー顧客満足度調査結果において，過去に2011年から5年連続で世界1位に選ばれた実績を有しており，アフターサービスで業界平均を継続的に上回る評価を得ている。

図表7-1　ファスフォードテクノロジの会社概要

会社名	ファスフォードテクノロジ株式会社
設立	2015年3月16日
代表者	代表取締役社長　富士原秀人
本店所在地	〒400-0212　山梨県南アルプス市下今諏訪610-5
事業内容	• 産業用ロボットなどの機械器具および自動制御装置とこれらに関する機器の設計，製造，販売，修理および保守などのサービス業 • 計測機器，その他機器用の電子回路の設計，製造，販売，修理および保守などのサービス業 • 情報処理，情報通信および自動制御装置のソフトウェアの設計，製作，販売，および保守などのサービス業 • 半導体製造装置の設計，製造，販売，修理および保守などのサービス業
従業員数	183名（2019年4月現在）

（出所）ファスフォードテクノロジ

本社外観と富士山

図表7-2　半導体製造工程とファスフォードテクノロジの主要製品

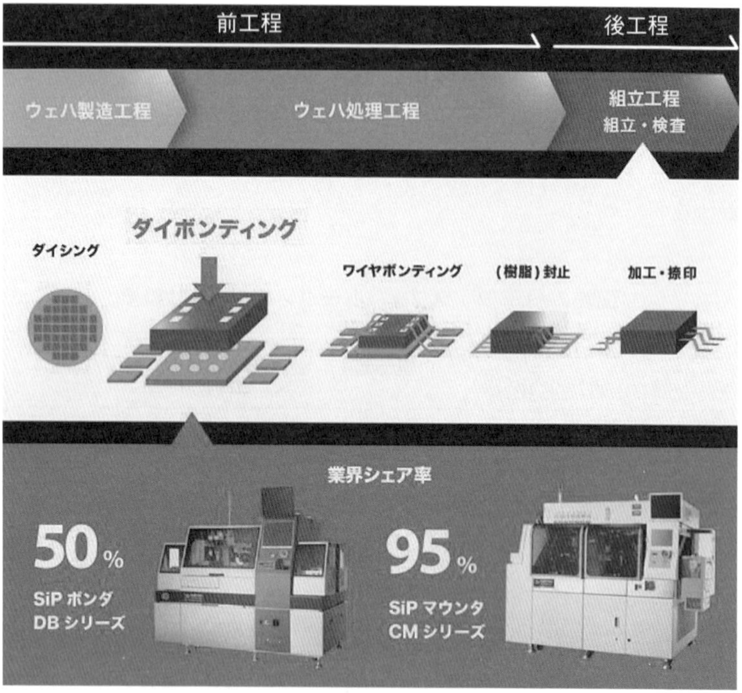

（出所）ファスフォードテクノロジ

2 ｜ ファスフォードテクノロジの歴史と APファンドによるカーブアウト投資実行

(1)　日立グループ内でのボンディング装置の歴史

　ファスフォードの営むボンディング装置事業は，日立製作所半導体事業部の半導体製造装置開発部門を出発点とし，現在の本社である山梨工場は1991年に操業を開始している。

　当初は半導体メーカーが半導体製造装置を内製化していたことから，山梨工場もかつてはダイボンダのみならず前工程向けを含む多種の半導体製造装置を製造していた時代があった。しかしながら，半導体製造装置の専業メーカーが

台頭し，事業モデルの水平分業が半導体業界のトレンドになる中で，他の半導体メーカーへの販売（外販）ができるだけの技術的優位性・競争力を有する装置だけが事業部に残り，その他の装置からは徐々に撤退が行われた。その中で当事業のダイボンダは高い競争力があり，2000年には世界初となる300mm対応ダイボンダであるDB530を販売開始するなど，半導体製造装置市場において実績を積み上げてきた。半導体市場の景気サイクルによる事業の変動性（ボラティリティ）が極めて高い半導体製造装置業界において当事業は生き残りを続け，結果として当事業は実質的にダイボンダの専業事業となっていった。

　その後，日立製作所の半導体事業部が株式会社ルネサステクノロジ（現ルネサスエレクトロニクス株式会社。以下，「ルネサス」という）として切り出されたことに伴い，当事業もルネサスの子会社として日立製作所から切り離され，さらにその後はルネサスから日立ハイテクグループに編入された。社名も，1963年に株式会社青梅電子工業所として設立された後に，1978年に日立青梅電子株式会社となり，その後，5回の社名変更と複数回の工場集約・合併などを経て，2010年に日立ハイテクグループに入る際には日立ハイテクの子会社でマウンタ事業（三洋電機から買収）を営んでいた株式会社日立ハイテクインスツルメンツ（以下，「HTI」という）に吸収合併され，同社内のボンディング装置事業部門として位置づけられた。

(2)　当時のボンディング装置事業の状況

　ボンディング装置事業部門は，半導体市況の影響を受けるボラティリティが高い事業でありながら，概ね黒字計上を継続していた。しかしながら，HTI内の他事業部であるマウンタ事業部門は慢性的な赤字状態に陥っており，その赤字の規模はボンディング装置事業部門の黒字では埋められず，企業としてのHTIは赤字決算が継続する状況であった。

　HTIが赤字子会社という位置づけにあったため，ボンディング装置事業部門は以下のように経営面でのリソースが十分に投下されているとはいえず，表面上の足元の業績に比して先行きに不安を抱えている状態にあった。

　①グループ内では半期ごとの予算達成が強く求められたことから，半期利益

予算の達成が危ぶまれる状況になった場合には，開発・設計部門で不急の開発テーマはいったん棚上げし，派遣契約社員のエンジニアを雇い止めして目先のコストを抑え利益を捻出することが常態化していた。その結果，技術開発の継続性が十分に担保できず，特に中長期の要素技術開発を先送りにせざるを得なかった。

②子会社単位での業績が賞与評価に影響するため，ボンディング装置事業部門が好業績であったとしても他事業部の赤字の結果，ボンディング装置事業部門にも十分な賞与原資が配分されない状態が継続し，役職員のモチベーションに悪影響を与えていた。

③グループ一括採用で入社した人材が配属されず，数年にわたり若手が入ってこない状態が継続した結果，社員の平均年齢が高く若年層が極めて少ないいびつな年齢構成が継続しており，今後の技術継承や事業運営への懸念があった。

(3) カーブアウトの検討

　日立ハイテクは東京証券取引所第一部に上場する企業であり，売上高7,311億円（2019年3期），従業員数11,482名（2019年3月31日現在）の大手企業である。日立グループの中核企業の1社であり，先進的な経営を行っている企業である。事業セグメントとしては，「科学・医用システム」，「電子デバイスシステム」，「産業システム」，「先端産業部材」が主力セグメントであり，HTIのボンディング装置事業部門は電子デバイスシステムの中の一事業と位置づけられていた。

　電子デバイスシステムの事業セグメントにおいては，半導体評価装置やプロセス製造装置など，半導体製造工程の前工程で使用される装置群で非常に収益性・成長性の高い事業を有していたが，その中で，HTIのマウンタ事業は大幅な赤字事業であり課題事業と位置づけられ，ボンディング装置事業は赤字事業ではないものの他事業に比べ収益性は見劣りし，かつ前工程装置とは直接的なシナジーが見込みにくいものと位置づけられていた。

　そのため，日立ハイテクはボンディング装置事業の将来について，グループ外での新たな成長の可能性につき，さまざまな選択肢を検討することとして，APに声がけをいただいた。

　なお，マウンタ事業はボンディング装置事業の売却に先立ち，2014年9月5日に撤退（既存製品のサービス業務はヤマハ発動機株式会社に譲渡・移管）が発表されている。

(4) APファンドによるカーブアウト投資の検討

　当時，バイアウト・ファンドにとっては，ボラティリティが高くキャッシュフローの安定的な将来予測が難しい半導体関連事業への投資は，一般的にハイリスクであり極めて困難と考えられていた。

　このような中，APは過去の製造業・カーブアウト案件の知見に基づき，以下の点で事業魅力度が高く，リスクについても十分に対処可能であり，投資可能な先であると考えた。

①十分な成長可能性

- ➤ 半導体市場の成長：当事業が対象としているNANDフラッシュメモリやDRAMは世界全体での情報量の増加に伴い拡大見込み。
- ➤ 技術力・顧客接点による競争優位性：技術面・サポート面を中心に非常に顧客からの評価が高い。今後の市場拡大に加えシェア拡大余地あり。

②需要のボラティリティに対処しリスクを軽減することができる磨き込まれた事業モデルとその運営力

- ➤ 受注生産方式の確立：見込み生産による在庫リスクを避けるため受注生産方式を採用。受注生産でも顧客の希望納期に合わせるための短納期生産を磨き込み。
- ➤ 費用構造の変動費化：生産人員は委託を活用し固定費を低水準に抑えることで需要の急減などのリスク顕在化時に費用も柔軟に低減させられる事業構造を確立。
- ➤ 営業・開発・製造・調達の同一拠点での運営：企業運営に欠かせない営業や開発などの各機能が山梨の一拠点に集まっており，半導体市況の変化や顧客ニーズの変化，またサプライチェーンの変化などを機能横断的にタイムリーに共有でき，対応ができる運営体制を持っている

こと。

③APの経営支援による企業価値向上の施策

> 人材採用やモチベーション向上の支援による改善可能性。
> 次世代装置の開発やサービス収益の拡大などのテーマに積極的に投資することによる企業価値向上の可能性。

　検討の極めて初期的な段階から上記のような投資仮説を構築して日立ハイテクへの提案を行い，その後のデューデリジェンスにおいては専門家を活用し，上記の仮説が確かなものであることを検証した。また，本件ではボンディング装置事業特有の課題である市場のボラティリティに耐えられることが重要であることから，譲受スキームの検討においては外部借入（レバレッジ）は低めに抑え，一方で運転資金枠としてのコミットメントラインは十分に確保することを心がけ，大企業グループから独立したとしても安定的な事業運営が確保できるような資金の確保に取り組んだ。最終的には三井住友銀行の協力を得て，カーブアウト後の新会社にとって安定性の高いファイナンスを確保している。

　上記の検討を経て，APファンドからは法的拘束力のある最終提案をさせていただき，日立ハイテクにてその提案をご検討いただいた結果，さまざまな選択肢の中からAPファンドを活用してボンディング装置事業を独立させることを決定いただいた。

　カーブアウト決定後，事業部門を独立した会社として切り出すために会社分割の手続きが行われ，会社分割後の新会社であるファスフォードをAPファンドが出資するSPCが譲り受けることで，ファスフォードは独立企業として新しいスタートを切った。

3 ｜ 独立企業としての体制づくり

　APファンドによる投資実行は2015年3月31日に実施され，その翌日，新生ファスフォードにとって実質的な初年度の開始日である4月1日に全社員を集めての全社集会が行われた。全社集会においては，APの会社紹介とAPメン

ファスフォードテクノロジ設立式の様子
（アドバンテッジパートナーズの笹沼泰助代表パートナー）

図表7-3　アドバンテッジパートナーズによるファスフォードテクノロジ独立化の支援活動の概要

大企業グループの子会社事業部門であったファスフォードテクノロジの独立にあたって，APは，売主および対象事業のメンバーと協働し，分離独立プロジェクトを支援

スタンドアロン活動	・日立グループからのスタンドアロン化に際し，各種のプロジェクトを支援 　−新社名・ロゴの策定 　−一事業部門であったために不足する機能の補完：財務プロセス，法務機能，ITシステムの切り離し，福利厚生，健康保険・年金の移管など 　−海外を含む取引先・パートナーへの事前説明への動向
人材の補強	・APネットワークを活用してのCFOおよび法務・知財人材の採用
ブループリント策定プロジェクトの実行	・新会社のブループリント（青写真）を描くプロジェクトの企画と運営 ・目的は，データ・事実に基づく客観的な事業機会とそのフルポテンシャルの評価。そのポテンシャル獲得のための重要な施策の抽出 　−経営理念・価値観・ビジョンの策定 　−成長基盤の確立（コア事業および次世代コア事業） 　−コスト削減の革新 　−経営体制の構築・強化

（出所）アドバンテッジパートナーズ

バーの紹介とともに，ファスフォードの役職員とAPとが手を取り合ってファスフォードの永続的な事業成長に向けて取り組んでいく基本方針が発表された。

　その第一歩として，初年度に主に取り組んできたのが独立企業としての体制づくりである。

(1) スタンドアロン活動

　日立グループを離れることにより，従来の「日立ハイテクインスツルメンツ」という商号は継続使用ができなくなり，製品のロゴなどにおいても「日立」を冠した商標は使用しないことが決定された。

　また，従来グループ内での本社機能やシェアードサービスを活用していた財務・経理，法務機能，ITシステム，福利厚生，健康保険・年金などは，独立企業として自前の機能を持つことが必要になった。

　母体となる日立グループにとって，自社と資本関係がなく経営のコントロールが効かない先にブランドやグループ内機能を使用させることはリスクであることから，APとしても，当然の主張であり合理的なものと理解して応諾した。とはいえ，資本関係がなくなり独立した初日においてすべてを切り替えることは現実的ではないことから，協議の結果，一定の移行期間の間に切り替え，ファスフォードの役職員や顧客にとって不都合がないような手立てとすることをご了承いただいた。

　独立後はファスフォードの役職員に加えAPも全面的にサポートを行い，概ね半年から1年をかけて社内の体制を整え，外部のサービスに切り替えることにより，日立ハイテクとの当初の約束どおりの期限内にスタンドアロン化を完結させた。

　なお，新会社の商号については，会社分割により新会社が設立されるタイミングで新たな社名をつけることが望ましいという点は，APのみならずボンディング装置事業の役職員および日立ハイテクとも同意見であった。そのため，日立ハイテクより許可をいただき，株式譲渡前ではあるが例外的にAPメンバーとボンディング装置事業の役職員とで新会社の社名決定に関するディスカッションを実施させていただいた。そこにはAPが紹介したブランドコンサルティング会社も加わり，ボンディング装置事業の役職員が多数参加して，こ

れまで大切にしてきた価値観や顧客への提供価値など，合宿形式で長期間のブレインストーミングを行った。

このブレインストーミングに基づきブランドコンサルティング会社でいくつかの案を作成し，最終的にはAPは加わらず役職員の決定により「ファスフォードテクノロジ株式会社」という社名が決定された。

ファスフォードは「Fast」と「Forward」を合わせた造語である。変化の激しい業界の中で常に「速く」顧客に価値を提供し，常に「前へ」進んできたことがボンディング装置事業の優位性であり，独立後もこの価値観を大事にしたいという想いを言語化し社名に表すことができたことは，新会社としての独立にあたり非常に大切なスタートであったと考えている。

(2)　経営体制の整備

ファスフォードの母体となった山梨事業所は，事業所兼工場であり，ファスフォードとして独立した時点では一つの会社として完結できるだけの十分なバックオフィス機能を有してはいなかった。そのため，APのネットワークを駆使し，管理担当役員をはじめとするミドル・バックオフィス人材の採用を進め，採用までの期間は外部コンサルタントとAPメンバーの常駐により機能面の補完を行った。約半年経過時点では，概ね既存人材と中途採用人材とですべての業務プロセスが問題なく遂行できる体制を整えた。

(3)　ブループリント策定プロジェクト

ブループリント策定プロジェクトはAP主導で起案し，4月1日以前からファスフォードの経営幹部とAPメンバーとで協議し取り組むことを合意した施策であり，ファスフォードが日立グループから離れ独立独歩の道を歩むにあたっての羅針盤をつくる全社プロジェクトと位置づけていた。

ブループリント策定プロジェクトは，四つの分科会と，各分科会を含む全体の進捗とアウトプットを管理するステアリングコミッティによって構成されている。各分科会の目的および取り組み内容は，以下のとおりである。

①経営ビジョン分科会：新会社としての経営理念および経営ビジョンの策定

図表7-4　ブループリント策定プロジェクトの概要

ブループリントとは？	ファスフォードテクノロジの永続的な事業成長を実現するために何をすべきか？
・データ・事実（ファクト）に基づく客観的な事業の評価 ・目的は，ポテンシャルの評価と，そのポテンシャル獲得のための重要な施策の抽出 　-フルポテンシャルの明示 　-課題の明確化 　-施策の絞り込み 　-アクションプランとリソースの特定 ・その後，約6ヵ月程度をかけ重要施策を実施 ・事務局を設立，KPI設定，継続的なモニタリング ・経営陣と株主の一体感を醸成	**Why** ・新会社のミッション（存在意義），ビジョン（長期的に目指す姿）はどのようなものか？ ・今後，新会社として，どのような組織の価値観を，どう形づくっていきたいのか？ **Where, What & How** ・新会社の潜在的価値（フルポテンシャル）はどこまであるのか？ ・経営目標を達成するには，どのような施策・活動が必要なのか？ ・目標とする水準に到達するためには，どのようなアクションプランが必要なのか？

（出所）アドバンテッジパートナーズ

と組織への浸透

②成長基盤分科会：既存コア事業（ダイボンダ）における成長の確保と，次世代コア事業の創出と有意なサイズのビジネスへの育成

③原低革新分科会：現行量産品の資材費削減，新製品の資材費削減活動の定義，継続的に原価低減を行うことができる組織力の構築・強化

④体制整備分科会：独立企業としての事業管理体制を確立

　各分科会のリーダーは次世代の経営者候補となる部長・課長クラスを据え，APメンバーが分科会リーダーのサポート役として各分科会にアサインされた。また，各分科会での議論のもとになる事業環境分析・財務分析・議論のファシリテーションのため，外部の戦略コンサルティングファームも加わり，熱の入った議論が繰り返された。

　ブループリント策定プロジェクトは概ね半年で策定フェイズを終え，以降は実行フェイズに移行した。

図表7-5　ブループリント策定プロジェクトの流れ

	ブループリント（BP）の策定		BPの実行
フェーズ	事業の実態と課題の特定・共有，分科会セットアップ	分科会に分かれてのBPの具体化，統合	アクションプランの実行
期間	1ヵ月程度	1.5～2ヵ月程度	3～6ヵ月
活動の目的	・事業の実態の理解 ・経営理念／ビジョンの再定義 ・経営課題の特定と共有 ・外部アドバイザーの選定 ・分科会メンバーの特定	・分科会に分かれてのフルポテンシャルの把握，永続的成長のための収益力強化の方向性の仮説づくり ・統合されたブループリント（BP）の策定	・アクションプランの実施 ・定常活動への落とし込み
活動の内容	・経営会議への出席と，その他の各部門で行われる主要な会議への出席 ・既存の経営KPIの把握 ・各種の議論をふまえての課題の明確化と共有 ・経営理念／ビジョンの再定義	・課題の検討と施策の具体化 　－目標の設定，検討課題の具体化，各施策・アクションプラン策定 ・必要に応じて，経営管理に必要なKPIの設計	・アクションプランの実行とモニタリング，必要に応じての調整

（出所）アドバンテッジパートナーズ

4 ｜ 企業価値向上活動

　初年度のAPによるファスフォードへの支援は，独立企業としての基盤づくりを中心に行われた。2年目からは，ブループリント策定プロジェクトの結論に沿って主要なイニシアチブの具体的な実行フェイズに移行すると同時に，当時新たに顕在化した課題をオペレーション力改善のレバーと捉え，改善イニシアチブを主導的に企画し推進した。

　これらの多面的な活動の成果を要約すると，「技術者を中心に人材採用を積極的に行いながら，固定費の増加は外部購入品のコスト削減などで吸収することで収益性を維持・改善し，積極的な新製品投入と顧客提案により受注を拡大しつつ社内のオペレーションの改善を行うことで売上拡大に対応できる組織にしていった結果，増収増益を実現した」ものと評価している。

　以下，主要な取り組みについて詳細を説明したい。

図表7-6 ファスフォードテクノロジへの経営支援活動の全体像

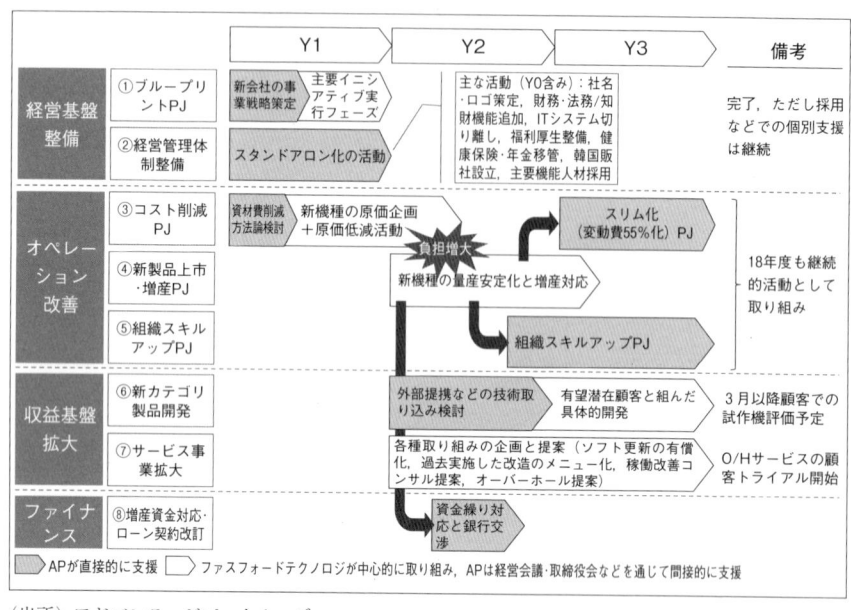

（出所）アドバンテッジパートナーズ

(1) 人材採用支援

　上述のとおり，独立前のファスフォードは，グループ一括採用で入社した人材が配属されず数年にわたり若手が入ってこない状態が継続した結果，社員の平均年齢が高く若年層が極めて少ないいびつな年齢構成が継続していた。

　APとファスフォード経営陣はブループリント策定プロジェクトの検討内容をふまえ議論を重ね，技術開発を継続し既存コア事業・次世代コア事業を強化するためには技術者を中心とした人員の増加が重要であること，将来の技術承継などを見据えたときに若手の採用は必須であること，そのためには一時的な固定費の増加を受け入れるべきであること，という結論に至った。

　APによる支援に基づく中途採用の推進と，ファスフォード主体での新卒採用とそのための地元でのブランド向上の取り組み（地元大学・高校への説明会やインターンシッププログラムの実施，地元のTV局の取材受け入れやスポーツチームへのスポンサーシップなど）を続け，優秀な若手を採用し育成することに取り組んだ。その結果，山梨県の企業というのは一般論として採用におい

図表7-7　ファスフォードテクノロジの正社員数の推移

	2015/3末	2016/3末	2017/3末	2018/3末	2018/7末
	122	127	140	159	171

（出所）ファスフォードテクノロジのデータに基づき作成

南アルプス市上今諏訪の御柱祭

　て不利ではある中で，ファスフォードの正社員はファスフォード設立時の122名から約3年半で171名と大幅な補強を実現した。

(2) 資材費削減

　ファスフォードの成長に向けた施策として，人員の増加とそれに伴う固定費の増加は損益分岐点の向上を意味し，ファスフォードのように市況のボラティ

リティが高い事業において損益分岐点が高くなることは，直接的に財務面での
リスクが高まることを意味する。その点からも，固定費の削減と変動費率の削
減を通じた粗利率の向上による損益分岐点の引き下げは，通常以上に優先順位
の高いテーマとして取り組みが行われた。

　ファスフォードの生産プロセスは，設計に基づき市販部品および一部の特注
部品を購入し，本社工場で組み立てることにより製品が製造されている。その
ため，生産設備などによる固定費は少ない反面，販売価格に占める部材購入費
（資材費）が過半を占める原価構成になっている。そこで，APとファスフォー
ド経営陣は資材費の削減に集中的に取り組みを行った。

　従来以上の相見積りの徹底，海外を含む新規サプライヤーの探索に加え，設
計変更によるコストダウンの検討にも踏み込んで取り組みを行った。当然なが
ら，設計変更については品質面から慎重な検討が必要であり，製品の品質を落
とすことなく資材費を削減することが不可欠である。そのため，ファスフォー
ド内に専任チームを組成し，また開発・設計や製造の各部門の中に担当者をア
サインさせていただき，外部コンサルタントの起用も含めて資材費削減のアイ
ディア出し・アイディア評価・具体的アクション・結果の進捗管理といった一
連のプロセスをAPも支援を行いながら推進した。

(3) アフターサービス事業の拡大

　ブループリント策定プロジェクトにおいては，収益基盤の拡大を①既存コア
事業の強化，②次世代コア事業の育成，に大別して，個別の施策に落とし込ん
でいった。

　既存コア事業の強化における施策の一例としては，アフターサービス売上の
強化に取り組んでいる。独立前のアフターサービス売上は，部品売上と改造売
上に大別されていた。部品売上は劣化した消耗部品の交換売上であり，改造売
上は既存製品に新機能を搭載するなどの改造を行うことでの売上になる。従来
は，部品売上は一定頻度で発生するため安定的ではあるが自然増以外に伸ばす
ことは難しく，改造売上も市況が悪く顧客側の設備投資予算が限られ，かつ顧
客の工場の稼働が低く装置の改造が可能なタイミングで顧客側から注文が来る
といった受け身のビジネスであった。しかしながら，アフターサービス売上は

利益率が高く，売上拡大による利益貢献が大きいことは明白であったため，従来のやり方にとらわれず，また顧客にとってもメリットのある形でのアフターサービス売上の拡大を検討した。

主な施策としては，以下のようなものがあげられる。

①改造メニューの作成と顧客提案：機種ごとに代表的な改造（生産性向上・生産可能品種の拡大など）をメニュー化し，顧客に過去に納品済みの機種と顧客のニーズを引き出して改造を能動的に提案。

②ソフトウェア改造提案：部品不要であり追加原価が発生しないため，利益率が極めて高いソフトウェア改造の積極的な提案拡大。

③メンテナンス提案：装置トラブルの未然防止が顧客にとっての機会損失低下・トータルコスト低下につながるため，定期的なメンテナンス・オーバーホールなどを提案。

これらの施策はファスフォードの増収増益に寄与したが，現時点ではいまだ十分な収益の柱となるところまでは至ってはおらず，今後も継続的にそのポテンシャルを顕在化させていく取り組みであるという位置づけである。とはいえ，従来は「後工程装置は前工程装置に比べアフターサービスで売上は取りにくい」という社内のマインドを変え，新しい収益源をつくることに対する社内の優先度を大きく上げることができたことにより，今後も着実にアフターサービス売上を伸ばしていけるものと考えている。

(4)　次世代コア事業の育成

ブループリント策定プロジェクトでは，収益基盤の拡大のもう一つの柱として「次世代コア事業の育成」を掲げていた。これは独立前からの大きなテーマであり，ファスフォードの経営陣は，事業の柱がダイボンダ装置に限定され，市況のボラティリティの影響を大きく受ける事業構造・体質であることに非常に強い危機感を持っていた。そのため，この状況は「収益が一本足打法」，「二毛作の事業を作る必要性」と表現され，日立ハイテクから独立し大企業グループの枷が外れた後に，新スポンサーとともに新しい収益の柱をつくることが切

望されていた。

　ブループリント策定プロジェクトでは，ファスフォードを取り囲む事業環境の分析とファスフォードのケイパビリティの棚卸を行い，事業機会に関する議論を重ねる中で，新規事業領域につき絞り込みを行い具体的な開発プランに落とし込んでいった。

　まだ公表されていないことから詳細の説明は差し控えさせていただくが，APファンドの投資期間中に具体的な製品として試作機が完成し，有力な顧客による試作機評価段階まで進めることができた。

　この次世代コア事業については，多額のリソースと開発コストを投下した反面，APファンドの投資期間中の売上には一切貢献はしていない。しかしながら，この投資によりファスフォードが半導体パッケージング領域における次世代のソリューションを提供できるケイパビリティを有する企業としての技術を蓄積したことが，表面上の売上・利益には表れない企業価値の向上につながったものと確信している。

(5)　組織スキルアッププロジェクトとオペレーション改善

　独立1年目に独立企業としての基盤づくりを終え，ブループリントに基づく成長施策に着手した2016年春先に，ファスフォードの社内に大きな激震が走る事案が発生した。当時，製品開発を終えたばかりの画期的なダイボンダの新製品「DD100」が顧客から極めて高い評価をいただき，一気に数十台の受注をいただいたのである。これは，ファスフォードにとって大きな機会であると同時に，非常に大きなチャレンジでもあった。これまでファスフォードでは新製品開発を行い，試作機を顧客に評価していただいたうえで，そのフィードバックに基づき機能面のブラッシュアップを行うとともに，量産に向けた製造プロセスの確認と設計のブラッシュアップを行ったうえで量産フェイズに入る，というのが基本的な取り組みであった。しかしながら今回は，量産に向けた通常のプロセスがない中で，強い引き合いをいただいたのである。

　ファスフォードにとっては極めて重大な経営意思決定であり，さまざまな面からリスクも分析した結果，注文をお受けすることを決断した。結果としては，いただいた注文を希望納期内に全台納入することはできたのだが，その過程で

は品質管理上の課題，設計・生産現場の疲弊，原価の高止まりなど，さまざまな課題が顕在化していった。

　全社的に鉄火場のような量産を乗り切った後，APとファスフォード経営陣は本件からの振り返りを行い，「この体験を全社的な学びと課題解決の機会とし，オペレーションの質をもう一段上げる機会とすべきである」と結論づけた。そこで開始したのが「組織スキルアッププロジェクト」である。

　組織スキルアッププロジェクトは，プロジェクト体制としてはブループリント策定プロジェクトと同様に，ステアリングコミッティと分科会で構成され，分科会では部長・課長クラスがリーダーとして取り組んだという点で同様である。しかしながら，組織スキルアッププロジェクトの特徴は，よりオペレーショナルな課題に焦点を当てたという点にある。「営業による顧客ニーズの収集と開発シーズの連携」，「要素技術開発テーマの選定方法」，「ソフトウェア開発の品質向上」などがテーマとして選択され，例えばソフトウェア開発の品質向上については，これまでのソフトウェア関連の不具合を分類しその代表的なケースの分析を行うことで，ソフトウェア開発の現場で何が起きているのかを明らかにしたうえで，現場主導での改善のアイデア出しという試行錯誤を繰り返しながらも，不具合ゼロを目指す取り組みが継続的に行われた。

　これらの取り組みは，事業環境が安定的な，いわゆる平時だけでなく，組織全体に大きな負荷がかかった場合でも対応できるキャパシティを広げるとともに，平時における品質改善や意思決定の質の向上により収益性を一段引き上げる効果があったと認識している。

　また，組織全体が大企業グループから独立した後，本当の意味で独立・自立した企業としての事業運営力を有しているという自信につながり，結果としてAPファンドの次の株主・パートナーを選ぶうえでも独立性を保ちシナジーのあるパートナーを選ぶことができる，という確信につながったものと考えている。

5 ｜ 資本業務提携の推進とAPファンドのExit

　ファスフォードの独立企業としての存在感が高まるにつれ，ファスフォード
に対する外部からの注目度は高まっていった。これまで大企業グループの一事
業部門・一工場であった事業が，独立企業として自社のブランドを掲げて，山
梨県内企業としては相当数の社員採用も行い，ニッチではあるがグローバル市
場で圧倒的なシェアを有していることに光が当てられるようになったことから，
ある意味当然の結果ともいえる。一般的には，大企業のブランドを冠している
ことが知名度や採用などにとって重要と考えられがちではあるが，大企業グ
ループ内でのノンコア事業と，独立企業として独自の成長戦略を実行し自社ブ
ランドの存在感を高める不断の努力をし続ける企業とでは，外部からの光の当
たり方が全く異なるということを実感として感じた次第である。

　ファスフォードへの注目が高まるにつれて，APに対してはファスフォード
との事業提携や資本提携の打診が複数企業から寄せられるようになった。AP
ファンドは有期限の株主であり，いずれは保有する株式の売却（Exitといわれ

図表7-8　FUJIとファスフォードテクノロジとのシナジー

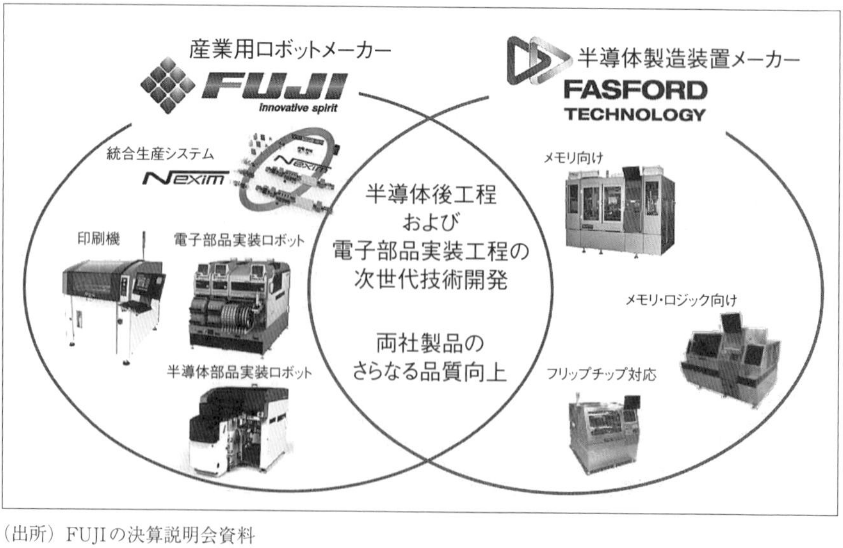

（出所）FUJIの決算説明会資料

る）が行われる。そのExit方法について，ファスフォードの将来性という観点を最も重視して検討し，ファスフォードの経営陣とも協議した結果，資本業務提携候補先からの提案を募り最良の先を選定するプロセスを開始した。

選定プロセスは，候補先そのものの選定から最終的な提携先の選定まで，APとファスフォードの経営陣とで協議しながら実施し，最終的に最良のパートナーとしてFUJIを選定し，APファンドとファスフォード経営陣の保有する全株式をFUJIに譲渡することを決定した。

これにより，APがファスフォードの独立を支援する「第二の創業」フェイズは完了し，ファスフォードにとっては新たなパートナーとのシナジーを得て，さらなる成長に向かう次のフェイズに進むこととなった。

おわりに

以上，APファンドによるファスフォードのカーブアウト投資・独立支援案件の概要を説明させていただいた。APがファスフォードに投資していた約3年半は，業績面では順調に推移してきたが，ファスフォードの役職員にとってもAPメンバーにとっても，簡単な道のりではなかったように感じている。さまざまな課題を乗り越え，独立直後から比べると数段成長した事業体になることができたのは，ひとえにファスフォードの役職員が優秀であったからであると考えている。APは，ポテンシャルの高い事業と役職員に光を当てる役割を果たし，その事業価値を上げるために現場に入りながら伴走したにすぎない。あくまでも主役はファスフォードである。特に，ファスフォードの代表取締役社長である富士原社長には，すばらしいリーダーとしてこの第二創業期の舵取りをしていただいた。大企業グループから切り出されることへの不安を感じる従業員を鼓舞し，大規模増産の社内的な混乱を乗り越え，APとの取り組みを前向きに捉えていただきながら常に現場感覚を持ち続け，真剣な議論を行っていただいたことに心から感謝の言葉を申し上げたい。

最後に，APメンバーが社外取締役として参加した最後の取締役会の後，ファスフォードの役職員から送別会を開いていただいたときのエピソードを披

露させていただきたい。送別会の場で，ブループリント策定プロジェクトでご活躍いただいた社員の方から，APとの3年半の取り組みの総括の中で「あのとき，われわれがブループリントで描いたとおりの未来を歩めている」との言葉をいただいた。ブループリント策定プロジェクトはAPにやらされたものではなく，ファスフォードの役職員にとって自身で描いた将来像であり，その将来像を実現するためにともに走り続けた成果を喜び，成長を実感し，将来に向けた自信を持っていることを伺うことができた。これが，APがファスフォードに残したものであり，その言葉こそがファスフォードから卒業するAPに対する最大の贈り物ではないかと感じた次第である。

　今後も，FUJIというすばらしいパートナーとともに歩みつつ，富士原社長を先頭に独立心を保ちながら，ファスフォードが成長を続けていくことを期待している。

バイアウト・ファンドが株主となることの優位性
〜迅速な意思決定によるスピーディな事業運営の実現〜

ファスフォードテクノロジ株式会社
代表取締役社長
富士原秀人氏

Q　ファスフォードテクノロジはもともと日立ハイテクインスツルメンツの一事業部門でしたが，2015年3月にアドバンテッジパートナーズがサービスを提供するファンドの支援を受けて独立しました。バイアウト・ファンドの支援で独立することになりましたが，当時の状況と心境についてお教え願います。

　日立ハイテクインスツルメンツの親会社である日立ハイテクノロジーズがボンディング装置事業をグループ外に切り出すということを決めていましたが，私たちとしては，どこから資本参加を受けるのかということが最大の関心事でした。自分たちで株式を保有して独立するというのは難しいと考えており，どこか安心できるパートナーと組むことができればよいな，と思っていました。そして，何社かの候補先の方々にプレゼンテーションに来ていただいたのですが，その中の1社であるアドバンテッジパートナーズさんに決まりました。

　当初は，バイアウト・ファンドが会社に参画するというイメージが持てなくて，とても驚きました。テレビドラマ「ハゲタカ」も見ていましたので，実際のバイアウト・ファンドはどんなことをするのかな，という不安もありました。また，バイアウト・ファンドが参画すると，何年か後には再び株主が代わりますので，もう1回同じようなことが起こるという認識を持っていました。

　アドバンテッジパートナーズのメンバーで最初にお会いしたのは，印東徹さんと早川裕さんでしたが，俗にいうハゲタカの印象はありませんでした。今まで一本足打法だった事業を二本足打法にしたらどうかとか，事業部門から一つの会社に移行するためには何をしたらよいのかなど，非常に親身になって考えてくれていると感じました。人間的にも紳士的な方々であり，出会えてよかったなと思いました。プレゼンテーションの対応は基本的には私が行いましたが，譲渡先の決定権は日立ハイテクノロジーズのほうが持っていましたので，アドバンテッジパートナーズさんを選んでいただいて感謝してい

ます。

Q 事業部門が独立して新会社が設立されるということは，社名を考案する必要があります。どのように社名を決めたのでしょうか。

　独立する前に，ブランディングの専門家の方々の助言も得ながら，合宿を実施して検討を行ったうえで決定しました。ボンディング装置事業の役職員が多数参加して，これからもこの事業を営んでいくうえで大切にしていきたい価値観は何かという議論を行いまして，いくつかの候補名があげられて，どれにするかを決めました。

　ファスフォードテクノロジという社名は，「fast（早い）」と「forward（前に）」を合わせた造語です。この業界では，他社を後方に置き去るといった技術的優位を獲得するのは非常に難しいですが，「他社より一歩でも半歩でも前を走るという姿勢を求めていく」という想いが込められています。

Q 独立後の体制構築も重要ですが，どのような経営体制になったのでしょうか。アドバンテッジパートナーズのメンバーとの日々のコミュニケーションはどのように行っていましたでしょうか。

　アドバンテッジパートナーズからは，代表パートナーの笹沼泰助さん，印東さん，早川さんの3名が社外取締役として参画する形になりました。組織については，開発部門，営業・生産部門，財務部門の三つを設置し，財務部門の幹部はアドバンテッジパートナーズさんの紹介で招聘しました。今までの山梨工場は，会社としての経営管理機能がありませんでしたので，経理部門の確立なども含め，一つの会社として成り立たせるためのサポートを得ました。

　最初にブループリント（青写真）を描く際にも，アドバンテッジパートナーズのメンバーを含めて議論しました。工場でいろいろなことを考えても頭が回りませんので，部課長以上全員参加の泊りがけで行いました。また，半期ごとに課長以上の合宿を開催し，土曜日に発表してもらうということも行いました。特にテーマを決めて議論するような場合には，印東さんにも参加いただいていました。

　あとは，製造業・テクノロジー領域の専門家である早川さんには，現場に対する助言もいただいていました。製品開発，原価低減，品質管理などの議論においては，技術部門や開発部門の現場の担当者と直接打ち合わせを行い，技術的な観点でいろいろな助言をいただきました。日立グループには複数の研究所がありましたが，独立後には関係が

希薄となっていましたので，テクノロジーの専門家に来ていただけるのは心強かったです。

Q 大企業から事業部門が独立する際に，バイアウト・ファンドが株主となることの優位性についてどのようにお考えでしょうか。

　まず，迅速な意思決定によるスピーディな事業運営を展開することができます。大企業の傘下ですと，いろいろな施策を実行することに対しても，親会社にお伺いを立てて決める場合もあります。一つの施策を打つにしても，事業部門で承認をとって，日立ハイテクインスツルメンツの本社の社長に説明し，その親会社の日立ハイテクノロジーズにも承認を得る必要がありましたが，独立後は，印東さんに話をして，経営会議と取締役会で承認を得れば実行できました。また，大企業の傘下ですと，細かい規則が定められており，「しがらみ」も存在します。予算にも制約があり，いくら上期で利益が出ても下期で駄目だと，開発を停止したり，人員を減らしたりということもあります。

　バイアウト・ファンドが株主の場合には，短期的な視点ではなく，中長期的に会社が成長していくためには何をすべきかという議論を行うという特徴があります。弊社の場合でも，上層部のメンバーだけでなく，部長以下の実行部隊の人たちも参加してこの点を議論する機会がありました。ビジョンの策定においても，新会社が長期的に目指す姿はどのようなものかについて，縛りがなく決めることができたので良かったです。

　最初から上場企業の傘下に入っていたら，工場や事業が機能せずに，組織がバラバラになっていたかもしれません。工場を閉鎖して人材だけ配置転換させられるという可能性もあり得ました。その意味でも，アドバンテッジパートナーズさんのご支援のもとで独自の事業運営を確立し，変動の激しい半導体製造装置業界に耐え得る強固な事業基盤を確立することができたことは良かったと思います。

Q アドバンテッジパートナーズは，人材投資，開発投資などの取り組みに対してどのようなスタンスでしたでしょうか。

　当然，赤字になるような施策はできませんが，日立グループ時代とは異なり，成長していくためには何をすべきかという視点でいろいろな施策にチャレンジしていこうというスタンスでした。人員を削減しなさいという指示が出たことはありません。

　エンジニアの生産性改善プロジェクトも行いましたし，外部コンサルタントを起用した各種のプロジェクトやテーマ別の分科会も実施しました。今までは現場も含めてその

ような取り組みを行ったことはありませんでしたし，またそのような取り組みにお金を
かけてもよいという発想もありませんでした。大企業グループの傘下では，まず承認し
てもらえなかっただろうなと思います。やはりアドバンテッジパートナーズさんには，
「お金をかけるところはかけてもよい」というスタンスで進めていただいたのが良かっ
たです。

　二本目の柱を創ろうということで，新機種の開発にも積極的に取り組みました。SiP
ボンダ DBシリーズ「DD100」という新機種を出して，お客様に高く評価いただけま
して，量産するという話になったのですが，急激に増産すると在庫を持つ必要があり，
資金繰りには苦労しました。過去に経験のない増産でしたので，どれくらいの借入枠が
あれば大丈夫かという議論を慎重に行いましたが，すべて納入することができました。

　半導体メモリ市場が伸びていく中で，新製品を出して売れましたが，赤字になると大
変だという考え方は常に持っていました。そのため，しっかり黒字を維持し続けるには
どうしたらよいかもアドバンテッジパートナーズさんと一緒に必死になって考えまし
た。

**Q　独立した直後より50名も従業員数が増加しています。人材採用に対するスタ
ンスや採用方法が変わったのでしょうか。**

　人材採用については，日立グループの時代には，親会社の本社で一括採用して振り分
けられており，事業部門として本当に必要な人材をとれていませんでした。若手の人材
をなかなか配置してもらえず，事業部門全体の年齢構成としても若手が手薄になってい
ました。独立後は，それを解消するために，一時的に負担は重くなるけれども，10年後・
20年後を見据えて，若い人材を積極的に採用していきました。50名程度の採用を行い，
現在の従業員数は170名を超えています。

　正直に言うと，人材に投資を行って固定費を増やすことの怖さはありました。赤字に
ならないように必要な人材を確保していくという視点を心がけました。ファスフォード
テクノロジという新会社の認知度の向上のために，甲府駅に看板を出したり，新聞やテ
レビの取材を受けたり，官公庁を訪問したりしました。今まではそのような取り組みを
行ってきませんでしたが，積極的な活動により地元ではそれなりに知名度が高まってき
ました。今年は，韓国からの採用もありました。

ファスフォードテクノロジに社名変更してから初めての入社式

Q 独立した企業となり体制が変わるということに対する従業員の皆さんの反応はいかがでしたでしょうか。どのように社内のモチベーションが向上していったのでしょうか。

　バイアウト・ファンドの傘下に入るということに対しての不安はあったと思います。しかし，誰一人辞めることなく，事業部門の全員が新会社に転籍してくれました。日立ハイテクインスツルメンツの一部門から独立企業のファスフォードテクノロジとなり，給与や賞与もそれなりに上げることができましたので，社員にとっても良かったと思います。

　1年目が終わるくらいの頃には，社内でのモチベーションが高まっていたと思います。まず，最初の半年くらいの時期に，ビジョンの策定や今後のブループリントづくりに取り組んで，独立した会社が誕生したという意識が醸成されました。その後は，新機種の導入や増産もあり，大変でしたけれども，独立してやっていけるという認識が社員の中でも共有されるようになりました。ちょうどそのタイミングで賞与が出ましたので，一気にモチベーションが上がりました。頑張っている社員の方々に10万円でも20万円でも還元したいということで，アドバンテッジパートナーズさんにも相談し，従業員の方々に初めて特別賞与という形で還元しました。

　もともとルネサス東日本セミコンダクタの装置事業部門が日立ハイテクインスツルメンツに移管した際に，日立ハイテクインスツルメンツ内に黒字のボンディング装置事業

部門と赤字のマウンタ事業部門が存在することになり，モチベーションが低下していました。大企業グループでは，ある事業が黒字を出していてもそれ以上に赤字を出している事業があれば会社全体として赤字の査定になってしまいます。そのため，日立グループの時代には，特別賞与などの施策を実施することは難しかったのです。

Q 大手電機メーカーや大手総合商社などの子会社が独立する取り組みが増えていますが，バイアウト・ファンドとの付き合い方やうまくいくための秘訣についてお話し願います。

バイアウト・ファンドは，いつでも相談できる相手でなければなりません。上から目線で「ワッ」と言われてしまうタイプの株主であれば萎縮してしまいます。その意味でも，気軽に相談することができましたので，「本当にアドバンテッジパートナーズさんで良かったよね」と社内でも話しをしています。

それから，face to faceで顔を合わせてお話しすることが大切です。電話だと重要な話で的確な表現ができないという難しい側面があります。印東さんと私は週1回ミーティングをしていましたが，どうしても都合がつかない場合を除いて，必ず山梨で行っていました。

エグジットした後でも，アドバンテッジパートナーズさんとは交流があります。マラソン大会にお誘いすると印東さんも来てくれますし，極めて良好な関係を構築することができました。弊社のFacebookにも「いいね！」の投稿があり，今でも気にかけていただいているなと感じています。

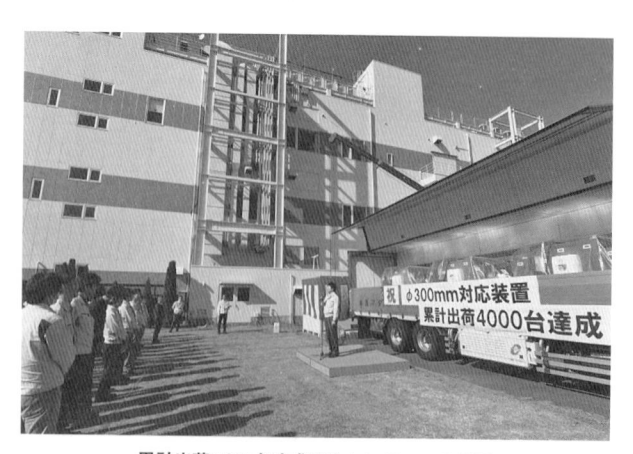

累計出荷4,000台達成記念セレモニーの様子

やまなし産業大賞の表彰状と盾

Q 2018年には，新たな株主の傘下に入り，次なるステージに移行しました。今後の展望についてお話し願います。

自立成長できる力をつけてバイアウト・ファンドを卒業することになりましたが，新たな株主にも独立企業として高く評価いただけました。カルチャーを尊重していただける株主に引き継いでいただけたということは本当に良かったと思います。

今後は，長年培ってきた技術やノウハウに加え，FUJIとのシナジーにより，弊社の

設立3周年記念パーティの様子

企業理念である「SPEEDをモットーにお客様・パートナーと共に挑戦，成長する」を実現するための技術開発をさらに強化し，お互いの技術を融合したような装置を開発していこうと考えています。

富士原秀人氏略歴

ファスフォードテクノロジ株式会社 代表取締役社長
東京電機大学電気通信工学科卒業。1980年日立青梅電子株式会社に入社。株式会社ルネサス東日本セミコンダクタ電子装置事業部開発部長，株式会社日立ハイテクインスツルメンツ取締役を歴任し，2015年ファスフォードテクノロジ株式会社代表取締役社長就任

第 8 章 | 中国・アジアを軸とした製造業の再成長
── 欧州企業傘下から急激に業績を回復・成長させた
モリテックスの事例──

シティック・キャピタル・パートナーズ・ジャパン・リミテッド
マネージング・ディレクター **伊藤政宏**

はじめに

シティック・キャピタル・パートナーズ・ジャパン（CITIC Capital Partners Japan）は，そのサービスを提供するファンド（以下，「シティック・キャピタル日本ファンド」という）を通じて日本の中堅企業を対象にしたプライベート・エクイティ・ファンド事業に関与している。シティック・キャピタル日本ファンドは，国内市場の成熟化に伴って経済成長が鈍化する環境下において，海外，特に中国を中心とするアジア地域での事業展開の加速化を目指す日本企業の支援を目的としたバイアウト・ファンドである。

本稿では，2015年にシティック・キャピタル日本ファンドが独ショット AG（以下，「ショット」という）から株式を取得し，2016年に東京証券取引所第一部からの非公開化を行った株式会社モリテックス（以下，「モリテックス」という）が，シティック・キャピタル日本ファンドのサポートを受けてその潜在能力を解き放ち，急速に収益性を改善，次の成長軌道に乗った，その軌跡を紹介させていただく。

1 | 会社概要

(1) モリテックスの歴史

モリテックスは，1973年の創業以来，一貫して「光技術」をベースに事業を

図表 8 - 1　会社概要

会社名	株式会社モリテックス
設立	1973年 2 月
代表者	代表取締役社長　佐藤隆雄
本社所在地	〒351-0024　埼玉県朝霞市泉水 3 -13-45
事業内容	マシンビジョンシステム，工業用内視鏡，検査計測機器，肌カウンセリングシステム，機能性材料，光通信関連製品の製造販売，および輸出入
拠点	〈営業拠点〉 本社，名古屋，大阪，深圳，蘇州，カルフォルニア，テネシー，シンガポール，ミュンヘン 〈工場〉 深圳
従業員数	453名（うち深圳工場275名）※2019年 7 月時点

（出所）モリテックス

展開している。祖業は光ファイバなど特殊素材や機器の輸入・国内販売であったが，今では多岐にわたる事業を展開している。

　モリテックスは，独自の光学技術，光ファイバ技術，照明技術，電気回路技術，制御技術などをコア・テクノロジーとして，多彩な製品を市場に投入してきた。現在では半導体・エレクトロニクス製品など，製造工程に欠かすことのできない高性能レンズ・照明・カメラを中心とするマシンビジョンシステム製品，コスメティック分野向け各種肌センサとカウンセリング機器，画像機器，機能性材料といった製品群を取り扱っている。

　また，深圳にメイン工場を持ち，アジア，北米，欧州に拠点を展開している。

(2)　主要事業の概要

　主要事業は，①マシンビジョンシステム，②コスメティック関連機器，③機能性材料・精密部品の三つである。

①　マシンビジョンシステム

　モリテックスは，マシンビジョン業界を代表する企業であり，液晶，半導体，電子部品分野を得意とする。レンズや照明，カメラユニット，検査装置など多

岐にわたる製品を幅広く展開している。

② コスメティック用製品

化粧品，エステティック，理美容業界に向けて，高性能のレンズ，照明およ
び画像処理技術を組み合わせた付加価値の高いカウンセリング製品を提供して
おり，世界トップシェアを占める。

③ 機能性材料・精密部品

光学材料，医療用チューブやカテーテル，シール材，標準粒子など高機能の
機能性商品を海外から輸入し，日本国内の半導体，医療機器，分析機器，光通
信業界などの企業に販売している。

図表 8-2　主要事業と製品

（出所）モリテックス

(3) マシンビジョンとは

　主力であるマシンビジョン分野においては，創業当初からの強みである光学・照明技術を活用し，主に液晶製造装置，半導体製造装置，電子部品実装機業界向けに製品を提供，世界でトップレベルのシェアを誇っている。

　ここで，モリテックスが関わっているマシンビジョンについて簡単にまとめておく。マシンビジョンは読んで字のごとく，機械の目であり，対義語はヒューマンビジョン（人間の目）と考えるとわかりやすい。例えば，工場において人間が目で見て判断していたさまざまな事柄を機械が見る，という用途である。とりわけ，単純に人間が行っていたものを機械に置き換えるだけではなく，機械ならではの特徴，例えば人間の目の限界以上に精度を高める，可視光線以外を使うことで人間の目には見えないものを見るなどにより，生産ラインの高度化に貢献している。すなわち，マシンビジョン浸透のドライバとして，

CCTVレンズ

バイ（両側）テレセントリックレンズ

人件費高騰への対応に加え，見るべき対象の高精細化が重要な要素である。

　モリテックスが手がけるような高度なマシンビジョンは，従来は半導体製造装置の生産ラインに活用されることが多く，実際かつてのモリテックスの顧客は半導体製造装置メーカーが多かった。しかし，現在は，例えばスマートフォンの高精細化などによってエレクトロニクス分野においても飛躍的に需要が高まり，モリテックスの製品も浸透が進んでいる。加えて，プロセッサの処理能力の大幅な向上や自動化に関する社会的要請，IoT・AIの発展により，モリテックス製品は従来のような生産ラインの一部を形成するだけではない新しい用途にも応用されており，モリテックスの将来の成長の柱を形成しつつある（5節参照）。

(4)　モリテックスの強み

　改めて現在のモリテックスの強みをまとめると**図表8-3**のようになる。

図表8-3　モリテックスの強み

項　　目	詳　　細
技術・営業	光学設計に関する技術力，それを支える高水準かつ多数の技術者（世の中の光学技術者の人数は限られている），その技術者が営業もこなす技術営業力。
製品ポートフォリオ	マシンビジョンにおいて，そのレンズと照明をどちらも提供できること。多くの会社はどちらかに偏っているが，両方の製品を持つことで，ソリューションを提供できる。
生産・調達	深圳工場を活用し，原材料の現地調達を進めることで，高品質と価格競争力を両立。
グローバル展開	成長率の高い中国・アジア，北米，欧州にも拠点を展開し，シェアを着実に獲得。
成長分野	旧来のマシンビジョン以外の用途への展開に成功，実績をつくりつつある。
企業文化	ベンチャー気質，グローバル志向，迅速性。それらが，グローバルに技術・用途が目まぐるしく変わる本業界において，絶え間ない顧客開拓や用途開発を支える。

（出所）シティック・キャピタル・パートナーズ

このうち，「生産・調達」，「グローバル展開」，「成長分野」は，シティック・キャピタル日本ファンドが投資をしてから具現化した強みである。これらを詳細に説明する前に，シティック・キャピタル日本ファンドの投資に至った経緯を紹介させていただく。

2 投資に至った経緯

（1）IDECとの提携からショット傘下へ

モリテックスは創業以来，新進気鋭のベンチャー企業として急成長を遂げ，1996年に店頭登録，2000年には東京証券取引所第一部に上場するなど，順風満帆に企業としての階段を駆け上がっていた。

転機は2007年に訪れる。前年の2006年4月，中核ではないビーズ事業への進出で損失を計上した責任をとって創業者の森戸氏（当時8.30％を保有する第二位株主）が会長を辞任したが，2007年3月その森戸氏は，資本・業務提携によってモリテックスの11.32％を保有する筆頭株主となっていたIDEC（アイデック：制御機器メーカー）と共同で，当時の経営陣の更迭，森戸前会長自身の復職，IDECからの経営陣派遣などを求める株主提案を行い経営陣と対立，プロキシファイト（委任状争奪戦）が展開された。最終的には経営陣による取締役選任案が可決され，モリテックスとIDECとの提携契約の解消に至った。

その後モリテックス経営陣は，2007年4月から業務提携関係にあったショットとの資本提携を選択する。ショットは独カールツァイス財団傘下の国際的な技術グループ企業で，特殊ガラス・材料，先進技術分野において130年以上の歴史を持ち，その製品は家電，医薬品，電子機器，光学機器，輸送機器など広範囲に浸透しているだけでなく，評価も世界最高水準であった。かつ，モリテックスとショットとの業務提携は一定のシナジーを生み出しており，モリテックスがショットのグループ会社となることで一層のシナジー創出が期待されていた。こうして2008年9月，ショットによる友好的TOBが行われ，ショットがモリテックスの株式の7割超を取得してグループ傘下におさめ（上場は維持），2013年には社名も「ショットモリテックス」に変更された。

図表 8 - 4 モリテックの歩み

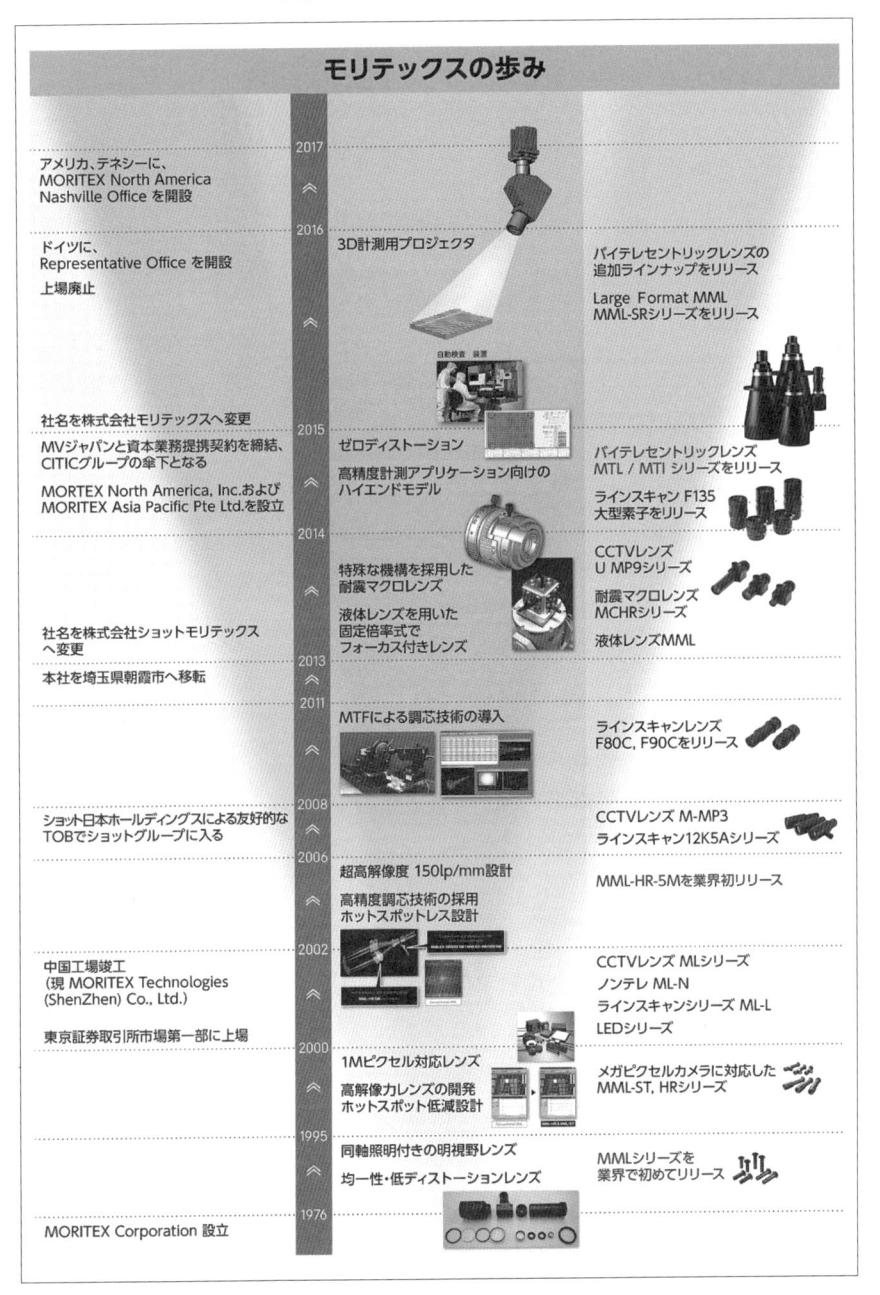

(2) リーマン・ショックから次のスポンサーへ

　ところが，ショット・グループの一員となって間もなくリーマン・ショックが到来，モリテックスの主要販売先である半導体製造装置業界の状況は急速に悪化した。また，リーマン・ショックに起因して個人の消費も低迷，電子部品電装装置や液晶製造装置業界においても受注が急減し，2012年度にはモリテックスも赤字に転落した。一方，親会社であるショット・グループの経営環境も大きく変化し，戦略の見直しが行われた。その結果，ショットは新たな戦略，すなわちコア事業であるガラス製品製造業への原点回帰方針を打ち出し，マシンビジョンシステムはコア事業から外れた。それによって，モリテックスに関しては，新たなスポンサー候補を選定して株式を譲渡する方針となった。

(3) 経営課題とスポンサー選定条件

　スポンサー候補選定にあたり，当時のモリテックスの経営課題および背景と，新たなパートナー候補となるプレーヤーに対して求められた条件を**図表8-5**にまとめた。

　これらの条件を見渡したとき，メンバーの業界知見や企業支援経験，ネットワーク・リソースをあわせ持つシティック・キャピタル日本ファンドを新たなパートナーに選定することは合理的な判断と思われた。特に，エレクトロニクス業界などへの進出を睨んだ中国・アジア市場の開拓や，深圳工場の最大活用の観点から，シティック・キャピタル日本ファンドは明らかに付加価値を生むと考えられた。

(4) シティック・キャピタル日本ファンドの投資判断

　一方，モリテックスへの，特にバイアウト・ファンドとしての投資判断はやさしいものではなかった。2014年当時のモリテックスは，まだ浮き沈みの激しい半導体業界への依存度が高く，当時は半導体業界も好況でなかったことがより判断を難しくした。事実，モリテックスの業績も直前まで3期連続で赤字であった。また，ニッチかつハイテク分野で，事業の理解も容易ではなかった。実際，検討が進んでいたスポンサー候補は極めて限られていたようである。

　シティック・キャピタル日本ファンドは，幸いにもメンバーに比較的土地勘

図表 8-5　当時のモリテックスの経営課題

項目	経営課題および背景	求められる条件
事業領域	半導体への偏重解消，エレクトロニクスなどの伸長（※当時は半導体製造装置メーカーのOEMの占める割合が高かったが低収益，一方エレクトロニクスなどでの需要が伸びる中，事業展開が課題であった）	業界知見
展開地域	中国・アジア（特に中国）をはじめとした海外展開（※エレクトロニクス等への進出には，主要プレーヤーが属するアジア・中国への展開が必要となる）	中国を中心としたネットワーク・リソース
収益性	収益性の改善，そのための管理水準向上と，深圳工場の最大活用（調達コスト削減を含む）（※当時は受注管理が不十分で，付加価値に見合わない弱気な価格設定での受注があった。加えて国内での生産や原材料調達が残存し，コスト高の要因となっていた）	中国を中心としたネットワーク・リソース 管理水準向上ノウハウ
経営思想	本来の強み（ベンチャー気質，グローバル，迅速な意思決定）と組織的な企業経営との両立	事業経営に関する造詣の深さ
組織	海外組織の一体化（※当時の海外組織はモリテックス所属ではなくショット傘下で，一組織として動きにくかった）	グローバルで一組織にする方針に支障がないこと

（出所）シティック・キャピタル・パートナーズ

があったが，それでも投資判断は容易ではなく，投資委員会の議論もかなり難航したといって差し支えないだろう。そのため，通常の案件に比べてかなりの頻度で，理解を深めるためのマネジメントとのセッションをモリテックス側にご用意いただいた。マネジメントと幾度となく議論を交わしていく過程で，シティック・キャピタル日本ファンドとしても会社の強み，潜在力，市場のポテンシャル，歴史的な経緯からくるユニークな改善機会を感じ取ることができ，投資に踏み切ることができた。

　こうして，双方の合意を経て，モリテックスおよびショットはシティック・キャピタル日本ファンドをスポンサーに選定するに至った。

3 投資ストラクチャー

　2014年，モリテックスおよびショットは正式にシティック・キャピタル日本ファンドをスポンサーに選定した。同年12月，シティック・キャピタル日本ファンドは傘下SPCを通じてTOBを実施した。主にショットが保有するモリテックス株式を買い取ることが目的のディスカウントTOBで，事実ほぼショット保有分のみの取得となった。2016年には，モリテックスの非上場化を目的として二度目のTOBを実施，100％子会社とした。

図表8-6　投資ストラクチャー

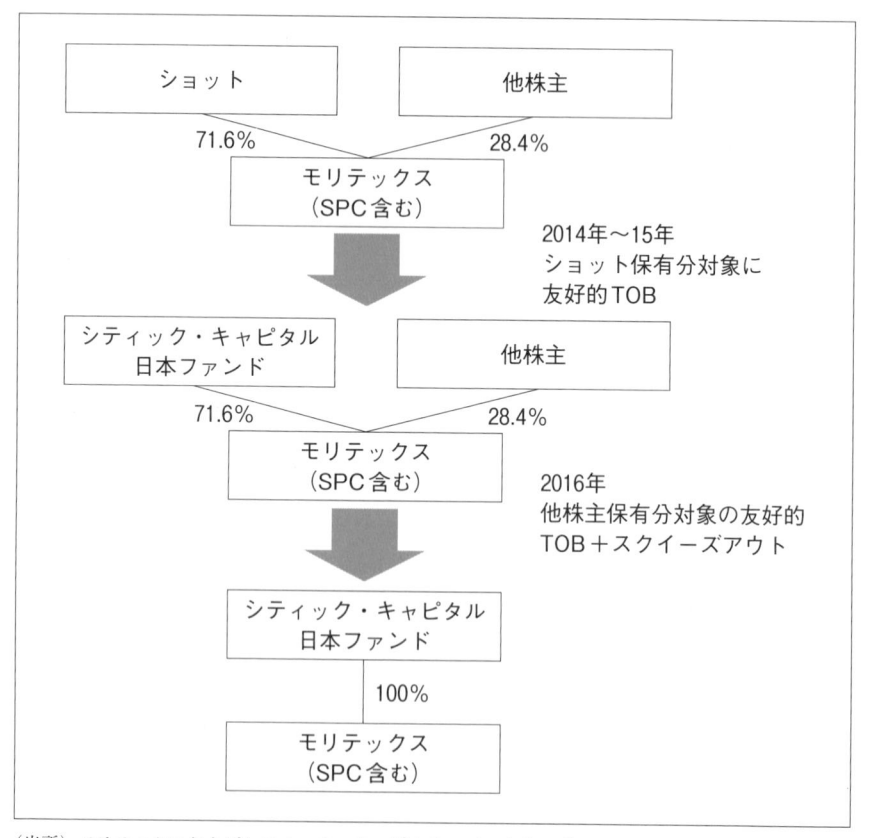

（出所）モリテックスおよびシティック・キャピタル・パートナーズ

4 ｜ 業績回復の軌跡

　2015年にシティック・キャピタル日本ファンドの傘下に入ってから，モリテックスは矢継ぎ早に打ち手を実行した。本節では，その一端を紹介する。

(1) ビジョン

　ショット傘下で「モリテックス」から「ショットモリテックス」となった社名の再変更は自然な流れであった。新生モリテックスの船出にあたり，社名とビジョンを社員全員でゼロからつくり直すことで一体感を醸成した。株主は極力関与せず，全社をあげて検討を重ねた結果，社名を「モリテックス」に戻し，

図表 8 - 7　バイアウト後の経営施策

項　　目		打ち手
ビジョン		社名の改訂，新しいビジョンの策定
事業	海外展開	中国を中心とした海外戦略の策定，新規顧客開拓
	受注管理	付加価値に見合った価格設定の厳格な運用，維持
	生産移管・現地調達	深圳工場生産比率40%（2014年）→72%（2019年） 生産移管の効果最大化に向け，現地サプライヤー発掘
	新商品開発・新領域開拓	バイテレセントリックレンズ，AOI（3次元計測）など 交通監視システム，物流ソリューション，自動運転など
管理	数値管理・KPI	外部コンサルタントを入れて数値管理体系を改訂 主要計数の可視化，KPI策定
	報告資料	簡素化
	会議運営	幹部全員参加
システム		簡素化
組織		海外組織の内包 レイヤーの削減，プロパー人材の登用
インセンティブ		ボーナススキームの透明化 ストックオプション制度の導入

（出所）シティック・キャピタル・パートナーズ

「Vision Creating Value」のビジョンが策定された。このプロセスを経た結果，全社員が当事者意識を持って社名，ひいてはブランド名とビジョンを認識した。

(2) 事業

①　海外展開

　半導体依存からエレクトロニクスなど，他の業界への進出を目指したが，そうなると対象顧客はアジア・中国企業が多くなる。しかし，ショット傘下時代には，例えばモリテックスの現中国チームはもともと「ショットモリテックス中国」でなく「ショット中国」所属であるなど，一体運営には障害があった。それら海外拠点は，本件を経て正式にモリテックス・グループの一員となった。

　そこで中国事業に関しては，改めてモリテックスを念頭に置いて，戦略の見直し，計画策定を行った。その際はシティック・キャピタル日本ファンドの中国チームが大いに支援をさせていただいた。そして，アジア，北米，欧州においてもショットからモリテックスに正式移管し，グローバルで組織一丸となって，新たに事業が動き出した。

②　受注管理

　明らかに低収益な案件の受注だけでなく，本来の付加価値に見合わない弱気

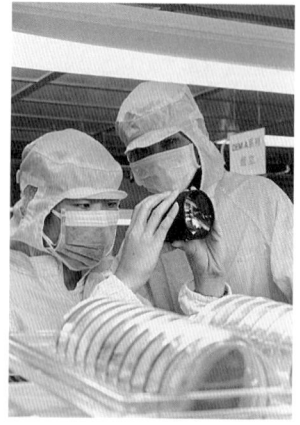

中国・深圳工場

な価格設定が多く見られた。背景には受注時の基準の曖昧さがあげられる。付加価値に見合った価格設定を厳格に運用，維持することで，全体の収益性を改善させた。

③　生産移管・現地調達

深圳工場の効果を最大限引き出すためには，日本からの生産の切り替えの加速，および原材料の現地調達を促進する必要があった。それは，担当部署と責任者を明確にすることでスムーズに進められた。

④　新商品開発・新領域開拓

マシンビジョンにおいての新商品開発，および新領域の開拓を促進した（1節，5節参照）。

(3)　管理

可視化できるものはして，無駄は排除する。意味のある報告に焦点を当て，実業に集中する。そのポリシーで管理体制を見直した。外部コンサルタントに数値管理体系の基礎づくりを支援していただいた後は，モリテックスが独自で数値の可視化，KPI（key performance indicator）の策定を行った。そのうえで，報告書類は必要十分な量とし，一方で各活動を全部署で共有すべく，月次経営報告会議は幹部全員参加とした。

(4)　システム

ショット傘下においては，親会社の使用していた巨大なシステムの使用が必要であったが，モリテックスとしてはそこまで大掛かりなものは必要ない。そのため，トランスフォーメーションプロジェクトを組成・実行，連続的かつ簡素なシステムを導入した。

(5)　組織

海外拠点は，ショット傘下時代にはモリテックス・グループ内ではなくショットに属していた。そのため，海外営業を行うときは，モリテックスの技

術者とショットの海外スタッフとが協業することになり，靴の裏から足をかくような状況であった。本件を通じて，モリテックスはショットから海外の主要人材・拠点の譲渡を受け，晴れてモリテックス・グループとなったことで，グローバルな協力体制を敷くことができた。

　また，全社的に無駄な階層をなくし，ショット傘下においては何名かいた同社派遣者もゼロにし，トップ・マネジメントが適正な権限を持つことで，意思疎通・決定が迅速かつシンプルになった。

(6) インセンティブ

　これまで創業オーナー時代・ショット時代とも不透明さの残る評価体系とボーナススキームを透明化，ストックオプションプログラムも導入し，全社員が同じ目標に向かいやすい環境を整えた。

　これらの打ち手は，そのほとんどがシティック・キャピタル日本ファンドの投資後速やかに実行された。モリテックスは社員一丸となって目標に向かう体制が整った。それからの業績回復は顕著であった。

図表 8-8　モリテックスの業績の推移

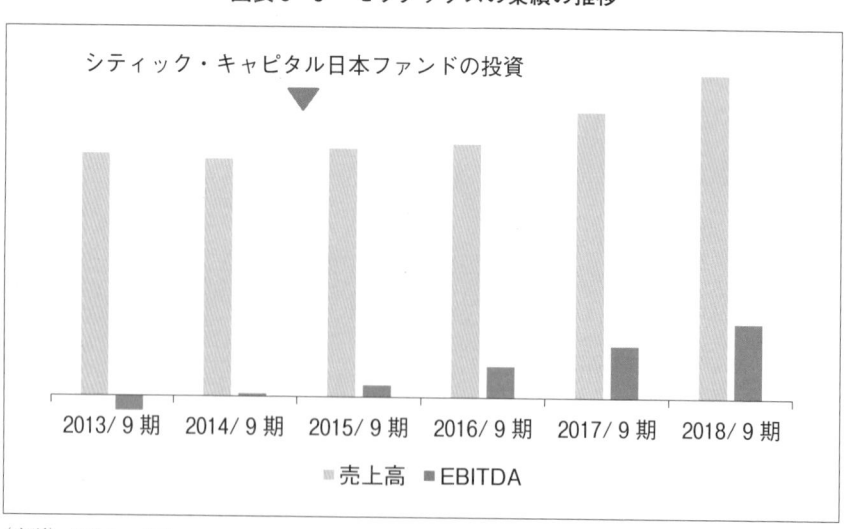

（出所）モリテックス

5 │ 今後の成長に向けて

　マシンビジョンシステムで確固たる地位を占めるモリテックスだが，高品質製品とソリューション提供能力を活かし，新たな成長の柱を確立しつつある。

　AI・IoT発展と社会構造の進化に伴って，マシンによる認識，判断の余地が増える。その入り口となるセンシングの段階で，高性能レンズ，照明のニーズの飛躍的高まりが見込まれているが，実際モリテックスにおいても協業の話がいくつもある。例えば，交通監視システム，物流ソリューション，自動運転，ドローンを活用したソリューションなどである。これらは旧来のマシンビジョンとは異なる領域であるが，明らかに成長が期待され，社会への貢献度が高く，モリテックスの技術力が活きる分野である。こうした応用分野が目に見えて存在することで，モリテックスの社内も勢いづいている。

　成長分野の事業化には，常に新しい用途開発という側面があり，モリテックスが取り戻したベンチャー気質が大いに役立つ。加えて，この分野は海外が先行しているが，奇しくもシティック・キャピタル日本ファンドとともにグローバルな事業基盤を築いているため，迅速な意思決定風土も相まって，極めてスムーズかつダイナミックに事業開発が進んでいる。

モリテックスの展示会の様子

おわりに

　本稿の執筆時点で，投資から3年半が経過している。その間，あらゆる側面から会社の地力を高めるべく打ち手を実行した。そして，期待以上の成果を上げている。これらは当然，リーダーとして経営改革を進めた佐藤隆雄社長，幹部，およびアジア，北米，欧州を含めた全世界の社員の日々の努力の結実した姿である。

　シティック・キャピタル日本ファンドは，これらの改革を進める過程で，さまざまな方向性の決定や実行を支援してきた。しかしながら，業務執行における日々の意思決定ラインに入っていたわけではない。それらはすべて，佐藤社長以下の全社員の成し遂げたことといって間違いない。ただ，シティック・キャピタル日本ファンドとしての自負は，会社の根源的な強みを見抜き，それらが発揮できる環境を整備，そして変化の激しい事業環境のもとで，会社として見つけたチャンスを逃さないこと，チャンスをつかんだら進める環境も整備すること，決定的なリスクを回避・ヘッジすること，それらについて株主としてできる限りの仕事ができたことである。

　目まぐるしく環境が変わる現代において，将来のすべてを予測することは難しい。したがって，変化に強い組織づくり，事業基盤強化が重要となる。バイアウト・ファンドとして，会社の基盤となる強みと，いざというときにスムーズに事業開発に移れる環境を整備しておくことが必要であるが，それはバイアウト・ファンド自身のみならず，バイアウト・ファンドが利益を還元すべき投資家や，会社，ひいては社会にとってもベストであろう。シティック・キャピタル日本ファンドとしては，今後も投資先企業の成長基調が続くように支援していく予定である。

　最後に，本件をサポートしてくださった（またはサポートしてくださっている）弁護士，会計士，コンサルタント，金融機関，証券会社，アドバイザーなどすべての方々に感謝を申し上げるとともに，モリテックスの企業価値をさらに高められるよう，シティック・キャピタル日本ファンドとして引き続き全力を尽くしていきたい。

中国最大級の金融・産業コングロマリットのネットワークを活用した取り組み
～グローバル市場での事業拡大を目指して～

株式会社モリテックス
代表取締役社長
佐藤隆雄氏

> **Q** シティック・キャピタル日本ファンドが参画する2014年より前のモリテックスはどのようなステージにあったのでしょうか。

　私は2009年に入社し，CFOとして3年在籍してからCEOに昇格しました。2009年の当時は，ショット（Schott AG）というドイツに本社を持つ大手特殊ガラス製造会社が約70％の株式を取得し，モリテックスは当グループ傘下に入った時期でした。しかし，そのタイミングはリーマン・ショックの時期と重なっていまして，コスト削減を含めたリストラクチャリングが急務な状況でした。

　特に力を入れたのは，栃木県矢板市と埼玉県さいたま市で生産していた製品の中国工場への生産移管およびその2工場の順次閉鎖です。2002年に中国の深圳市に工場を立ち上げたのですが，なかなか有効利用できていませんでした。大幅なコスト削減を達成するには避けて通れない課題でした。

　しかしながら，組立・生産を中国工場に移管しただけでは，利益率を大幅に改善させるには不十分でした。製品コストの半分以上を占める外部からの部品調達コストを改善しなければ，利益率のアップは見込めなかったのです。中国内でのコスト競争力がある有望な仕入先をドイツ本社の購買メンバーと探し出すことは非常に困難を極めました。ところが，シティックと組んでからは中国に張り巡らされた強力な情報ネットワークを駆使して，多くの品質の高い低コスト仕入先を見つけ出すことができました。その結果として，一気にコスト構造の変革を達成でき，原価率の大幅な改善に成功しました。

　一方，販売サイドではショットの一部門がモリテックスと似たような製品をつくっていましたので，日本を中心としたアジア販売戦略の一環として，ドイツで製造した製品をモリテックスが販売するという計画でした。しかし，日本などのマーケットに適合しない製品の販売は困難を極め，モリテックスの販売網でも思うように売れませんでした。

Q その後，2014年12月には，シティック・キャピタル日本ファンドが出資する持株会社と資本業務提携契約を締結し，持株会社による株式の公開買付けが実施され，2015年1月には，ショットとの資本業務提携契約を解消し，シティック・グループの傘下となりました。どのように経営体制が変わったのでしょうか。

ショットの時代には，日本市場にあまり精通していないドイツ人が主要業務ポストで派遣されてきており，なかなか日本のマネジャーとの業務上の融合ができず，業績を伸ばせずにいました。そのような閉塞的な状況から株主がシティックに代わってからは，状況が一変しました。

まず，モリテックスの海外法人はショットの海外法人の中に組み込まれており，日本側の声が届きにくくなっていましたが，シティックは即座にその垣根を取り払い，"One Moritex"として海外メンバーをモリテックス内に糾合しました。さらに，モリテックスが持つ当該業務のプロとしての独自性を重んじ，日々のオペレーションは経営陣に任せてもらっています。今は，オペレーションは私たちが責任を持って約束した計画を遂行する，シティックは経営状態・数字を社外取締役の立場で厳しくチェックするという役割分担が明確になっています。

ショット傘下のときは，ショットモリテックスの多くのメンバーは本質的な業務以外のことに時間を費やしていました。親会社への膨大な報告資料作成，派遣されてきたドイツ人メンバーとの本社・子会社間の方針調整，本社との当該部門間コミュニケーション，ショット海外法人との利害調整など多岐にわたります。シティックは業務が改善しないもしくは業績アップに関係のない資料づくりなどは一切要求しません。本質的な業務以外のことから解放され，自分たちがすべきことに集中できるようになったことが，モリテックスのⅤ字回復に大きく寄与しています。

前質問の一部で既にお答えしていますが，中国の金融・産業コングロマリットであるシティック・グループの経営資源・ネットワークの活用に大きな期待を持っていました。製品は最もマーケットの大きな中国で売れないと意味がないと思っています。さらに，世界の工場といわれる中国での高品質かつコスト競争力がある製品をつくり上げていくことがモリテックスの成長戦略のKeyでしたので，中国・アジアに強いシティックが新しい株主になると決まったときはすごく嬉しかったです。

中野宏信さん，伊藤政宏さん，湯原伸悟さん，張暁力（Jessica Zhang，以下，「ジェシカ」）さんや，日本チームでありながら上海に常駐されている王暁玲（Xiaoling

Wang，以下，「シャオリン」）さんにお会いしましたが，全員日本語が話せて日本的な考えを持っていらっしゃったので大変心強く感じたのを思い出します。当初は日本のビジネス，モリテックスの業務をあまり理解していただけない中国人メンバーがたくさん主要ポストで派遣されて来るのかなと思っていましたので，ショット時代との違いにホッとしたのを覚えています。そのため，意思疎通を何とかしなければならないという障壁はなく，お互いをすぐに理解できましたので，モリテックスメンバーとの協力関係はスムーズに始まりました。

Q **シティック・キャピタルのメンバーとの距離感はどのようになっていましたでしょうか。**

　最初から意思疎通ができていますので，その後の距離感の保ち方も容易だったと思います。この5年弱，すごく強固な協力関係を維持できていると思います。自分たちがやるべきことが明確で実行もできているのではないかと思います。一方で，株主・社外取締役であるシティックに対しては十分な情報の共有ができているのではないかと考えます。

　シティックと組んで，すごく良かったと思うのは，ショットのときのような業務以外のことに時間をとられて本質的なところにたどり着けないということがなくなったことです。例えば，年次業務計画を提出する際に，本当に意味があるものなのかもどうかもわからずに，親会社から指示された定型フォームを一生懸命埋めることに時間を費やすことが多々ありました。シティックが株主になってからは，そんなやり方では意味がないので必要だと経営陣が考えるものだけを準備するとの方針でしたので，本当にモリテックスが伝えたいことを明確かつ平易にまとめるということを心がけるようになりました。したがって，本質的な議論に時間を十分費やすことができるようになりました。

Q **バイアウト・ファンドが株主となることについての従業員の皆さんの反応はどのようでしたでしょうか。**

　一般の人はバイアウト・ファンドには馴染みがありません。テレビで見る程度で，「ハゲタカ・ファンド」という言葉もありますので，身構えてしまうようなところもあります。そのため，最初は従業員の中でも，どうなってしまうのだろうという気持ちがあったと思います。しかし，実際に関わってくれるシティックの皆さんは，最初から気さくな感じで対応してくれましたので，そのような不安はすぐに払拭されました。

　株主変更が決まってすぐに，海外拠点のメンバーを含めた部長クラスのメンバーを集め新体制の話をしました。透明性を重視するシティックのメンバーの方は説明会にも来ていただき，全員が納得するまで議論に付き合ってくれました。私から全従業員を集めて説明することもありましたが，部長クラスのメンバーが早期にシティックの方針を理解し部内で社員とひざを突き合わせて話をしてくれましたので，株主変更による混乱はありませんでした。

　一方，中国では問題が発生してしまいました。ショットからシティックに株主が変わる際に，200名以上の人員を抱えている深圳工場でストライキが発生したのです。その当時，中国から撤退する企業が他にもあり，「何か違約金を払え」というような感じで行動を起こす従業員がいたのですが，それを周辺で見ていた深圳工場の従業員がショットも違約金を払うべきだと言い出したのです。そのような経験はショットもモリテックスも初めてで困ってしまったのですが，シティックはその中国内でのネットワークを使い，その関連の経験豊富な弁護士を派遣してくれたり，他の中国ポートフォリオ会社の経験豊富なメンバーに対応策をヒアリングしてくれたりしました。さらに，ジェシカさんには深圳にしばらく滞在していただいて，中国従業員に対してのケアなどをしていただきました。そのおかげで，1週間〜2週間ほどで収束しました。周辺の会社の状況を見ると，1ヵ月以上ストライキが長引いていたところもありましたので，シティックの存在は非常に大きくとても心強く感じました。

　今もジェシカさんとシャオリンさんには，中国の主要メンバーとコミュニケーションをとっていただいています。私も毎日のように中国と連絡をとっていますが，日本人と中国人では，本音を言っているのかわからないときもあります。そこで，彼女らに話をしてもらうことにより，少し食い違っている気配があるような場合は，うまく修正してもらえますので，すごく助かっています。

Q **シティック・キャピタルは中国を中心とするアジアのネットワークに強みを有しますが，海外展開において，これまでどのような支援を受けましたでしょうか。**

　中国特有の難しい問題に直面した際に，助言，サポートしていただけるということが一番ありがたいです。例えば，中国従業員との労務交渉，地方政府からの種々許認可の取得に対する最善策発案，業務上の問題で必要とされる最適なコンサルタントの紹介，主要ポジションの採用面談などです。

　販売活動においては，シティックという名前が中国ではすごくプラスに働きます。営業開拓をする際に，「株主がシティックです」と言うと，先方の経営陣は，モリテックスの名前は知らないけれどもシティックの名前はよく知っている。そういう会社が株主なら財務上問題ない会社として信用できるという判断をしていただき，ビジネスがすぐにスタートするケースがよくあります。

　それから，中国のメンバーに限らず，年に2回グローバル・セールス・ミーティングを開催しているのですが，シティックのメンバーの方にも現在の課題についての議論に参画いただいています。

中国・深圳工場

深圳工場内での会議風景

アメリカでのグローバル・セールス・ミーティング

モリテックスの役職員とシティック・キャピタル日本ファンドのメンバー

Q 大手メーカーの子会社が独立する取り組みが増えています。日本の中堅メーカーによるバイアウト・ファンドとの付き合い方やうまくいくための秘訣について，経験もふまえてお話し願います。

　日本のメーカーにおいて，中国での製造や販売は避けて通れません。しかし，大企業は別として，売上高100億円・従業員数百名程度の中堅企業は，なかなか独力で中国へ

参入することができずにいます。そのようなときに，シティックのように中国・アジアで大きなネットワークを持っており，日本のマネジャーの方々にもサポートしていただけるバイアウト・ファンドというのは，すごく貴重な存在です。

　モリテックスも，まさに中国をよく理解しているシティックだったからこそ成功することができました。別のバイアウト・ファンドであれば，日本ではうまくいったとしても，中国ではうまくいったかどうかわかりません。もしかしたらストライキの件でこじれてしまった可能性もあります。弊社と同じような規模の会社で，アジア事業の強化を目指している場合には，ぜひシティックのようなタイプのバイアウト・ファンドと組むと良いと思います。

　それから，エンジニアのようなマインドを持った人材がバイアウト・ファンドに在籍していると，モリテックスのような製造業の会社にとっては，すごくプラスだと思います。製造業の技術の部分に関しては，その技術出身者でないとわかりにくいところがあります。中野さんはエンジニア出身で，伊藤さんも産業セクターのコンサルタント出身で，そのような方々がバイアウト・ファンドに在籍していて，見守ってくださったのはすごくプラスでした。金融出身者のみで占められているバイアウト・ファンドとは全然違います。

　バイアウト・ファンドもいろいろです。どのようなバイアウト・ファンドと組むかが重要です。その会社の経営課題を解決できるところと組まないと，失敗してしまう可能性があります。私は，事業会社よりもバイアウト・ファンドと一緒にやりたいという気持ちが強かったですし，中国を含む海外を強化したいという想いがありましたので，シティックがうまくマッチしました。今後経営者の方々がバイアウト・ファンドを活用する際には，事業の理解があり，パートナーとして一緒にやっていけると思えるような先に出会えると良いと思います。

　自分たちがやりたいことを一緒に考えてくれて，それをサポートしてくれるという姿勢が重要です。マシンビジョンシステムや光通信関連機器の領域の知識についてはシティックに負けませんが，それをグローバルに展開する仕組みの構築や，どんなKPI（key performance indicator）を中心に数値管理を行うかということについては，経験豊富なシティックのほうがプロですので，喜んで経営管理サポートを会社が受け入れることでバイアウト・ファンドとの"Win-Win"関係が築けるのではないでしょうか。親会社・子会社のような支配従属関係ではなく，パートナーとして一緒にやっていけるという信頼関係の構築も大切です。

御社の今後の事業展開の将来展望についてお話願います。

　シティックと中国で成功したモデルがありますので，これをもっとグローバルに拡大していきたいと思います。モリテックスは，もともと国内中心の会社でしたが，変化してきました。今後は，日本が50％くらいになるように，海外の比率を高めていきたいと思います。北米，欧州，アジアを含むグローバル市場での事業拡大を目指していきたいと考えています。

　今後も，「モリテックスならでは」の高い品質や技術力と，お客様のニーズやトレンドを反映したビジョン（光技術）により，常に価値（バリュー）を創造し，お客様の成功を通じて社会の発展に貢献していきたいと思います。そして，この基本理念を遂行すべく，「健全で活力にみちた企業」であり続けるため，従業員の価値観・行動指針を「Energy（情熱・やる気），Skills（能力），Collaboration（協調）」と定義し，全社一丸となって未来を切り拓いてまいります。

佐藤隆雄氏略歴

株式会社モリテックス　代表取締役社長
1989年米カリフォルニア大学バークレー校卒業。1999年テキサス大学オースティン校会計学修士課程修了。1989年株式会社住友銀行（現株式会社三井住友銀行）入行。1999年7月ゼネラル・エレクトリック入社。GEキャピタルリーシング株式会社のファイナンスプロジェクトマネージャー，ゼネラルモーターズ・アジア・パシフィック・ジャパン株式会社のファイナンスディレクターを歴任。2006年2月クオリカプス株式会社に入社し，取締役・グループCFO就任。2009年6月株式会社モリテックスに入社し，経理統括部長就任。2012年10月代表取締役社長就任。

あとがき

　今回も，経営者インタビューで訪問させていただいた企業はいずれも活気が
あり，感銘を受けた。バイアウト・ファンドが株主となることの優位性を享受
しながら，企業価値向上に向けて取り組んでいる様子が伝わってきた。特に，
会社全体として一体感を醸成するために，さまざまな工夫がなされていること
を知ることができた。全体の編集を通じても，事業再編に伴うバイアウトにお
いては，独立直後のスタートダッシュが重要であるということを強く感じた。
スタンドアロン化に加え，経営陣や従業員のモチベーションを維持・向上させ
て一体感を醸成できるかがキーポイントとなる。

　今後も，大手企業が事業ポートフォリオの再編を行う局面が増えていくと予
想されるが，実績を積んだバイアウト・ファンドの出番が着実に増えていくと
確信する。日本バイアウト研究所としても，正確な情報発信と日本のM&A市
場およびバイアウト市場の健全な発展に貢献できるような活動を継続的に行っ
ていきたい。

　本書を完成させることができたのは，多くの方々のご支援によるものである。
バイアウト・ファンドを中心とするプロフェッショナル・ファームの方には，
案件で多忙にもかかわらず，論文・事例紹介を執筆いただいた。論文は近年の
案件の実務を含めた内容となっており，事例紹介は具体的なハンズオン支援の
詳細が書かれており，臨場感あふれる内容となっている。また，インタビュー
をお引き受けいただいた経営者の方々および座談会の参加者の方々には，率直
な意見を述べていただいた。

　さらに，編集の過程では，インタビューや座談会の日程調整を行っていただ
いた各社の秘書の方々，写真の提供や資料の作成を担当いただいた企画担当・
広報担当の方々にも大変お世話になった。また，残念ながらタイミングの問題
などの諸事情により，本企画に参加できなかったファームの方々からも，本書
の構成を検討するうえで数多くのヒントを得た。このように影で支えてくれた
方も含め多数の方々が参加したプロジェクトであったが，無事刊行することが

できた。本書の刊行に携わったすべての方に感謝の意を表したい。

　最後に，本書の企画から編集に至るまでの随所で的確な助言をいただいた株式会社中央経済社 取締役常務の杉原茂樹氏にも深く御礼を申し上げたい。

株式会社日本バイアウト研究所

代表取締役　杉浦慶一

【執筆者略歴】 (執筆順)

第1章

岡本　准 (おかもと・じゅん)

株式会社 KPMG FAS 執行役員パートナー

和歌山大学経済学部卒業。英ウェールズ大学経営大学院経営管理学修士。シンクタンク，総合系コンサルティング・ファームM&A・企業再生部門，外資系企業再生ファームを経て現職。新規事業展開・R&D投資最適化，事業ポートフォリオ再構築，事業ターンアラウンド，経営統合マネジメント，といった経営変革案件を専門とし，当該テーマにおける15年以上の経験を有する。グローバルストラテジーグループ所属。

伊東正巳 (いとう・まさみ)

株式会社 KPMG FAS 執行役員パートナー

慶應義塾大学法学部卒業。国内大手・中堅企業を中心とした，買収，事業再編，資本・業務提携など，M&A取引のファイナンシャル・アドバイザリー業務に従事。M&Aアドバイザーとして20年を超える業歴により，豊富な経験と実績を有する。1986年より大手信託銀行にて，M&A，株式上場，資金調達，財団法人設立，オーナー事業承継，事業再生，不動産など，企業財務全般にわたるコンサルティング業務に従事。2000年に大手会計事務所系コンサルティング・ファームの戦略コンサルタントを経て，同系列M&Aファームを新規に立ち上げ，その設立中核メンバーとして従事。2004年に株式会社GMDコーポレートファイナンス（現株式会社 KPMG FAS）を経て現在に至る。

第2章

髙原達広 (たかはら・たつひろ)

TMI総合法律事務所 弁護士 ニューヨーク州弁護士

1994年東京大学法学部卒業。1996年4月に弁護士登録し，TMI総合法律事務所に勤務。1998年Georgetown Law School（LL.M.）卒業。その後，Simpson Thacher & Bartlett法律事務所（ニューヨーク），Wilson Sonsini Goodrich & Rosati法律事務所（パロアルト）での勤務を経て，2001年TMI総合法律事務所に復帰し，2003年にパートナーに就任。主に，M&A，コーポレート・ガバナンス，支配権争いへの対応，IPOなどの実務に従事している。中央大学法科大学院兼任講師。

池田賢生 (いけだ・けんせい)

TMI総合法律事務所 弁護士 ニューヨーク州弁護士

2004年中央大学法学部卒業。2006年10月に弁護士登録し，TMI総合法律事務所に勤務。

2010年4月から2012年6月まで金融庁総務企画局企業開示課に出向。2015年 Duke Law School（LL.M.）卒業。その後，Morgan Lewis & Bockius 法律事務所（ニューヨーク）での勤務を経て，2016年 TMI 総合法律事務所に復帰し，2018年にパートナーに就任。主に，M&A，グローバル・オファリングを含むエクイティ・ファイナンス，IPO などの実務に従事している。

荒井悦久 （あらい・えつひさ）

TMI総合法律事務所 弁護士

2011年中央大学法学部卒業。2013年1月に弁護士登録し，TMI総合法律事務所に勤務。一般企業法務のほか，会社法や金融商品取引法（開示規制・取引規制など）に関連する業務を中心に，主に，M&A，コーポレート・ガバナンス，商事訴訟・非訟などの実務に従事している。

第3章

杉浦慶一 （すぎうら・けいいち）

株式会社日本バイアウト研究所 代表取締役

2002年東洋大学経営学部卒業。東洋大学大学院経営学研究科博士前期課程に進学し，M&A，バイアウト，ベンチャー・キャピタル，事業再生に関する研究に従事。2006年5月株式会社日本バイアウト研究所を創業し，代表取締役就任。2007年3月東洋大学大学院経営学研究科博士後期課程修了（経営学博士）。第1回M&Aフォーラム賞選考委員特別賞『RECOF特別賞』受賞。事業再生実務家協会会員。日本経営財務研究学会会員。東洋大学経営学部非常勤講師。

第4章

尾又康介 （おまた・こうすけ）

アント・キャピタル・パートナーズ株式会社 ディレクター

早稲田大学政治経済学部卒業。UCバークレー経営学修士（MBA）。2001年大和証券株式会社入社。経営企画（海外子会社の管理・売却・清算など），海外事業（アジア戦略，事業買収，管理会計整備など），M&Aアドバイザリー（電機・小売・金融セクターのクロスボーダー，買収防衛など）に従事。2013年株式会社経営共創基盤入社。コングロマリット全社改革，ビジネスデューデリジェンス・事業統合シナジー分析，新規事業立ち上げ，投資先未公開企業管理，プリンシパル投資支援，事業カーブアウト，M&A戦略立案，PMI支援，ハンズオン経営支援（人事，法務・知財，経理・財務，営業，調達，管理，企画，海外事業）などを担当。2016年アント・キャピタル・パートナーズ株式会社入社。株式会社マルサヤ（取締役），株式会社フェニックスインターナショナル（取締役）においてハンズオン支援を担当。

野呂瀬和樹 (のろせ・かずき)

アント・キャピタル・パートナーズ株式会社 ディレクター

早稲田大学教育学部卒業。2008年株式会社野村総合研究所入社。国内外の製造業，プラントエンジニアリング，運輸，航空，商社などの大企業クライアントにおける事業戦略策定や海外進出，M&Aのプロジェクトに従事。また，国内外の官公庁・公的機関における産業・金融政策の策定支援などのプロジェクトに従事。2013年アント・キャピタル・パートナーズ株式会社入社。株式会社アップルワールド（取締役），株式会社アロスワン（取締役），株式会社フェニックスインターナショナル（取締役）において，投資実行，ハンズオン支援，Exit交渉を担当。米国公認会計士。日本証券アナリスト協会検定会員。

山田真也 (やまだ・しんや)

アント・キャピタル・パートナーズ株式会社 プリンシパル

東京大学経済学部卒業。2012年みずほ証券株式会社入社。アドバイザリーグループにてテクノロジー・メディア・テレコム業界における大企業クライアントのクロスボーダー案件を中心としたM&Aアドバイザリー業務に従事。2016年よりMizuho Securities USA LLCに出向，Advisory Groupにて広範な業界における日米クロスボーダー案件のM&Aアドバイザリー業務を担当。2018年アント・キャピタル・パートナーズ株式会社入社。株式会社フェニックスインターナショナル，株式会社アミノ（取締役）において，投資実行，ハンズオン支援を担当。

第5章

石原貴之 (いしはら・たかゆき)

CLSAキャピタルパートナーズジャパン株式会社 ディレクター

横浜国立大学経済学部卒業。ボストン大学大学院修了（金融学修士）。2001年岡三証券株式会社に入社し，資産運用に関するアドバイス業務に従事。2004年大和証券SMBC株式会社（現大和証券株式会社）に入社，その後日興シティグループ証券株式会社（現シティグループ証券株式会社），リンカーン・インターナショナル株式会社にて，一貫してM&Aアドバイザリー業務に従事。2017年にCLSAキャピタルパートナーズに参画。現在株式会社ユニメイトの取締役およびノーザ株式会社の監査役を務めている。

米ノ井克司 (こめのい・まさし)

CLSAキャピタルパートナーズジャパン株式会社 シニアアソシエイト

早稲田大学理工学部卒業。仏トゥールーズビジネススクール修了（航空MBA）。2007年トーマツ コンサルティング株式会社（現デロイト トーマツ コンサルティング合同会社）に入社し，製造業を中心に海外進出や業務改善・システム導入プロジェクトに従事。2011年株式会社ボストン・コンサルティング・グループに入社し，通信，製造，エネルギー業界での新規事業立案プロジェクトに従事。2017年にCLSAキャピタルパートナーズに参画。現在株式会社ユニメイトの監査役，株式会社ワールドパーティーの取締役，株式会社ブ

ルームの代表取締役を務めている。

第6章

中　真人（なか・まさと）

エンデバー・ユナイテッド株式会社 シニアマネージングディレクター

　東京大学経済学部卒業。株式会社日本エル・シー・エーにて，人事コンサルティング部門創設メンバーとして活躍し，同社の東証第二部上場に貢献。その後，アーンストアンドヤング・トランザクション・アドバイザリー・サービス株式会社（現EYトランザクション・アドバイザリー・サービス株式会社）に移籍し，株式価値評価，オプション価値評価などに従事。2006年エンデバー・ユナイテッドグループ入社。日本橋梁株式会社，日特建設株式会社，世紀東急工業株式会社，オリエンタル白石株式会社，株式会社富士テクニカ宮津，日本ピザハット株式会社，日本カタン株式会社，株式会社クレファクト，NPW横浜株式会社，株式会社ロゴスホームなどを担当。

近藤和樹（こんどう・かずき）

エンデバー・ユナイテッド株式会社 アソシエイト

　慶應義塾大学法学部卒業。野村證券株式会社にて，中堅企業のオーナーなどを対象としたリテール営業に従事した後，株式会社ボストン・コンサルティング・グループにて，産業財，メディア，通信などの企業に対し，事業計画策定，新規事業戦略立案，プロセス改革を中心とするコンサルティング業務に従事。2018年エンデバー・ユナイテッドグループ入社。日本ピザハット株式会社，株式会社NES，株式会社ロゴスホームを担当。

第7章

印東　徹（いんどう・とおる）

株式会社アドバンテッジパートナーズ パートナー

　慶應義塾大学経済学部卒業。大学卒業後，監査法人トーマツ（現有限責任監査法人トーマツ）にて，商法・証券取引法監査を中心に，株式公開支援，財務デューデリジェンスなどの業務に従事。その後，PwCアドバイザリー株式会社（現PwCアドバイザリー合同会社）の事業再生サービス部門において，事業再生計画の策定，債権者調整，債権者による事業再生計画の検証などに関するアドバイザリー業務に従事。2005年3月アドバンテッジパートナーズに参加。株式会社ダイアナ，クラシエホールディングス株式会社，株式会社ザクティ，SBIライフリビング株式会社（現株式会社ウェイブダッシュ），ファスフォードテクノロジ株式会社などを担当。公認会計士。

早川　裕（はやかわ・ひろし）

株式会社アドバンテッジパートナーズ パートナー

　早稲田大学理工学部卒業。米カーネギーメロン大学技術政策学研究科博士課程修了（Ph.

D.取得)。2000年よりマッキンゼー・アンド・カンパニーにて，主に自動車，通信，ファクトリーオートメーション，半導体など，製造業・ハイテクの分野で，事業戦略の立案，新規事業開発，B2Bマーケティング，R&Dマネジメント，ターンアラウンド計画の立案・推進といったコンサルティングに従事。2008年4月アドバンテッジパートナーズに参加。MEI Inc/株式会社日本コンラックス，GST AutoLeather, Inc.，株式会社エフ・エム・アイ，ファスフォードテクノロジ株式会社，ユナイテッド・プレジジョン・テクノロジーズ株式会社などを担当。

第8章

伊藤政宏（いとう・まさひろ）

シティック・キャピタル・パートナーズ・ジャパン・リミテッド マネージング・ディレクター

東京大学工学部卒業。東京大学大学院修了（工学修士）。その後ベイン・アンド・カンパニーにて事業構造改革，マーケティング戦略，組織改革などに携わる。株式会社産業再生機構にて大京やミサワホームなどの企業再生実務に携わった後，2006年にシティック・キャピタル・パートナーズに参画。ソーシングからエクセキューション，ハンズオンまで投資業務全般を手がけ，製造業から消費財，サービス業まで幅広くカバー。トライウォール社，モリテックス社などを担当。

■編者紹介

株式会社日本バイアウト研究所（代表者：代表取締役 杉浦慶一）

　日本におけるM&Aおよびバイアウトの専門研究機関。学術的な視点も兼ね備えた完全独立系のシンクタンクとして，中立的な立場から日本のバイアウト市場の調査・分析を行い，バイアウトに関する出版物の刊行・販売，セミナー・カンファレンスの企画・開催，同分野に関する調査・コンサルティングの受託を行っている。具体的には，日本のバイアウト市場の統計データを定期的に作成し，専門誌『日本バイアウト市場年鑑』の刊行，Japan Buy-out Deal Conferenceなどのカンファレンスの開催，各種の調査の受託，各種の講演・セミナーなどを手がけている。

URL: http://www.jbo-research.com/

〈日本企業のバイアウト〉
続・事業再編とバイアウト

2019年11月20日　第1版第1刷発行

編　者	日本バイアウト研究所	
発行者	山　本　　　継	
発行所	㈱中央経済社	
発売元	㈱中央経済グループパブリッシング	

〒101-0051　東京都千代田区神田神保町1-31-2
電　話　03(3293)3371(編集代表)
03(3293)3381(営業代表)
http://www.chuokeizai.co.jp/
印刷／東光整版印刷㈱
製本／誠　製　本　㈱

ⓒ 2019
Printed in Japan

〈日本企業のバイアウト〉シリーズ

日本バイアウト研究所 編

事業再編とバイアウト

A5判／468頁

　事業再編による子会社売却、ノンコア事業の売却、MBOによる独立、バイアウト・ファンドの資金提供機能と経営支援機能、アジアを中心とする海外事業の強化、MBO後の株式公開、業界再編におけるバイアウト・ファンドの役割など、事業再編に伴うバイアウトの実態を豊富な事例と経営者インタビューにより明らかにする。

事業再生とバイアウト

A5判／448頁

　事業再生におけるバイアウト・ファンドの活用、経営者の外部招聘、経営プロフェッショナルの活躍、バイアウト・ファンドの資金提供機能と経営支援機能、内部管理体制の強化、社員の意識改革、ブランドの再強化など、バイアウト・ファンドによる事業再生支援の実態を豊富な事例と経営者インタビューにより明らかにする。

事業承継とバイアウト

A5判／436頁

　オーナー企業の後継者問題と事業承継、創業経営者のリタイア、後継者がいない場合の経営者の外部招聘、バイアウト・ファンドの資金提供機能と経営支援機能、事業承継におけるバイアウト・ファンドの役割など、中堅・中小企業の事業承継手法としてのバイアウトの実態を豊富な事例と経営者インタビューにより明らかにする。

プロフェッショナル経営者とバイアウト

A5判／328頁

　バイアウト・ファンドの投資先企業で活躍したプロフェッショナル経営者とプロフェッショナルCFOへのインタビューを試み、経営者としての経験を積んだキャリア、バイアウト・ファンドの投資先企業に外部から経営者が入る際の留意点、実際の現場での経営改革の取り組みなどの実態を明らかにする。

中央経済社